左宗棠

谁能领导

秦江 著

当代世界出版社
THE CONTEMPORARY WORLD PRESS

图书在版编目（CIP）数据

谁能领导左宗棠 / 秦江著. —北京：当代世界出版社，2016.7

ISBN 978-7-5090-1112-6

Ⅰ.①谁… Ⅱ.①秦… Ⅲ.①左宗棠（1812-1885）—人物研究 ②领导学—研究 Ⅳ.①K827=52 ②C933

中国版本图书馆CIP数据核字（2016）第147701号

书　　名：	谁能领导左宗棠
出版发行：	当代世界出版社
地　　址：	北京市复兴路4号（100860）
网　　址：	http：//www.worldpress.org.cn
编务电话：	（010）83908456
发行电话：	（010）83908409
	（010）83908455
	（010）83908377
	（010）83908423（邮购）
	（010）83908410（传真）
经　　销：	全国新华书店
印　　刷：	北京墨阁印刷有限公司
开　　本：	710毫米×1000毫米　1/16
印　　张：	17
字　　数：	231千字
版　　次：	2016年7月第1版
印　　次：	2016年7月第1次
书　　号：	ISBN 978-7-5090-1112-6
定　　价：	38.00元

如发现印装质量问题，请与承印厂联系调换。
版权所有，翻印必究；未经许可，不得转载！

"吟安一个字,捻断数茎须。"经过无数加班加点的夜晚,本书初稿杀青。写篇序文吧。我正在构思,用了无数脑细胞,仍不得要领。当指针指向晚上12点,周公找来,我打瞌睡了。

睡梦中,我听见敲门声。开门一看,门口站着一个壮实的汉子。再一看,吓了一跳,此人是左宗棠。

没等我说话,左宗棠劈头盖脸地斥问:"听说你以我为主线写了一本书,可有这事?"不等我回答,又问道,"你这本书,究竟是什么内容?"

"左三爷,您别急,听晚辈慢慢汇报。"我把左宗棠迎进屋,请他坐下,上了茶,然后说,"您给胡林翼写信,说'弟可大受而不可小知,能用人而必不能为人用'。我的理解,您这话的意思是说,您老人家是干大事的,领导别人还可以,让别人来领导您,难呀!"

左宗棠喝了一口茶,说道:"小子,看来你研究我有一段时间了。你说说,这本书是如何写我的?"

"我这本书,是从识才用才的角度切入,既是写您的,更是写您的几任领导,比如张亮基、骆秉章、曾国藩等人,写他们如何请出您,又如何使用您。"我自我评价，侃侃而谈，"这本书构思独特，条理清晰，既有知识性，又有可读性；既是领导科学的教材，又可当作人物传记。"

"你说得这么好，谁知道你是不是王婆卖瓜——自卖自夸。"左宗棠说，"让我考考你，怎样？"

"请出题，小生据实回答。"

"你分别用三个字，来表现书中几个主角如何识才用才？"

我略为思考，回答："张亮基'重点明'，他知道一个高层领导，最主要的工作是寻找和使用人才。骆秉章'脸皮厚'，您说他是木偶、是傀儡，他都不生气，继续使用您。洪秀全'可惜了'，如果他把您左三爷纳入帐下，定能脚踏紫禁城。曾国藩'用得尽'，让您独当一面，最大限度发挥人才资源。"

"听你如此说，我对这本书有了整体了解。我提个要求，可以吗？"

"左三爷尽管吩咐。"

"这本书构思精巧，又有新意，出版时，千万别自费。"

我笑着答："当然，当然，我还指望靠着您挣几个稿费。"

左宗棠笑了笑，表示认可，然后站起来，一转身，瞬间飞走了。

我从睡梦中醒来，突然间觉得，梦中的情节与对话，可以作为本书的序文。

目录

- 引子 ... 001
- 第一章 寻才 ... 002
  - 壹 幕府建设 ... 002
  - 贰 用才理念 ... 010
  - 叁 圈定人才 ... 014
- 第二章 请才 ... 033
  - 壹 军情急迫 ... 033
  - 贰 亲自面试 ... 046
- 第三章 用才 ... 053
  - 壹 持危扶颠 ... 053
  - 贰 授权树威 ... 066
  - 叁 初露锋芒 ... 078
- 第四章 护才 ... 092
  - 壹 鲶鱼效应 ... 092
  - 贰 反面教材 ... 108
  - 叁 马太效应 ... 118
- 第五章 弃才 ... 137
  - 壹 道路不同 ... 137

贰 胸怀不宽 142
叁 能力不足 146
肆 授权不真 163

- 第六章 容才 168
壹 容才之傲 168
贰 容才之法 177
叁 容才之道 187

- 第七章 救才 199
壹 用塔齐布 199
贰 樊左互控 210
叁 立体救护 226

- 第八章 尽才 235
壹 左曾逸事 235
贰 创建楚军 247
叁 火箭擢升 255

- 附录 秋夜仰望左宗棠 263

引 子

左宗棠自称"今亮",也就是当今在世的诸葛亮。谁能领导诸葛亮?当然是刘备。

"刘皇叔的江山是哭出来的。"有人说刘备缺乏英雄气质。刘备是否有英雄气质,存在争议。但刘备具备超一流的领导能力,这是公认的。除了诸葛亮,挺有英雄气质的关羽、鲁莽冲动的张飞、战无不胜的赵云,都心甘情愿接受他的领导。

看来,是否能领导一流的人才,与有无英雄气质无关,却与用人的艺术有关。比如关羽"过五关斩六将""千里走单骑",够英雄吧!但关羽能领导诸葛亮吗?我看难。

张亮基是谁?也许知道的人不是很多。在波谲云诡、不乏能人的晚清,将他列入名臣行列,显得有些勉强。但就是这样一个看起来不怎么"英雄"的人,成了左宗棠的第一任领导。

我们的故事,就从张亮基讲起。

第一章 寻才

壹 幕府建设

昆明,四季如春,天气晴朗,慵懒的阳光透过树叶,将屋里照得亮堂堂的。可是,坐在太师椅上的云南总督张亮基心里并不亮堂,他手里拿着军机处发来的紧急公文。

广东人洪秀全,三次童生试落,好好的日子不过,成立什么拜上帝教,到处鼓动人心。成立个会教,骗点钱,骗点色,也就差不多了,但这洪秀全,野心大着呢,他跑到广西金田发展信徒,然后振臂一呼,造起反来。

在此之前,军机处发来好几次公文。刚开始,张亮基没当一回事,心想会党闹闹事,太寻常,只要朝廷一认真,派出军队,很快便能把这些乌合之众镇压下去,前些年白莲教造反,打着反清复明的旗号,闹得气势汹汹,结果也没弄出什么气候来。

这洪秀全和以前的会党好像有些不同。他拉起造反大旗,居然应者如云,官军不能抵挡。他打下永安后,成立什么太平天国,自封天王,其造反之势席卷广西,很可能向其他省份蔓延。

张亮基所管的云南、贵州均与广西接壤,是重点防范地区。所以军机处三天两头发来公文,要他这个云贵总督早作准备。

今天的公文,说广西提督向荣与洪秀全交战,被打得连滚带爬、狼狈不堪,于是朝廷派出军机大臣赛尚阿为钦差,统揽前线军事。这赛大人当当京官,指手画脚尚可,要他去指挥打仗,专业不对口,其结果可想而知。

赛大人到广西后,不敢到前方嗅血腥味,一番远程遥控,其结果是官兵被打死打散,粮食军械全送洪秀全。

咸丰皇帝一听战报,得知赛尚阿和向荣一样,又当了"运输大队长",气得拍起桌子,"免职,免职,统统免职!"有大臣提醒,虽打了败仗,但前线不能无将。咸丰皇帝下旨,将赛尚阿、向荣革职留任,令其收拢残兵败将,继续同洪秀全作战。同时,咸丰让军机处下文,协调邻近各省,共同围剿。朝廷要求各省看好自己的门,练好自己的兵,在做好防范的同时,只要朝廷有令,就能出省作战。

张亮基心想,叫我出兵倒好说,安排一个将领,带几千人马去应付应付,打得赢更好,打不赢拉倒。但洪秀全打入我云贵,占我的地盘,那就麻烦了。我是封疆大吏,守土有责啊!

对于辖区内的军事实力,张亮基是清楚的,云贵偏僻,八旗兵驻扎较少,省府、州府主要靠绿营防守。绿营军中,既有胡子花白的"老班长",也有十二三岁的娃娃兵,其实都是充个数领份饷,没有什么战斗力。绿营兵在剿匪时,人数武器均占优,打得都很吃力。现在要让他们去抵御洪秀全,难啊!

张亮基从太师椅上站起来,背着手,在屋内来回踱步。随后,他叫管家去请几个心腹官员和幕僚,下午到后花园品茶。

兵打到家门口,火烧到眉毛上,哪有心思品茶。张亮基是以品茶为名,在决策前召开一个幕僚会议,集众人之智。

幕僚那些事

清朝时,大小官员均有幕僚,连县令这种七品芝麻官,也要请一两个师爷。

那些当大官的，幕僚一大群，有出主意的，有做文案的，有拉关系的，有会鸡鸣狗盗的……后来的湘军主帅曾国藩，盛时，手下幕僚有500人。

幕僚不是公务员，没有编制，朝廷不发工资，一切开销均由主官自理。贪腐的官员，贪污受贿养幕僚；相对清廉的官员，自掏工资养幕僚。

官员的工资，除了养老、养小、养妻、养妾、养自己，还能养幕僚？

这里插叙一下，清朝官员的正常收入大体可以分三部分，即基本工资、养廉银和国家认可的灰色收入。

清朝前期，贪腐严重，雍正皇帝加强制度建设，推广了养廉银制度。一个县官的养廉银是工资的八九倍。到总督这个级别，养廉银是工资的百倍左右。

也许你会说，怪事情，既然是灰色收入，国家还认可？清朝时，这不奇怪，下级机关向上级官员送的"茶敬""冬敬"之类的，国家明文规定，收了不犯法。"茶敬"是指请上级喝口茶，润润喉，感谢上级的指导；"冬敬"是指大冷天请上级买点炭，暖暖身，是对上级的尊敬。

说这些，是想表明清朝官员收入整体不错，养得起幕僚。

由于自掏腰包，建多大的幕府，养多少幕僚，官员要视自己的情况而定。湘军是团练性质，粮饷自己筹集，所以曾国藩能养500个幕僚。而张亮基为官清廉，不齿于贪污索贿，收入状况在他那个级别算最差的，所以他只养了两个幕僚。

如今的地方党政，假设没有各部委，就不能保证工作正常运转。清朝时，地方"一把手"还兼着"法院院长"，下设机构很少，政务、民事、军事、监察都要亲自抓，手下的幕僚少了，有些工作真没人干。

张亮基从基层干起，一步一个台阶爬到总督高位，自然有过人之处。他认为，当领导并不是要自己多能干，关键是要会用人，调动下属工作的积极性，让下属自觉自愿为自己打拼。

他任总督后，不摆架子，礼贤下属，主动与能干的地方官交朋友。时间稍长，这些能干的下属官员就喜欢围着他转，乐意为他出谋划策，在不知不觉中成了兼职幕僚。

有人这样评价领导能力：一流领导，下属为他打拼；二流领导，带着下属打拼；三流领导，自己打拼；四流领导，没有机会打拼；五流领导，下属找他拼命。

由此粗略可见，张亮基的领导能力是比较高的。高在什么地方，请接着往下看。

品茶会

下午，张亮基到后花园，见人到齐了，便说："我的好友，湖北黄州知府徐玉丰托人给我带来了西湖龙井，我请大家来品尝品尝。"

这个开场白很重要，传递了三个信息：

其一，我张亮基为官多年，朋友遍天下，官级与你们差不多的徐玉丰，是我的朋友之一，这说明我人格魅力强，值得交往。

其二，人家说人走茶凉，我张亮基不是徐玉丰的上级了，人家还惦记着我，还给我送东西，这说明"茶"没凉，说明我有非权力性影响力。

其三，西湖龙井是公认的好茶。我有好的东西，就请大家过来一起享用，这叫有福同享。当然，喝了我的茶，吃了我的嘴软，如果我有什么困难，你们也要一起担待。

张亮基坐了下来，东拉西扯说了几句诸如天气不错之类的闲话，然后才抛出正题，讲了军机处紧急公文的事。

假设一下，如果张亮基一坐下来，便心急如焚地拿出公文，说今天请你们过来，就是请你们出谋划策，帮我渡过难关。

可以想象，这是什么局面：有的幕僚跷起二郎腿，有的端起茶杯吹茶叶，好像在说，你当总督的没招了，来求我们来了吧。

上下级之间，除了友情，还有利益，更有心理上的较量。这种较量是隐形的，很容易被忽视，但作为上级，要管人用人，必须注重细节，因为威信需要一点一滴积累。

张亮基以往请大家喝茶，有时聊工作，有时纯娱乐，有时两者兼有。纯娱乐时，谈诗词，走象棋，侃大山，品茶酒，一定要让众人尽兴而归，谈工作时，大家放得开，反正不是正式开会，讲错了没关系。

久而久之，大家习惯了张亮基的工作方法。当他说了军机处紧急公文的事，大家知道，今天的主题，是讨论如何防范乱党洪秀全。

官员甲说："依我看，洪秀全是兔子的尾巴——长不了。"

张亮基品了一口茶，放下茶杯，问："何以见得？"

官员甲答："明朝末年，李自成造反，人家是'高筑墙、广积粮、缓称王'，而洪秀全呢，刚开了个头，打下几个州县，就在永安称王，听说还封了几个皇娘，由此可见，洪秀全并无远见，不足虑。"

张亮基并不赞成此观点，他认为洪秀全目标远大，是要将当今皇上拉下马，并非图一时之快，过把瘾就死，演演称王称帝的戏。他没有反驳官员甲的话，因上级过早表明观点，下属便不会再畅所欲言。

官员乙说："我看洪秀全来者不善，不能等同一般的灾民闹事。他成立什么拜上帝教，把反贼说成天兵天将。这些年来，南方持续干旱，饥民较多。这些穷人被洗了脑，纷纷响应，在较短时间内，洪秀全的队伍便有了几万人。更为可怕的是，他说当今皇上是满人，号召汉人齐造反，这招很厉害，不可小视。"

张亮基微微颔首，表示赞同。

作为茶话会的组织者，张亮基要善于把握讨论的方向和节奏，不在次要问题上纠缠。洪秀全有没有远见，最终能走多远，这些都不重要，或者说还需要观察。不可否认的是，当前洪秀全处于上升期，几万大军像打了鸡血，他的主力不论冲向哪里，对于当地官员来说，都是不可预测的灾难。于是张亮基说："我在想，洪贼有三条路可去，即东去广东，北向湖南，西犯云贵，诸位想想看，下一步洪贼主力，会不会进入我们的地盘？"

幕僚王康抢先发言："依我看，洪秀全不会进犯云贵。俗话说'客走旺家门，贼偷发财人'，洪秀全不会那么笨，放着湖南大米不吃，跑到云贵吃土豆。如湖南去不了，他也会东向广州，抢点洋货。"

"对，对，对！听说那洪秀全是色中饿鬼，他到湖南去，可以抢几个湘妹子当皇娘。"官员丙说得滑稽，众人笑起来。

幕僚王心柏接过话："我的看法不同。如果我是洪秀全，就不会进军湖南。以地形上看，湖南位于中间，朝廷东西南北各省派兵，洪贼就成了瓮中之鳖，以前我随大人捉贼，贼往哪里跑？贼一定是向山上跑。云贵山多，路不好走，但也不便围剿，所以洪贼跑过来的可能性是不能排除的。"

正在大家你一言我一语讨论的时候，圣旨来了，张亮基要去接旨，讨论中断。等张亮基接完旨后，这种讨论已经没必要。

这道圣旨内容究竟是什么？对张亮基的人生又意味着什么？

圣旨

张亮基走到正厅，宣旨官叫道："张亮基接旨。"

归纳起来，圣旨讲了三层意思：其一，张亮基由云贵总督调任湖南巡抚。其二，洪秀全越闹越凶，打下了湖南道州，有向长沙进犯的趋势。湖南巡抚骆秉章剿匪不力，免职。其三，战事吃紧，令张亮基迅速到长沙接印，履行职责，不得拖延。

向北谢恩，送走宣旨官后，张亮基面无表情，不知在想什么。

事情来得太突然，众幕僚没思想准备，不知该说什么。

张亮基长叹一声,说:"此时调任湖南,如走钢丝,不知福祸!"

"国难思良将。在此用人之际,圣上想到张大人,是对您才能的肯定。这次啊,张大人一定会大显身手,铲平洪贼,立下大功,登堂拜相。我们这些人,星星跟着月亮走,也沾一点光。"幕僚王康久历幕府,见多识广,一向嘴甜,几句话,就将气氛活跃了许多。

"今晚摆酒席,为张大人送行,并预祝张大人讨贼成功。"官员甲说完,其他人跟着附和。

不论张亮基心里怎么想,但对幕僚兼朋友们的一片好心,也只得答应参加送行酒会。

也许你会问,云贵总督是云南、贵州两个省的"一把手",而湖南巡抚相当于省长,只管一个省,张亮基又没犯错误,为何被降级使用?其实在当时,由云贵总督调任湖南巡抚,看起来级别变低了,但更像是平级调动。这其中的原因,要从总督与巡抚的关系说起。本书经常涉及这两个职位,有必要介绍一下。

总督与巡抚

总督,官职中带有"总"字,跟总统、总裁一样,给人的感觉,就是大权在握的"一把手"。

巡抚,意思为巡视检查,安抚军民。皇帝派来的巡抚,什么都可以检查,权力大着呢!

这两个官职出现于明朝,刚开始是临时性质,其管辖范围、权力大小、工作职责、履职时间均不太规范。到了明朝后期,逐渐成为常态化地方官。著名的将领袁崇焕就当过辽东巡抚,总督过蓟燕防务。

清朝入关后,总结历史上各朝代经验,采用并完善了督、抚并存的地方行政制度,以加强中央集权,防止权臣篡位。

清朝前期，全国有多少总督、多少巡抚，是皇帝根据需要设立，没有定数，机构撤并也较频繁。到乾隆年间，清廷正式下文规范，全国有18个省，8大总督，16个巡抚。

清朝的督抚制度，给人感觉比较乱。

上下级关系乱。总督、巡抚均是封疆大吏，但巡抚只管一个省，而大多数总督能管两至三个省。总督官级为正二品，加尚书衔者能达到从一品，而巡抚只是从二品。理论上讲，总督节制巡抚，权力也比巡抚大，勉强可以说是巡抚的上级。但总督和巡抚均由皇上任命，总督不能管巡抚乌纱帽，其节制力度大打折扣。再者，巡抚有单独奏报权，直接听命于皇上，与总督的关系更像合作共事，并非直接隶属。

管辖地盘乱。直隶、四川两个总督只管1省。两江总督管江苏、江西、安徽三个省。陕甘总督地盘最宽，整个西北都归他管。山东、河南、山西三个省，可能是离京城近的缘故，只设巡抚，不设总督。直隶、四川两位总督只管一省，再设巡抚说不过去，所以全国十八个省，十六个巡抚。值得一提的是，到1904年，全国有二十三省，九个总督。在原有十八个省的基础上，增加新疆、台湾、黑龙江、辽宁、吉林五省。新疆归陕甘总督，台湾归闽浙总督管辖。东北三省增设总督，全国总督数量由八变九。

工作职责乱。总督偏重军事，但也兼及民事。巡抚偏重政务，但兼着提督衔（个别没兼），节制本省各镇总兵，也有军事权力。众所周知，最大的权力是对官员的任免权。对不起，在封建社会，此权力为皇帝独有，对县官的任命，也要"奉天承运"。全国如此大，皇帝不可能对所有官员都了解，所以任免地方官常常听从总督、巡抚的建议。由于两人都有建议权，对同一官员，有时出现一人说该升，另一人说该免的情况。

履职方式乱。由于总督、巡抚职责交叉，朝廷就要求他们密切配合，商量共事，遇到重大情况，最好联名上奏。但同时又规定，在意见不统一，或其他有必要的情况下，也可以，甚至鼓励单独上奏。也就是说，督、抚之间可以合作，也可以不合作，凡事看着办。

办公地点乱。督抚有同城的，比如湖广总督与湖北巡抚均驻武昌，云贵总督与云南巡抚均驻昆明；有不同城的，两江总督驻南京，江苏巡抚驻同省的苏州；有变迁的，比如四川总督先驻重庆，后改成都；有交替的，1870年直隶总督兼了北洋通商大臣，夏天驻天津，冬天驻保定。

也许你会说，以上各种乱象，很容易导致督抚之间争权、扯皮、闹矛盾。对，那个狡猾的皇上，就是要让他们相互牵制，相互监督，以便控制。

看起来有些乱的督抚制度，实际上分解了地方权力，防止封疆大吏持势自重。纵观整个清朝，以康熙年间平定吴三桂为首的"三藩"后，地方政府从未挑战中央权威。在清朝，皇帝对督、抚控制是很严格的，年羹尧在雍正年间任陕甘总督，刚有不轨的苗头，就被整治了。

贰 用才标准

此次湖南上任，不是去当官老爷，而是去上战场，张亮基做好有去无回的准备，他没带家属，只有幕僚王心柏以及几个随员同行。

张亮基心想，自己是文官，从小到大鸡都没杀过，更别说上阵杀敌。自己儒家经典、诗词歌赋读得不少，但没研究过兵书战策，不会排兵布阵。如果不懂装懂，冲在第一线指挥，其结果可想而知。

当领导可以不懂业务，但一定要懂得用人。这道理说起来很简单，谁都懂，但具体施行起来，不是人人都会运用。面对湖南危局，面对如此乱世，张亮基有自己的选才用才标准。

一是用急需的。

当务之急，是保住长沙，最好将洪秀全围剿或赶出湖南，首选之人必须要有出色的军事指挥能力，那些只会纸上谈兵，或者逞匹夫之勇的人，不在此列。自己目前需要的，是一个优秀的"参谋长"。此外，打仗需要军饷钱粮、武器装备，自己需要一个会办事的"后勤部长"。

二是用有道德的。

你也许会说，朋友，弄错了吧，从古至今，选才标准都是德才兼备，德在才之前。你应该听说过，"有德无才不坏事，有才无德出大事"。张亮基的选才标准，把道德排在第二位，肯定是弄错了。

其实，张亮基没弄错，具体问题需要具体分析，不能本本主义，也不能教条主义。如在平时选人用人，德在才之前，完全正确。如在乱世，需要人去攻城略地，解决棘手的问题，在选人用人时，首先考虑他有无此能力，其次再考虑道德问题。张亮基目前选用的人，首先要有能力帮助自己守住长沙，解当前之围。如无此能力，再好的道德都免谈。

也许你会反驳，如果张亮基找到一个无道德的"参谋长"，临阵降敌怎么办？如果找到一个私心很重的"后勤部长"，损公肥私怎么办？

曹操说过，"不忠不孝不要紧，只要有才就可以。"这话说得太大胆，也许只有曹操这样的政治家才敢说。曹操道出了乱世用人的真谛，体现了对自己领导艺术的高度自信。每个人均有长有短，你的长处是才能，我用你；你的短处是道德，我控制你，使你没有"不忠不孝"的机会。如你是孙悟空，一个跟头能翻三万六千里，但我是如来佛，你就翻不出我的手板心。

曹操这样的人，才适合当"一把手"。也只有曹操这样的人，才能在乱世中取得成功。所以说，张亮基这样排序，没错。

我们接着讲。

三是能领军的。

根据军机处的通报，现在的湖南，除了本省部队，还有广西的败军、江西的友军，也许过不了多久，邻近省份的增援部队也要开来。在本省的部队中，有八旗、有绿营，还有团练。面对官多兵杂，互不隶属的局面，张亮基需要一个具有领军能力，能统筹全局，能妥善安排各种军政事务的"参谋长"。从后勤的角度看，朝廷前段时间军费花了两千多万，财政捉襟见肘。再说，上级有规定，乱贼窜到哪省，就由哪省负责粮草。也就是说，武器装备中央供给，军粮由地方自筹。筹款筹粮，需要真金白银，不是那么简单的事。张亮基需要的"后勤部长"，要会协调各种关系，要具有领军的能力。

四是能长久的。

张亮基选用人才，将合作是否长久排在最后，因为上下级之间合作是否愉快，需要时间来检验。能否长期在一起共事，除了工作需要，能力互补外，还有志趣、性格、爱好、发展趋势等因素。管它合作是否长久，当务之急，是寻找可用之才，帮助自己解决长沙之危局。

调才未果

战事急迫，张亮基没时间去海选人才。出了昆明，他向咸丰皇帝上了一道奏折，讲了三层意思：其一，皇上啊，我按照您吩咐，按时出发了。我知道此行艰险，但作为臣子，赴汤蹈火，在所不辞。其二，我需要两个帮手，一个是贵州黎平知府胡林翼，此人打仗有一套，可以当我的"参谋长"；另一人是云南粮储道崔光笏，此人长期在后勤部门工作，可以当我的"军需部长"。这两人可以作为我的左右臂，恳请皇上下旨恩准。其三，湖南战事吃紧，本省兵力不够，请皇上从四川、贵州调军队，随我入湖南征战。

咸丰皇帝见奏折，见张亮基工作态度端正，想都没想，就批了两个字——准奏！但，张亮基想要的能人，一个都没得到。

崔光笏生病，下不了床，自然不能成行。而胡林翼呢？贵州巡抚蒋尉不放人。

怪事，皇帝都批了，你一个巡抚，敢拖着不办？

先前讲到，清朝的督抚制，总督与巡抚互相牵制，经常扯皮。张亮基与蒋尉本来关系就一般，现在张亮基云贵总督的印都交了，更是人走茶凉。

蒋尉能当巡抚，智商不会太低。他可以不顾张亮基的感受，但他不敢硬顶皇上。遇到这种事，得玩玩手腕。

蒋尉派人到黎平放风，说胡林翼要调走。在当地百姓眼中，胡林翼是一个像包青天那样的父母官。中国人清官情结很浓，好不容易碰到一个好官，当然不想失去。于是，有关系的托关系，没关系的联名写信，请蒋巡抚留下胡林翼。

这下，蒋尉有了抗辩圣旨的理由。他向皇帝上书，说如果胡林翼离开黎平，会致使"士民失望，关系匪轻"。意思是说，如果没有胡林翼，黎平的老百姓就像失去父母一样，更为重要的是，黎平与湖南、广西接界，洪秀全的部队随时可能打过来，如果没有一个能干的官员在此防守，贵州危急啊！

蒋尉用哀求的口气说："皇上啊，湖南与贵州，手背手心都是肉，不能顾此失彼。贵州本来就穷，兵不多，防守力量薄弱，如果再调走胡林翼，我省的防务就更难了。再说，张亮基上书说要从贵州抽兵，我虽然艰苦，但仍然遵旨办理。"

清朝的皇帝，一个不如一个，到咸丰这里，早已看不到康熙的影子。咸丰皇帝见蒋尉说得也有道理，依旧批了两个字——准奏！

调胡林翼的事，就此打住。

胡林翼荐才

张亮基拿出云贵官员花名册,从头看到尾,再没一个中意的。当总督时,来毛遂自荐,甚至来溜须拍马的大有人在,可是到了关键时刻,却找不到可用之才。

张亮基看了一眼站在门口的幕僚王心柏,此人跟随自己多年,忠心耿耿,"德"没问题,但"才"肯定担不起"参谋长"之责。

如和平年代,对于跟随自己多年的人,就算能力差点,也可以闭着眼"近亲繁殖"。但是在战争年代,是性命相搏,伤不起啊!

张亮基烦恼起来,这能打仗、能领军的人才,哪儿去找呀!?

"山重水复疑无路,柳暗花明又一村。"正在张亮基一筹莫展之际,胡林翼来信,说我给你推荐一个人,这个人的能力不在我之下,但这人有些孤傲,就看你能否有本事请他出山。

胡林翼推荐的人,是晚清中兴名臣之——左宗棠!

叁　圈定人才

胡林翼在推荐信中,对左宗棠作了两点评价。其一,才学超冠绝伦。说他熟读兵法,胸中装有古今地图,对国家政治、经济熟悉,办实事的能力很强。其二,为人忠肝义胆,说他廉洁、善良、性情耿直、不重名利,不会同别人争功劳。

胡林翼的评价,把左宗棠才能排第一,道德排第二,可见乱世选人用人,应按照才德兼备的原则。呵呵,英雄所见略同。

张亮基把信看了好几遍,心想:真有这样的人吗?召入帐下,不用培训,即可使用,而且知识全面,可统筹全局,担得起大任。更为重要的是,此人品质超群,即使谋划成功,也不会与自己争功。

哈哈，不争功。如此人帮我平定了洪贼，功劳算在我张亮基头上，那……

张亮基对利倒看得开，白花花的银子，可以视而不见。但他十年寒窗，就是为了科举得意，一路升迁，光宗耀祖，名的诱惑，对他来说是很大的。

左宗棠这个名字，张亮基是第一次听说，对于一个不认识、不了解的人，仅凭一封推荐信，并在此危急的情况下，花大量精力请他出山，委以重任——这是否过于草率？

张亮基从基层干起，做到封疆大吏，在识才用才方面，有独到的见解。他认为圈定人才，要做到"四看"。

首先，看推荐的人。

推荐左宗棠的人是胡林翼。作为云贵总督，下属官员很多，为什么胡林翼能入张亮基的法眼，认为他具备"参谋长"之才？这要从胡林翼的政绩讲起。

黎平原本民风淳朴，但从道光年开始，清政府迅速走下坡路，各种社会矛盾激增，刑事案件接连不断，盗贼杀人抢物，老百姓没有安全感。

盗贼猖獗，官军却软弱无能，胡林翼的前任知府，带领一百多名官兵抓盗贼，而盗贼只有一名，骑着马向官兵大喝一声，狂奔过来。官兵见状，扭头就跑，丢盔弃甲。知府是文官，手无缚鸡之力，吓得立即调转马头逃命，连头上的乌纱帽都弄掉了，很是狼狈。

官军尚如此，府衙差役更无能，见了盗贼便磕头求饶，更为可恨的是，差役欺压百姓，心狠手辣，无恶不作，弄得民怨极大。

胡林翼来后，用了五招。

第一招，重建武装。以前官兵人数虽多，但军饷低，还常拖欠，一家人吃不饱肚子，哪有心思训练作战。兵不在多而在精。胡林翼挑选一百名壮士，训练为特种部队。能入选者，每人每月四串钱，在当地，够一家人的正常开支。如在抓盗贼时牺牲了，家属可得一大笔抚恤金。如此优厚待遇，报名者众多，没过多久，胡林翼便有了一支拳头力量。需要指出的是，公款不够，胡林翼自掏腰包为特种兵发工资，为此他每月要补贴两百多两银子。

第二招，发动群众。贴出告示，凡有百姓抓了盗贼，押送到知府衙门，都可领取巨额奖金。对于提供线索者，按其价值大小，也进行奖励。

第三招，组织团练。黎平府有一千五百多个寨子，每个寨子都成立了乡团，官府提供武器，补助经费，定期训练，每晚巡逻。

第四招，加强硬件。在重要路口修碉堡，在寨子出入口设卡棚，由民兵驻守。

第五招，精确打击。弄清情报后，派特种兵闪袭盗贼巢穴，力求全胜。有个别漏网者，也被各地民兵所擒。

以上五招，抓住要害，招招管用，没用多长时间，社会治安就得到彻底改观，百姓可以安身，外来客商也有了安全感。稳定的社会秩序带来了经济繁荣，人民安居乐业，胡林翼威望日升，当他下基层调研时，成百上千老百姓追着喊"青天大老爷"。

物以类聚，人以群分。胡林翼如此优秀，左宗棠得到他的大力推荐，应该不是酒囊饭袋。

其次，看交往的人。

张亮基进入湖南后，到处打听左宗棠，因为同省的缘故，知道左宗棠的人越来越多。这些人在介绍左宗棠时，都会提到两个重量级人物。

一个是湖南名人，前两江总督陶澍。陶澍比左宗棠大几十岁，他任两江总督时，左宗棠还是一个二十几岁的小举人。可是这陶澍不知动了哪根神经，把自己幼子陶桄托付给左宗棠教育，还与他结为亲家。

至于这段天方夜谭般的佳话，张亮基近段时间听到好几个版本，但左宗棠与地位天壤之别的陶澍是亲家，应该是不争的事实。

另一人是大名鼎鼎的林则徐。传说林则徐到长沙，当地的大小官员、社会贤达带着礼物，排着长队，等待林大人的招见。林则徐一不收礼，二不见地方官，唯独叫管家请来左宗棠，两人在湘江的船上点起蜡烛，谈了一夜。

对张亮基而言，陶澍是令自己敬仰的官场前辈，林则徐是自己追随多年的老领导，左宗棠能与他们交往，得到他们的青睐，肯定有过人之处。

再次，看工作经历。

左宗棠没当过官，只教过书，务过农。没在官府干过，胡林翼就说他熟悉各种政务，好像不太令人信服。他没到一线去打过仗，就算读过几本兵书，说起来条条是理，但一旦上了战场，谁知道他是不是纸上谈兵的赵括？

打个比方，如果请左宗棠当"参谋长"，就像请了一个理论知识丰富的游泳教练，但这个教练从没下过水，你说悬不悬？

最后，看工作业绩。

没有工作经历，何谈工作业绩？

左宗棠有教书的业绩，科学养殖的业绩，但张亮基要用的人才，不是大学教授，不是农业专家，而是能指挥千军万马的"参谋长"。

想到左宗棠的工作经历和工作业绩，张亮基心里没底了。如在平时，还可以慢慢考察。若感觉还行，先安排一些次要工作试试，能顺利完成，再委以更重要的任务。可是，前方传来消息，洪秀全的队伍很快就要打到长沙了，在此情况下，如用人失败，必然满盘皆输。

张亮基心想，是否圈定左宗棠为"参谋长"，还需要多方打听、

看推荐的人
看交往的人
看工作经历
看工作业绩

全面考察，在综合各方面情况后，如感觉他行，就请他当"参谋长"；如感觉不行，就退而次之，用湖南的现役将领。

考察方法

思路确定后，张亮基争分夺秒，想尽一切办法，进一步考察左宗棠。

和平时期考察干部，组成一个考察组，到被考察单位动员、测评、谈话、走访、写报告……总之，不急，慢慢地来。

张亮基对左宗棠的考察，时间很紧，最好是进长沙之前，把"参谋长"人选确定下来；任务很重，这是只能成功，不能失败的考察，如选错了人，长沙不保，官位不保，很可能性命也不保；难度很大，没办法查阅档案，不可能搞民主测评，也不可能去走访相关单位听取意见。

一个官员是否能干，要看他在关键、重大时刻，在复杂的局面前，能否应对得当。

考察时间紧，我张亮基就在途中走慢一点，尽可能腾时间来选将等兵。

考察任务重，我就仔细一点，做到"兼听则明，宁缺毋滥"。

考察难度大，我就舍弃那些难顾及的考察环节，专门在谈话了解和信函了解两方面下功夫。

据幕僚王心柏统计，进入湖南后，张亮基向34名官员、乡绅、文人打听左宗棠的情况，其中，12人提供了有价值的信息。此外，张亮基亲自或叫王心柏代笔，向包括胡林翼在内的6名官员去信，请他们介绍左宗棠的情况。

谈话记录

谈话的人很多，在此摘抄一例，以飨读者。

谈话人：张亮基

被谈话人：左化成（常德府当差，左宗棠的同乡，远房亲戚）

说明：以下是经整理后的谈话记录

第一，基本情况。

嘉庆十七年十月初七，也就是公历1812年11月10日，左宗棠在湖南省湘阴县出生。

左家是世代书香门第，宋代时期从江西迁到湖南。由于家风好，几百年来，日子过得平静而安详。

祖父左锦人，为人正直，乐善好施，曾出过一本慈善方面的书。

父亲左观澜，是县里名列一等的秀才。受其父影响，左观澜在教书为生的同时，偏爱慈善事业。

教书，收入不多，爱做慈善，开支又大。在左宗棠出生时，左家经济入不敷出，日渐拮据。

左家三弟兄，左宗棠排行老三。大哥左宗迁，去世较早。二哥左宗植，也是一个读书人，后来当过中低级官员。

第二，长相。

左宗棠的体形，就像耕地的牛，腰粗、颈大、憨厚、壮实，脸较短，整体椭圆，下巴尖尖的，轮廓分明，给人威武的感觉。

左宗棠身份是书生，长相却像武人。

由于长相的缘故，有一个名唤"张半仙"的算命先生，追着给左宗棠算命，父亲左观澜以为是骗钱的，不同意。张半仙免费也要算，因为出道十几年，还没见过"王侯将相"的命。

这个算命的故事，许多乡邻都知道。但张半仙能否算准，就不知道了。

第三，学习。

通常情况下，父亲不愿教儿子，因为在教学中，老师要对学生板起面孔，为父者却很难一直严厉，但左家穷，不能将三个孩子送到别的私塾读书，左观澜只能亲自上阵，担任授课之责。

据说，左宗棠在学习中有两个特点：一是记性好，几乎过目不忘；二是悟性高，能举一反三。

在同龄人中，左宗棠是对对联的高手，不论谁出上联，他不用怎么思考，便能说出下联。

我与左宗棠年龄相仿，又是同族，小时常在一起玩，他最大的爱好是看历史书，最崇拜的人是《三国演义》中的诸葛亮。后来他以"今亮"自居，但他是否能像诸葛亮那样运筹帷幄，我就没把握了。

顺便说一下，湖南有"三亮"。除左宗棠外，"老亮"叫罗泽南，"小亮"叫王蓉，都是读书人，都有些本事。

第四，科举。

左宗棠十四岁参加湘阴县试，也就是常说的童子试，录取者才能参加府一级考试。左宗棠获全县第一，顺利通过。

十五岁时，左宗棠参加长沙府组织的秀才考试。秀才考试要考三次，最后合格才拿文凭。

第一次考试，左宗棠得第二名，后来传出小道消息，说左宗棠本该得第一，但考官们为照顾一个老考生，把他排在第二。后来又听说，长沙知府张锡谦对他印象不错，专门把他叫去勉励一番。

在第二次考试前夕，左宗棠母亲病危，他放弃参考。没过几个月，母亲去世，左宗棠守孝三年，在此期间，不得参加考试。

为母亲守孝三年期满，左宗棠准备参加考试时，父亲又病逝，又得守孝三年。看来，命运还真折磨人。

为父守孝期满后，左宗棠面临选择，要么先考秀才，三年后再考举人；要么拿钱买监生资格，直接参加举人考试。

左宗棠选择后者。

选择后者需要很大的勇气，买监生资格需要一百多两银子，左宗棠父亲去世后，他便没有经济来源，生活要自食其力。当时他到我家来，向我父亲借了十两银子。另外，考举人是非常困难的，如果考不上，一百多两银子打水漂，连秀才都不是。

那年，湖南省的考生有五千人，举人名额为四十八名。发榜后，左宗棠列十八名，他的二哥左宗植也在此列。两兄弟同时中举，在我们老家传为佳话。我也是那年参考的，但落榜了。

后来，左宗棠三次进京参加进士考试，都没考上。在我们左家，和许多湖南读书人议论此事，说以左宗棠的才华，应该考上。究竟什么原因，致使他连续三次落榜，我也说不清楚。

第五，婚姻。

左宗棠的妻子叫周诒端，湘潭人。周家是当地名门望族，周诒端的父亲只有两个女儿，无子，所以想招一个女婿上门。

周诒端是才女，来了个比文招亲，左宗棠才高八斗，以对联取胜。当然，这只是一个传说，是真是假只有当事人才知道。在我们当地，入赘并不光彩，只有穷得娶不起妻的人才考虑倒插门。

值得一提的是，按习俗，倒插门者，子女要随母姓，但左宗棠的几个子女都姓左。

听说，周诒端通情达理，相夫教子做得不错。但这只是听说而已，具体情况，我也不是很了解。

函件考察

胡林翼回信,详细介绍并再次推荐左宗棠。为阅读方便,笔者将此信翻译为现代汉语的版本。为节约篇幅,穿靴戴帽的话就省略了,拣要点说。

第一,我与左宗棠的关系。

我与左宗棠的关系,可概括为世交、朋友,加亲戚。

我的父亲在岳麓书院读书时,与左宗棠的父亲是同学,两人情趣相投,几十年来一直保持联系。

左宗棠二十一岁那年,在北京参加会考,来我家做客。父亲见我与左宗棠同龄,便叫我作陪。

我与左宗棠一见如故,从湖南风俗说到内政外交,有聊不完的话题。

左宗棠二十六岁年,再次进京会考。我俩再相逢,经长时间交流,我认定左宗棠是自己一生一世的朋友。这时,我俩又有了一层亲戚关系。

我八岁那年,两江总督陶澍到我家,摸着我的头说:"这小孩真乖呀!"那时我小,也不知他是当大官的。我说:"你把手拿下来,别人的头不能随便摸。"陶总督见我说话有板有眼有胆量,便向我父亲提出,将他七岁的女儿许配与我。

后来,陶澍与左宗棠忘年相交,临终托孤,请左宗棠教育他的幼子陶恍。他见陶恍与左宗棠的长女年龄相当,便提出结为亲家。

从辈分上看,左宗棠是我长辈。从朋友关系讲,左宗棠小我四个月,一直称我为兄。

张大人,申明一下,我向你推荐左宗棠,不是因为我与他有几层关系,而是左宗棠的确有才,是你急需的左右手。左宗棠有何过人之处,请听我慢慢道来。

第二,考不上进士的原因。

左宗棠从二十一岁开始，连续三次进京会考，均没考上进士。我认为，他考不上进士的原因，不是他没才，而是过于有才。

他看的书太多，知识面太宽，文章写得太深刻，时而天上，时而地下，时而国外，时而远古。主考官知识面不够，看后云里雾里，似懂非懂，虽然认为文章写得大气，但还是小心为妙，不录取为好。

第一次进京考试，他写的是"杂感"，专写西域军政大事，建议朝廷在新疆建省。他写道，新疆茫茫戈壁，气候变化无常，虽有田有土，但耕种不易。新疆交通不便，只有靠骆驼给部队运粮，行程万里，通常是粮草运到，骆驼和押运士兵在路上便吃了一大半。如果在新疆建省，在那里驻扎军队，军民一起垦荒务农，力争自给自足，这样既稳定了边疆，朝廷又能节约一大笔费用。

在我看来，这是一篇好文章。但当时的主考官对新疆又了解多少呢？看了这篇文章，说不定还认为讲的是《西游记》的故事，落榜就在情理之中了。

左宗棠第二次进京会考，本来中了第二十五名进士，但考试规则是按区域分配录取名额。那年湖南省考得特别好，名额超过分配指标，左宗棠被改取为国史馆誊录。

誊录，就是抄写秘书。当时没使用电脑打字，国史馆要找一些有文化，且字写得好的人来专门抄写，这虽然是个苦差事，但坐十年冷板凳，一般也能当个县官。

左宗棠心气很高，不愿做这种死板的工作，南归湖南。

别认为左宗棠大事做不了，小事又不愿做，其实，正确认识自己，做出果断的选择，这是一种智慧。

左宗棠认为，以自己之才，至少应当巡抚以上的官员，如当小官或抄写秘书，是对生命的浪费，持这种观点的，除了他本人，还有一个省级高官，叫贺长龄。

左宗棠在长沙城南书院读书时，他的老师是著名的学者贺熙龄。那年，贺老师的母亲去世，他的哥哥贺长龄以江宁布政使的身份回家守孝。左宗棠因此与贺长龄得机相识。

经过几次交谈，贺长龄认为年仅十八岁的左宗棠能独立思考，能点评书中观点的优劣，看问题非常深刻。阅人无数的贺副省长，认定左宗棠是成大事的苗子，今后能成为国家栋梁之材。

贺长龄对左宗棠说："幸无苟且小就，自限其成。"意思为：你的天赋很好，要干就干大事，不要把自己框死了。

我认为，这句话对左宗棠影响深刻，也是他放弃誊录之位的原因。

第三次进京会考，与左宗棠同行的考生，一路上都紧张备考，而他呢？常抓紧点滴时间，深入田间地头，向农民讨教如何种棉花、栽白菜，还做了笔记。

其实，这时的左宗棠，对科举考试已心灰意冷，心态是能考上则好，如考不上，就回家当农民，搞点实用的农业科技。

第三次会考，左宗棠动力不足，失败并不意外。

第三，所看的书。

与别的读书人不同，左宗棠除了看儒家典籍，还读了许多有实用价值的书。

据他讲，在长沙读书时，他跑遍了所有书摊，淘来三本喜爱的书。

一本叫《读史方舆纪要》，作者是明末清初史学家顾祖禹，内容包括军事地理、人地关系、历史经济等等。熟读此书，各地山川险要、战守机宜记入心中，一旦派得上用场，便能成决策依据。

另一本叫《天下郡国利病书》，作者是著名的经济地理学家顾炎武。本书以介绍地理知识为主，同时涉及军事、赋税、水利、农业等内容。

还有一本叫《水道提纲》，作者是清朝地理学家齐召南，本书是介绍河道水系方面的专著。

十多年来，国内局势不稳，会党时常起事；国外英国人入侵，朝廷战败签约。左宗棠提前感知到，也许有大乱局出现，军事学或许有用武之地。他读了许多兵书战策，从孙子、吴起到岳飞、戚继光，他都有研究。

从左宗棠的知识结构看，他完全能胜任"参谋长"兼"后勤部长"之职。

张大人，这样的人才，你舍得错过吗？

第四，与陶澍的交往。

也许你会感到奇怪，一个搞大棚蔬菜的养殖户，怎么可能与两江总督陶澍拉上关系，并结为亲家？这其中的原因与经过，请听我细讲。

左宗棠第二次会考失败后，回到老家教书。一天，醴陵县令找到他，说有个高官马上要到醴陵来，请他写几副对联，表示欢迎。

左宗棠问高官是谁，县令说是两江总督陶澍。

陶澍的大名，在湖南读书人中如雷贯耳，他是湖南有史以来通过科举做上总督的官员，除权势盛极一时外，文章同样扬名天下。对于立志科举的人来说，陶澍就是奋斗的目标，学习的榜样。

左宗棠听说是陶澍回乡，立马将写对联的事答应下来。

几天后，陶澍来了。他当了多年高官，对前呼后拥的迎送，山珍海味的宴席不感兴趣，却对大厅一副对联看了又看。

对联写道：

春殿语从容，甘载家山印心石在；大江日夜流，八州子弟翘首公归。

陶澍在说了几个"好"后，问对联作者是谁。县令答，是本县教师左宗棠。陶澍叫县令马上去请。

两人见面后，说古论今，谈了一个晚上。陶澍认定，左宗棠是天下少有的奇才。

顺便说一下，这副能打动陶澍的对联，不仅字写得好，意义更好。

上联讲陶澍仕途得志，被道光皇帝赐"印心石屋"的牌匾；下联讲陶澍在湖南的地位，暗指他的影响将向大江东流那样永不停息。

越短的文章越难写，二十六个字的对联，便高度概括陶澍一生，而且说的全是事实，看不出有吹牛拍马的痕迹。

两人相识那年，陶澍五十八岁，左宗棠二十五岁，他们成了忘年之交。

在后来的一年里，他们又接触了好几次，陶澍用各种方法观察、考验和点拨左宗棠。

在确定左宗棠人品与才干兼优后，陶澍托孤，将自己六岁的幼子陶桄拜托给左宗棠教育。正在左宗棠谦虚推迟之际，陶澍又说，你的长女孝瑜今年五岁，我俩可结为亲家，我老了，病又多，可能在世时间不多，今后儿女婚事便由你来操办。

正在左宗棠吃惊之时，陶澍站起来，向左宗棠鞠了躬，口里说拜托、拜托！

这就是我知道的左宗棠与陶澍交往的过程。

张大人，就算你不相信我胡林翼，但请你相信陶澍的智慧与眼光。

第五，湘江夜谈。

林则徐是天下名臣、封疆大吏、朝廷高官。左宗棠是高考落榜生，身份是农民，林则徐为何绕道到长沙，专程约见左宗棠？

其实，我是他们见面的"红娘"之一。林则徐任云贵总督时，我在贵州安顺任知府。我采取信函、当面推荐等方式，向林则徐介绍左宗棠的才能。

为什么说我仅是"红娘"之一？因为其他的"红娘"是他们各自的人格和学识。在我向林则徐推荐以前，他们二人便神交已久。

左宗棠认为，林则徐虎门销烟、抗击侵略的壮举，代表着中国人的意志和骨气。

鸦片战争中国战败，道光皇帝将气撒在林则徐身上，将他充军新疆。听到此消息，左宗棠无比悲痛，给我来信，说朝廷此举是自毁长城。

"苟利国家生死以，岂因祸福避趋之。"从这句林则徐的名言中，可以看出他是一个不计较个人得失，脚踏实地为国办事的人。

林则徐到新疆后，不顾年老体衰，亲自翻阅、摘抄新疆地理、物产、民族、屯田等档案资料，其间受伊犁将军布彦泰的委托，主持了阿齐乌苏灌溉垦复工程。该工程组织十万民工，用五个月完成，使十多万亩土地得到灌溉，这是林则徐为新疆人民办的一件大实事。

工程结束后，林则徐又到南疆和边境考察，做了大量笔记，掌握了第一手资料。他感到新疆问题多、隐患大，如任其发展，有丧失国土的危险。

在回内地途中，林则徐把新疆问题进行梳理，有许多想法。本来想找机会奏明皇上，让自己去治理新疆，可是岁月不饶人，林则徐感到自己步入老年后，病多了，体力差了。他想找一个后继者，将自己的事业传承下去。

放眼四海，能承载治疆重任的人，很不好找。

一次偶然的机会，他听说一个叫左宗棠的湖南举人，写过一篇关于新疆建省的文章。当时社会，能将目光关注新疆的人，太少太少。

当我推荐左宗棠时，林则徐眼前一亮，叫我细细陈述。

1849年冬天，林则徐病了，他向皇上请假，由昆明回福建调理。回乡途中，林则徐的船在长沙湘江边停下来。

在这条船上，林则徐与左宗棠"湘江夜谈"，直至天明。

关于这次谈话的内容，左宗棠向我粗略讲过。

林、左二人见面，几句寒暄后，林则徐提出，先谈新疆，再论兵法。显然，他是要亲自考察左宗棠是否有真才实学，是否值得重托。

地理知识，是左宗棠的强项。不论在长沙城南书院读书时，还是在陶澍府里教书时，左宗棠都尽一切可能阅读、收集各种地理书籍，边疆的地理，他早已烂熟于胸。

左宗棠侃侃而谈，讲了新疆的地理、历史，与内地的交往、与周边国家关系等内容。

林则徐暗暗吃惊，眼前这个年轻人从古讲到今，从国内讲到国外，从民族问题讲到军事防务，其观点之新，内容之深，气势之大，眼光之远，好像超过了自己。自己在新疆生活、调研多年，居然比不上一个足不出户的乡间举人。

林则徐一边听，一边点头，一边思忖：这个举人不简单。

说完了新疆，左宗棠谈军事。

他说，十年前与英国人打仗，朝廷有八十万大军，而英国人不过几千士兵，但我们还是败了，原因两方面：一方面虽然林公您到广州指挥，但处处有人阻碍，施展不开拳脚；另一方面，大多数统兵将领由庸人担任，既无抗敌之胆，又无御敌之谋。英军打不下广州，率船北上，沿海守军，均不能抵挡。

十年前那场战争，林则徐是亲历者和见证者，左宗棠的话，无疑说到他心坎上了。

天亮了，林则徐要上路了，他把自己在新疆整理的资料全部拿出，交与左宗棠。他说，今后东南沿海如有外敌入侵，或许还有人抵御，而西定新疆，非你左宗棠莫属。

很明显，林则徐通过自己一夜的考察，将左宗棠当成自己事业的继承人。

张大人，左宗棠确有才干，你可以不相信我胡林翼，你一定要相信林则徐的眼光。

第六，军事见解。

张大人，你此次选用的人才，要立马到长沙指挥作战，而左宗棠没带过兵，是否能胜任"参谋长"一职，你很有顾虑。

我认为，左宗棠是有卓远见解的书生，是创新实干的农民，更是能运筹帷幄，决胜千里的军事干才。

大约十年前，英国入侵广东，挑起鸦片战争。左宗棠给我来信，分析敌情。他说英国人万里远征，兵员肯定不多，粮草弹药肯定不足，只要我方有坚持抗战的决心，守好沿海要塞，不出半年，英军自然退兵。他强调，在战争相持阶段，不能去求和，更不能不战而降。

现在回头来看，此见解说中要害，相当精辟。

没过多久，左宗棠写了八篇军事论文，请我转交时任监察御史的贺熙龄，希望能呈给皇上。这八篇文章，涉及战争方方面面，我认为相当精彩。

《料敌》，我方要想尽一切办法弄清楚，英国国力如何，全国兵员大约多少，能远洋运兵的船只有多少，武器装备有何特点，后备力量强不强？

《御敌》，港口、江海结合部等战略要地要修碉堡，架大炮。兵不在多而在精，各省要编练一支机动灵活、战斗力强、专门用于处置突发军情的部队。要加强水师建设，增加炮船，要动员人民群众，特别是动员沿海渔民，在晚上袭击英国军舰。

《定策》，要下定决心抗敌，不能在战与和之间摇摆不定。要有长期抗争的准备，不在乎一城一地的得失。要从内地抽调兵力，加强沿海防务。要在知己知彼的基础上，制定符合自身利益的外交策略。

《器械》，要重新设计，必要时购买先进的军舰。要开设兵工厂，大规模生产枪炮。

《海屯》，在沿海防务上，要做到军舰和岸防相统一，兵队和民众相配合。

《用间》，要成立专门的信息谍报部门，采取多种手段侦察、收集敌方情况。

《善后》，战打完后，要迅速稳定民心，恢复生产，发展经济。

《筹饷》，沿海各省相对富裕，本省军队的后勤，原则上由本省负责。朝廷经费，主要用于建兵工厂、造军舰、加强港口建设等等。

因多种原因，这八篇军事论文，没有呈送到皇上手中，真是可惜，但左宗棠军事才干，可见一斑。

第七，作战建议。

以上八篇军事论文，是以鸦片战争为背景，从国家层面、战略层面来说的，而近年来，我与左宗棠书信来往密切，他对剿匪、对付洪秀全等事宜，给我提出了很好的建议。这些军事主张，是从地区层面、实际运用层面说的。

实不相瞒，我在黎平剿匪成功，有左宗棠的功劳。

他建议我办团练，说是号召群众保卫家乡，人心一致，踊跃参与，兵源上不成问题。本地人熟悉地形，便于挖陷阱、打埋伏，具备出奇制胜的条件。美不美、家乡水；亲不亲、父子兵。团练队伍，有乡族、血缘作纽带，只要稍加训练，便会出战斗力。

他建议我修碉堡。他说碉堡具有防护作用，平时将粮草、器械放入堡中，匪贼一来，迅速将村民转入堡中，人心即可安稳。他考虑很细，说碉堡要多修几个，各堡相连。两堡间的距离要在武器射程之内，多开枪眼，便于协同防守，碉堡大小有别，大的为堡，军民共用，四周要挖深沟、设机关；小的为碉，由团练轮流驻守，昼夜警戒，起到护卫堡的作用。

洪秀全在广西造反，官兵征剿连连失利，左宗棠分析了原因。他说洪贼狡诈，不按常规打仗，而造反队伍大多由饥民组成，上了战场不怕死。而官兵将领无谋，士兵怕死，士气低落，即使在上级严令下勉强出战，往往是一触即溃，望风而逃。纵观前段时间打仗失利的原因，主要责任在将领。这些将领刚开始轻敌，不用计谋，不用间谍，不搞分化瓦解；打了败仗后又畏敌，死守城池，被动等援，最终丢城兵散。

假设一下，如果朝廷启用左宗棠为钦差大臣，广西的战事不至于如此。

张大人，你来信说左宗棠没有指挥的用兵经历，以上这些军事论述，可否作为变相的统兵经历。

第八，左宗棠的性格。

左宗棠才能卓越，但人无完人，在性格上，他有孤傲、倔强的一面。

有一次他对我说："弟可大受而不可小知，能用人而必不能为人用。"意思是说，他是干大事的材料，给他个小官，或者叫他做抄抄写写的文案，他是不会干的。他的性格要强，领导别人可以，让别人来领导他，很难啊！

他有一定的名气后，林则徐、贺长龄等高官以重金相邀，请他当幕僚，他都婉言相拒。

还有一件事，值得一讲。

咸丰皇帝继位后，下了特诏，开设"考廉方正特科"，也就是推荐道德模范参加进士考试。整个湘阴县就他一个符合条件。乡绅们联名推荐左宗棠。大家知道他穷，东家出二十两，西家出五十两，为他筹集了路费。县令找了一个叫郭嵩焘的文人，给他写了事迹材料，并逐级上报。

而左宗棠呢，依然婉拒，说自己没达到道德模范的标准。

我认为，左宗棠不是不想当进士，而是认为从道德模范角度推荐参考，不是凭真才实学，就算考上了，也不光彩。

最后，左宗棠给我来信，说太平军打到湖南，湘阴有可能不保，为避战祸，他已将全家迁到山里，在一个叫白水洞的地方隐居。

看来，左宗棠想过"只知秦汉，不知魏晋"的生活，没有出山抵御太平军的打算。

张大人，推荐至此，你是否去请左宗棠，是否请得动左宗棠，就看你自己了。

考察结论

对人才的考察结论，核心问题就一个，被考察对象是否可用。

通用的标准，如果被考察对象德才兼并，就符合任用条件。可用，但这条标准比较空，现实中不好掌握。

其实，人才是否能用的问题，主要是看领导者的需求，或者说看领导者的用人标准。

在前面介绍过，张亮基此时选才用才标准有四条，我们逐一对照。

一是用急需的。从考察情况看，左宗棠对军事极有研究，既有战略眼光，又懂排兵布阵，还懂武器军械。他虽然没有带兵打仗的经历，但绝非只会夸夸其谈。他研究农业科技，就能种出大棚蔬菜，说明他是一个勇于实践者。此外，他与官府、官员、乡绅、名流打交道相对较多，对政务较熟悉，在当地有知名度，这使他有条件去协调各种关系，筹集军饷。毫无疑问，左宗棠符合"急需"这条标准。

二是用有道德的。与左宗棠打过交道的，比如陶澍、林则徐、贺长龄兄弟、胡林翼等人，对左宗棠的思想品质评价都很高。这些人都是时代精英，不可能集体看走眼。

三是用能领军的。鸦片战争时期，左宗棠给朝廷写的八篇军事论文，内容涵盖了国家防务的方方面面，可见他目光如炬，综合素质一流，是难得的领军人才。

四是用能长久的。这点就不好说了，左宗棠的缺点，是清高自负，脾气倔强，不大好相处。作为他的上级，要想驾驭他、管理他，是比较困难的。

四条标准，左宗棠占了三条，得分75。用，对左宗棠重用、特用！张亮基下了决心。

张亮基是明智的，因为他知道在战争期间用人，本来就带着一定的赌博性质，在实践之前，谁都没有百分之百的把握。当年刘邦拜韩信为将时，他心里很踏实吗？韩信毕竟没有指挥大军团作战的经历。

当然，在用人问题上，赌博不是傻博，要算概率，如果经过考察，拟用对象连50分都得不到，那就要慎重了。

考察结论有了，但又有一个现实的难题摆在张亮基面前。左宗棠清高，不愿出来做事，连林则徐都请不动，我张亮基同林公相比，相差甚远，能请动他吗？目前，他搬到白水洞隐居，摆着一副不愿过问是非的姿态，我去请他，很可能碰钉子。

张亮基能否请出左宗棠，请看下一章。

第二章　请才

壹　军情紧急

你左宗棠不是号称"今亮"吗？那我张亮基就是当今的刘备，来个"三顾茅庐"。

照葫芦画瓢，完全学刘备，那可不行。刘备可以去茅庐三次，因为他有时间，而我张亮基没时间，如皇上知道我不往长沙赶，而是一趟又一趟往山上走，还以为我去游山玩水，一道圣旨，就把我"咔嚓"了。

左宗棠孤傲，"三顾茅庐"是必需的，只是方式和手法上要变通一下。经过思考，张亮基定了策略。

第一次，安排普通工作人员带自己亲笔信去请。

第二次，叫幕僚王心柏带着聘书去请。

有前两次铺垫后，第三次，时机相对成熟时，自己再亲自出马。

我张亮基大小是一个巡抚，弯下腰来请你，对你说好话，就一定要把你请动，不然我没面子。

亲自出马，还有一层意思，耳听为虚，眼见为实。我去请左宗棠时，要给他出几道题，看他回答是否得当，如言过其实，我还要重新考虑。

张亮基写了请左宗棠的信，派随员送去后，就在常德停留不前，他是想等到贵州、四川两省援军到来，同时带着自己选任的"参谋长"，浩浩荡荡进长沙。但，计划哪有变化快。

进城

算时间，贵州、四川两省援军该到常德了。张亮基派人飞马去催，援军说路远、坡陡，靠一双脚板走路，哪能快得起来；或者说向导带错了路，粮草不足等等，总之理由一大堆。

张亮基知道，这些援军本来就不想出省救援，现在故意磨蹭，是在跟自己打太极。

事不关己，高高挂起，只管自己门前雪，哪管别人瓦上霜。对于清朝的官场积弊，张亮基很无奈。没等到援军，却等到圣旨，皇帝将张亮基骂了一顿，质问他，在常德停留是何居心？是不是怕死？

刚送走宣旨官，就接到被撤职留任的前巡抚骆秉章的信。

骆秉章在信中说，张大人，你快来呀，长沙局势危急，我快抵不住了，城里有些官员，听说你在路上走得比较慢，有些意见，扬言要上书弹劾，我把这种情绪压下来了。但是张大人，你如果再不来长沙，我就压不住了，因为你知道，在长沙城内，有资格向皇帝上书的，可不止我骆秉章一人。

如果张亮基进了长沙城，接了巡抚印，长沙城丢了，是张亮基的责任。但在张亮基进城之前，长沙被攻破，那就是骆秉章的责任。骆秉章本来是戴罪之身，再经不起折腾，他当然盼星星、盼月亮，盼张亮基早日进城。

张亮基拿着这封信，心里不是滋味。骆秉章在贵州任布政史时，对自己非常尊敬，到生死攸关的时刻，人心就难测了。皇帝为什么知道自己在常德停留，总是有人打了小报告。如打小报告的人是骆秉章，那就是他既当婊子，又立牌坊。

本想把左宗棠的事敲定再进长沙城，现在看来，只有先进城再说。

张亮基一行向长沙走去。一路上，见到好几批向北逃难的人。一问，得知这些人是长沙城内或附近的人,听说太平军打来,就收拾细软,向北方躲避战火。

快到长沙时,请左宗棠的人回来了。不用说,被左宗棠婉拒。

张亮基走出请才的第二步,叫幕僚王心柏代表自己去请左宗棠。

张亮基走的是陆路,来到长沙西门,只见城门紧闭,城墙上安着大炮,士兵拿着武器立于城垛间。城下房屋空无一人,只有几只野狗在乱窜。任何人走在这里,都能感受到大战前的紧张气息。

一名随员上前,高声叫道:"新任湖南巡抚张亮基大人到来,请开城门。"

城上一军官答话:"鲍提督有令,任何人不经他允许,都不能开城门。再说,我怎么知道你是张大人,说不定你是乱贼假扮的,来骗我开城门。"

随员看着张亮基,张亮基策马上前,叫军官迅速派人去请鲍提督。

正在等待之时,张亮基发觉城头气氛不对,众士兵都睁大眼睛,看着远方。

张亮基回头一看,远处一支打着黄色旗帜的骑兵向城门飞奔而来,不用说,这是洪秀全的队伍。

在此情况下,就算鲍提督来到城头,核实身份后,也不可能打开城门。

张亮基大惊,随从更是吓得面如土灰,浑身打战。

张亮基情急之下,向城头大喊:"赶快甩吊篓下来,将我们吊上去。"见城上还在犹豫,张亮基补了一句,"见巡抚不救,是死罪。"

城头上甩下十几个吊篓,张亮基一行丢弃了马匹和重物,被吊上城墙。

太平军飞奔到城下,见长沙守兵有些准备,又因攻城器械没到,就没立即攻城,只是在离城二里处驻扎下来。

迅速调研

骆秉章听说张亮基到来,高高兴兴地将他迎到巡抚衙门,移交了工作。

接了巡抚大印，就要履行职责，张亮基首先要做的，是迅速调查研究，了解各方面的情况。他先后找了包括骆秉章在内的十多名官员谈话，到四个城门看了防务部署，听取了几名绅士的想法，查看了集市交易的情况。

夜深沉，月如钩。张亮基毫无睡意，他将调研到的情况进行梳理。

第一，敌情。

太平军进入湖南后，将兵力分为两部分，一部分由天王洪秀全带领，沿常规路线向北逐城推进；另一部分由西王萧朝贵带领，舍近求远走弯道，避开官兵重点设防地区，向长沙直扑而来。

很明显，太平军是采取奇正结合的战术。奇，就是出奇兵，采取"蛙跳战术"，以突袭方式直攻省城，给朝廷和官兵造成心理上的震慑。正，就是一步一步地推进，一城一城地攻打，不在于进攻速度多快，而是在于牵制敌人，消灭敌人。

奇袭长沙的太平军有三万人左右，是精锐之师。领军将领除西王萧朝贵外，还有林凤祥、李开芳。这二人均是太平军数一数二的猛将。

太平军从西、东、南三面围城。南门外妙高峰主峰被攻占。

据估计，太平军远处奔袭过来，没有带重炮，攻城器械以云梯为主。

第二，地形。

长沙城位于湘江岸边，四个城门。北门是水门，可从城内划船而出。南门外的妙高峰为长沙附近最高峰。妙高峰顶有一景观，名为天心阁。站在这里，长沙城尽收眼底。西门正对一条官道，前面是浅丘。东门外地势较平坦，有房屋集市。

长沙城东西长十里，南北宽八里，城墙较高，布局合理，设施齐全，便于防守。

第三，我方情况。

兵力情况：绿营兵十营，约五千人，由提督鲍起豹率领。江西巡抚罗绕典率来七营，在与太平国交战后，带入长沙城约两千五百人。城内原有五营八旗兵，太平军攻入湖南后，拨了四营以湘南迎敌，一营约五百人留在城内，由于都司塔齐布统领。另外，从附近州县抽来军士两千人。粗略统计，城内用于防守的兵力接近一万人。

装备情况：现有红衣大炮十门，普通大炮三十门，弹药较为充足。城内弓箭、石块、檑木等防御器械较多。

军民士气：官军的士气与太平军相比，肯定要差一些。但长沙城内文武高官较多，对部下威慑力较强，再加上长沙城墙高大坚固，装备相对充足，军心较稳定。太平军无战船，短期内不可能攻占北门，城内粮食、物资可从此门供应。集市交易正常，虽没往日热闹，但在此战备氛围中看不出太多恐慌。

一个叫黄冕的老儒生，将城内商家、名流组织起来，号召居民积极捐饷、送饭、修补城墙。

第四，友军情况。

广西提督向荣率一万多残兵，奉旨朝长沙开拔。

向荣在广西与太平军周旋一年多，大小仗打了七八次，胜少败多，其间被咸丰皇帝时奖时罚。当太平军主力打到湖南，且越剿越多时，咸丰皇帝火了，下旨将向荣革职留任，说你再不争气，就将你发配新疆，永不叙用。

太平军为生存而战，又有建设天国的信仰，打起仗来不怕死。而官军呢，久疏战阵，听见枪炮声就怕，能打胜吗？向荣窝一肚子火，心想：这段时间以来，不是我一人苦苦支撑，太平军可能都打到黄河边了。

牢骚归牢骚，但端了朝廷的饭碗，就要服从皇帝管。向荣拿着圣旨，收拢残兵败将，慢吞吞地向长沙开进。

同贵州、四川援军一样，向荣路上走得较慢。他知道自己这万把人，如与萧朝贵的三万人硬碰硬，肯定占不了便宜，如自己再大败一仗，有可能再无翻本之机。他想让其他官军去顶一顶，差不多时，自己再杀出，捞取胜利果实。

在守城这边，最为优秀的是江忠源率领的团练。他的部队只有三千人，但战斗力极强，在蓑衣渡一战，把太平天国南王冯云山干掉了，气得洪秀全令全军披麻戴孝，费了九牛二虎之力，在损失大量部属后才杀出了重围。

太平军起事时，曾国藩在家守丧，左宗棠隐居观望，与此相比，同为读书人的江忠源没有犹豫，拉起了团练，并抱着必死的决心，真刀真枪地与洪秀全作战。

江忠源的部队能打，也接到了保卫长沙的命令，但他此时在湘南与洪秀全的主力交手，不敢撤退。因为一旦撤退，让开了道路，洪秀全与萧朝贵两军会合，七八万人马一起攻长沙，后果可想而知。

第五，天时。

战争是非对称决策，都看不清对方底牌，有时胜负不是由谋略决定，而是由运气决定。

就在张亮基进城的前一天，发生了这么一件事。

皇上降旨给革职留任的钦差大臣赛尚阿，叫他交出兵权，回京到刑部报到，听候处罚。

由于广西全境被太平军占领，赛尚阿下落不明，宣旨官只得先到长沙，打听情况。骆秉章告诉他，江忠源身处前线，与赛钦差时有联系，也许知道下落，于是宣旨官带着两名随从，出南门向江忠源驻地走去。

出长沙城十多里，宣旨官没吃午饭，肚子饿得直响。不是他口袋里没银两，而是近日疯传太平军要打来，路边酒店怕遭兵祸，关门歇业了。

宣旨官心里骂道,太平军刚进湖南不久,前方还有江忠源顶着,不可能这几个月就打到长沙,不知哪些人造谣,该杀!

这时,官道对面的小路上来了一支绿营军队,由南向北急行军。

宣旨官心想,这可能是哪个州府的官军,朝长沙救援去了。部队行军时,埋锅造饭耽误时间,通常带有干粮。宣旨官叫随员骑马过去要一些来,解决临时问题。

两随从策马向前,飞奔到队伍中间,叫道:"你们总兵在哪里?出来说话。"

绿营军继续向前,没人答话。随员表明身份,大声说自己是朝廷派来公干的。可是这支行军队伍像哑巴一样,还是没人理他们。随员从京师而来,自恃代表皇帝威严,一路上耍大牌,哪受得了如此冷落。

一随从大声喝道:"你们长官在哪里?死了吗?"

另一随从向身边路过的士兵抽了一马鞭,骂道:"一群瞎眼狗,目无朝廷,跟乱贼差不多。"

被马鞭打的士兵停了下来,手伸向刀柄,前后的士兵听到骂声,也停了脚步,将两人围在中间,一个个怒目圆瞪。

"你,你们……"一随从感觉不对。

"对,我们就是乱贼!"被马鞭抽的士兵话音刚落,就抽出钢刀,随从脑袋掉地。

另一随从也被乱刀砍死。

宣旨官在远处看到这一幕,赶紧调转马头,沿官道向长沙飞奔。

刚进南门,宣旨官叫道:"乱贼打来了,快关城门!"

恰好骆秉章在此巡视,迅速问明原委,下令四门紧闭。

不用多讲,这队绿营兵是由太平军假扮的,想出其不意,夺

军事调研:
敌、地、我、友、天。

取长沙。

太平军是马步混合队伍，行进速度没有宣旨官快，当快速行军到南门时，看着高高的城墙和以逸待劳的守军，也只得望城兴叹了。

巧取不成，强攻又没器械，先围起来再说。第二天，太平军主力到来，将长沙各旱门封锁。

张亮基心想，如不发生宣旨官偶遇太平军这一幕，可能这时坐在巡抚衙门的是萧朝贵。这说明天时还在，老天在帮我的忙。

留骆秉章

通过调研，张亮基初步掌握了当前情况。他决定召开一次军事会议，制定防务措施。

骆秉章向他建议，儒生黄冕在长沙威信高，号召力强，当年在外地做过官，熟悉军政事务，可请他参加会议。

按常理说，这种军事会议，请一个老百姓参加不恰当，但现在是特事特办，只要有利于建立统一战线，有利于发动群众守城，什么都可以考虑。张亮基想都没有想就同意了。

骆秉章说："张大人，巡抚印交接了，情况我已介绍了，这次军事防务会召开后，我在长沙就告一个段落，准备回京向皇帝请罪了。"

张亮基微微一笑，说："骆大人啊，真对不起，事前没同你商量，在贵州时，我们虽接触不多，但我就觉得你为人干练，能做实事。到长沙后，你介绍情况条理性强，提建议也能说在点子上。我觉得长沙还离不开你，前几天我给朝廷上了个折子，请你帮办长沙军务。"

见骆秉章愣在那里，张亮基又说："你现在到京师，轻则被皇上臭骂一顿，重则充军流放。如果我们一起努力，守住长沙，将洪贼驱出湖南，你戴罪立功，官复原职就顺理成章了。"

还没等骆秉章开口,张亮基上前一步,用手抓着骆秉章的臂膀,说:"老弟啊!长沙危急,我身边也没几个像样的帮手,你就留下来吧!"

话说到这个份上,骆秉章又能说什么?只得说愿听从差遣。

来之前,张亮基还怀疑骆秉章打了自己的小报告。进城后,才发觉长沙城大小官员中骆秉章是最能干的。前面讲过,乱世用才,急需排在第一,道德排在第二。就算你骆秉章背后搞了小动作,我也理解,趋利避害是人之常情,每个人都有自己的小九九。再说,骆秉章是否打小报告,只是自己的怀疑,并没真凭实据。

你骆秉章有才,我张亮基就要用才。用才的第一步是留才。留才是一项技术活。

张亮基如何留骆秉章,得归纳一下。

断后路
送高帽
讲道理
谈感情

难决断

军事会议如期召开,张亮基主持,骆秉章、罗绕典、鲍起豹、塔齐布、黄冕等人参加。

先研究兵力部署、后勤保障等事宜,大家意见较为一致。

在快散会时,黄冕提出,东门外的民房,应派人烧毁,不然会成为敌人进攻的桥头堡。

骆秉章说:"民房距城墙有四十丈,做生意的居民早跑光了,前段时间我作了安排,叫人去挨家挨户搜了一遍,没有粮食布匹等物资,那些房除了住人,军事价值不大。"

罗绕典说:"我们把这些房屋烧了,打跑乱贼后,老百姓回来住哪里？"

鲍起豹冷笑，接过话头说："打仗哪能妇人之仁？依我看，不但要把城外的民房烧了，而且城内也要准备柴火，做好准备，一旦守不住，就将长沙烧毁，以免资助乱贼。"

此言一出，四座皆惊。

黄冕首先反对，说："不行，不行，长沙城内居民，大多数没外逃，这把火烧下去，城门又关着，不知要烧死多少人。"

罗绕典自从进长沙后，多次受鲍起豹言语奚落，有虎落平原被犬欺的感觉。他的反对更为激烈，说就算要烧城，也要让乱贼来烧，官府组织烧城，就算打胜了仗，也会失去民心。

鲍起豹反驳说："这还不简单，让放火的士兵穿上百姓服装，谁知道这把火是谁放的。"

两种观点对立，互不相让，你一言我一语争执起来。

张亮基望着骆秉章。骆秉章左手端起茶杯，右手揭开杯盖，然后用嘴轻轻吹茶叶，没有发言的意思。

塔齐布由于性格内向，再加上官职较低，很少发言。张亮基看了他一眼，点名要他谈谈看法。

塔齐布说："东城门外的民房该烧，而且该早烧，据我观察，乱贼已将民房占领，有可能贼兵将领住在其中，如现在去烧，只有趁黑夜将士兵用绳子吊下城，摸到居民房十几丈的地方放火箭，然后迅速撤回，但是，如果敌人布有暗哨，放火箭的士兵很可能有去无回。"

张亮基不懂军事，心想：就是几十间民房，除了乱贼住着舒服点，还有多大用处？虽这样想，但集思广益是他的一贯作风，他叫黄冕发言。

黄冕说："在湘阳县，有个叫左宗棠的人很懂兵法，他是我三个儿子的先生，常来我家做客。他有一次聊起军事，说长沙若被围困，最易攻破的是东门，而攻城之法是挖地道炸塌城墙，东门外的居民房，是挖地道的起点，可以堆积地道内土石，而城上一无所知。"

黄冕提到左宗棠，张亮基感到意外。昨晚王心柏回来了，正如先前所料，没请动左宗棠。张亮基心想，这左宗棠确实是"参谋长"人才，自己亲自去请，看来势在必行。

很快，张亮基把思维拉回会场，点名问骆秉章，请他谈谈高见。

骆秉章清了清嗓子，说："先讲城外，从军事角度说，烧了民房比不烧好，但从民心角度讲，不烧比烧了好。还应注意，派士兵黑夜去放火箭，也是一次冒险行动，是否成功很难料。再说城内，如果破城之前烧毁，不资助敌人，这是军事常识；如果守得住城，就不应作烧城准备，咱们想想，每条街都堆着柴火、煤油，必然引起全城恐慌。所以说城内与城外的民房是否烧毁，还得请张大人决定。"

骆秉章话朝两方面说，张亮基没主意了，主要是不知如何表态。

众人看着张亮基，等待他发话。

张亮基虽没指挥过打仗，但在官场历练已久，有较强的应变能力。他说："诸位讲的都有一定道理。我认为，此事可以先看看形势再说，如守城顺利，援军也如期到来，战局向有利于我方发展，就没有烧城必要。至于城外，敌军也刚到，可能还没制定攻城方案，鲍提督派出专人到东门观察，如有异常，随时报告情况。"

军事会议结束后，张亮基在城内巡视一圈，见防务正常，太平军也没有攻城，于是他对骆秉章简单交代，说自己有件要事要出城去办，在此期间城内诸事由骆秉章负责。他叮嘱骆秉章，自己出城的事必须保密，不然别人还以为主帅临阵逃跑，容易引起混乱。

张亮基到哪儿去，聪明的读者已经猜出来了，他要亲自去请左宗棠。

攻城了

第二天一早，张亮基吃完早饭，王心柏来报，说去湘阴的船准备好了。

张亮基说："出发吧！"

一行人刚走出巡抚衙门，城西传来一阵炮响。张亮基心一惊，难道是太平军开始进攻了？

张亮基正要派人查看究竟，一个士兵跑来，说是罗绕典大人叫他来报信，天亮后，太平军几千人在城西外列好了队，抬着云梯，刚才这几声炮响，应该是攻城了。

"走，去看看。"张亮基手一挥，带着众人朝城西走去。

接近城墙，就听见擂鼓声、喊杀声、惨叫声……声声入耳，扣人心弦，从没上过战场的张亮基听得心惊肉跳。

张亮基是长沙守军的"一把手"，心里虽怕，还是得硬着头皮上去。他准备去见左宗棠，所以没穿官服，上城墙后，没引起太多人的注意。幕僚王心柏小心翼翼跟在后面，其他的随员没有上城墙。

战斗激烈，气氛紧张。张亮基弯着腰，向最近的一个垛口走去，离垛口还差两三步时，看见一名太平军攀上来，被守城官兵一矛刺中胸膛，鲜血顿时喷出。太平军战士意志坚强，左手抓住枪杆，右手持刀向前扑。守军士兵先用力向前一顶，使矛刺入更深，然后向后一拉，将矛抽退出，太平军战士气绝，顺势向前一扑，尸体俯卧在张亮基面前，鲜血溅了几滴在张亮基身上。

守城士兵杀得兴奋，上前一步，可能是想看看下面情况。突然，城下一支箭飞来，射中士兵的脸，士兵掩面后仰，哀号，有人上前，将他拖到后面包扎。

"嗖，嗖，"城下不断有箭射上来。张亮基本能窜步到垛口后面。射箭的间歇，张亮基伸出小半张脸向外张望。太平军搭起几十部云梯，人还在不断往上爬，下面有人射箭，有人呐喊。城上的守军有的抛石头、檑木，有的侧面探出半个身子，向云梯射箭，城下已堆着一两百具尸体。偶有太平军跃上城墙，还没站稳脚跟，就被守城士兵戳杀。

置身战斗现场，反而不害怕了。张亮基用手擦了一下脸上的血，拉着身边一个士兵问，"罗绕典大人在哪里？"士兵往右边箭楼一指。张亮基一看，罗绕典带着两个军官模样的人，正在箭楼上指挥。

张亮基贴着城墙，连走带爬来到箭楼。罗绕典一见，"哎哟，张大人，你怎么上来了，我叫人给你报信，是想你派点援军来，这里可危险了。"

"你这个江西巡抚不怕危险，我这个湖南巡抚也不能怕。"在箭楼里，防护要好些，四周有遮挡，箭射不进来，张亮基可以站直腰杆说话。

"张大人，长沙城内，只有鲍提督的兵最多，而他守的南门，乱贼没有进攻，请你下个命令，叫他调两个营过来，协助我守西门。"罗绕典与张亮基一样，都是文官，要说指挥打仗，是不得已而为之。

"那好吧，我写一个手令，你叫人给鲍提督送去。"

太平军时而进攻，时而休整，冲了几次后，长沙西门仍然坚挺。

给鲍起豹送信的人回来了，带来口信，"鲍提督说：'城南对面是妙高峰，在上面架大炮，可以直接打上城墙，南门应该是太平军进攻的重点，现在敌人进攻西门，是佯攻，目的是使南门分兵，千万不能上当。'"

"带兵作战，不听从指挥，成何体统！"罗绕典有些气愤，这话像是自言自语，实际上是说给张亮基听。

张亮基第一次调兵，就碰了个钉子，心里非常不高兴，为掩盖尴尬，说："鲍提督讲得也有些道理，看样子，太平军在西门没用尽全力，现有兵力应守得住。"

张亮基心里也矛盾，如果向鲍起豹下命令，说再不派援军过来，就要军法从事，假如真如鲍起豹所言，城西是佯攻，城南才是重点，那……

此时此刻，张亮基才知道自己多么需要一个"参谋长"。

打打杀杀中，一个上午就过去了。下午，太平军组织了三次进攻，均被打退。全天统计，太平军损失大约六七百人，守军伤亡两三百人。稍有头脑的人都看得出,今天的进攻并不激烈,只算长沙攻守战的序幕。

傍晚,张亮基与骆秉章匆匆吃了几口饭,就督促部下补充武器弹药,以防第二天太平军进攻。

回巡抚衙门前,张亮基说:"罗大人,明天如果乱贼进攻,请你顶一下,我要去请一员战将,快则半日,慢则一日便能回。"

一夜无眠。

贰　亲自面试

半夜,无月,天黑,张亮基身着便服,带着十几名随从,悄悄走出北门,登上停在湘江岸边的一艘船。

王心柏过来,说:"大人,这里到湘阴需要三个时辰,你抓紧时间休息一会儿。"

张亮基嘴里说,"好,好。"王心柏退出。

出来之前,张亮基在巡抚衙门睡了一会儿,但睡得不踏实。战事激烈,明天太平军又可能攻城,张亮基第一次指挥作战,睡不踏实很正常。此刻,他也没多少睡意,只顾思考左宗棠究竟是一个什么样的人。

如果左宗棠真如胡林翼所说,是旷世奇才,我就是厚着脸、弯下腰也要请他出山,若言过其实,或只会纸上谈兵,那我转身就走。

在张亮基的用才理念中,关键时刻,要用自己的眼睛去观察,要用自己的思维去判断。事关重大的人事安排,无论多么紧急,面试这道关,都必须亲自去吧。

今日面试的思路,张亮基总结为"看""听""思"三个字。

首先说"看"。

天蒙蒙亮，船靠岸了，王心柏进来，说："大人，从这里下船，还要走七八里山路。"

下船后，张亮基借着晨曦一看，河的两岸几座大山相连，山上植被葱郁，江边微风吹拂，空气清新。与长沙的硝烟和血腥味相比，这里真是世外桃源。这里不是码头，船只能勉强停靠，岸边和山上均不见明显的路，看来人迹罕至，是隐居的好地方。

王心柏在前面带路，用一根竹竿拨开树和野草，一行人循着隐约的路痕，高一脚、矮一脚地向山上走去。

翻过山峰，看见山的另一面有一块较为平坦的地方。张亮基心想，如果左宗棠是诸葛亮，这块地方应取名卧龙岗。

果不其然，平坦处有房屋。走近一看，房屋虽简陋，但布局合理，错落有致。

在这里隐居，若没人带路，外地人很难找来。张亮基第一次安排随员来送信，是据胡林翼指点，在湘阴县城请左宗棠的亲戚带的路。

看完环境后，张亮基得出一个结论，左宗棠想在乱世中保全自己和家人的性命，出山的愿望并不强烈。

走近院子，一个管家模样的人站在路旁等待。见张亮基走来，管家模样的人上前向巡抚大人问好。

"你怎么知道我是巡抚大人？"张亮基感到奇怪，自己今天到这里来，除了王心柏之外，没向任何人提起。王心柏这人口风一贯很紧，不会随意透露消息。

"我家老爷交代，说来的人一定是巡抚大人，叫小的好生伺候。"

"你是左家的管家吧？"张亮基问。

> 面试三字决：
> 看、听、思

第二章 请才

047

"小的叫刘德,是左老爷的仆人。我们左家不是大户,管家的事情,都是老爷自己做。我只是听从老爷吩咐,干些杂活。"

张亮基仔细看了看刘德,一个仆人,说话既懂礼节,也不阿谀,其气质超过许多大户人家的管家。把下人调教如此之好,主人应该不简单。

刘德把王心柏等随员安排到客厅喝茶,然后带张亮基进书房。

书房整洁、干净,笔墨纸砚齐全,书架有四层,第一层摆放"四书""五经"等儒家著作;第二层和第三层,摆放的是兵书战策,从孙子到诸葛亮,再到戚继光的兵书,几乎应有尽有;第四层是实用科学书籍,包括农业、水利、气象等等。

张亮基心里感叹,在重视科举、研究八股文的今天,像左宗棠这种隐居深山,潜下心来研究军事和实用知识的人,确实太少了。

这时,左宗棠进来,说:"巡抚大人亲临寒舍,我应当到路口迎接,但想到大人一行应是半夜出发,没吃早饭,就去张罗厨房生火做饭了。"

> 看周边环境
> 看身边的人
> 看室内摆设
> 看外貌眼神

张亮基定眼一看,左宗棠的外貌与别人描述得差不多,个子不算高,但很结实,脖子粗壮,面相方正,眼神刚毅,语言充满自信。

其次说"听"。

考察时间有限,不可能听被考察人天南海北地神吹乱侃。考察人必须抓住话语主动权,根据拟任职位提出问题。

张亮基问:"走到院子门口,就有人叫我巡抚大人。你怎么知道我今天要来?"

左宗棠答:"大人在山峰时,可曾注意路旁有棵大树。那是我建的瞭望塔,树上面可以睡人,晚上也有人在那里值守,河边若有风吹草动，马上便回来报信。当报信人说来了艘官船，下来的人又没带长矛、洋枪之类的武器，我就想到是大人您来了。"

张亮基笑了笑，说："你左宗棠名声在外，万一是长毛邀你入伙，进山寻你呢？"

左宗棠笑答："不会，不会，从地理上说，通常要先打入长沙，再取湘阴。如对长沙刚围困，就分兵来攻打湘阴，就相当于将握紧的拳头松开。至于邀我入伙，哈哈，不说乱贼，就是在湖南官场，恐怕只有您张大人才有这种礼贤下士的胸怀。就算乱贼要邀我入伙，也不会像您这样一而再再而三地请，恐怕是带着刀枪来，如我不从，除了抢东西，还要杀人。所以我每天派人值班，如发现乱贼来了，立即向山的更深处转移。我虽然住在深山中，但每过几天就要派人到湘阴或长沙了解情况，外面的大体形势，我还是知道的。"

"请问左先生，长沙能守得住吗？"

"长沙有四个门，只要有一个门不被封死，便守得住。北门是水门，太平军没有水师，不能围困。粮草运得进城，守城官兵心不慌，在此前提下，只要指挥调度得当，坚持两三个月，乱贼必然自会退却。"

"万一乱贼长期围城，不退却呢？"

"不会的。乱贼是流窜造反，好几万人马要吃要喝，只有攻下城市，才能劫得钱粮。如两三个月打不下长沙，便会去攻打其他的城市。"

张亮基点头，表示满意，接着问："守长沙的要点是什么？"

"第一阶段，乱贼士气高涨，轮番进攻，我军要以防御为主，顶住三板斧。第二阶段，乱贼士气有所低落，但仍存在侥幸心理，继续围城，我军在防守同时，要派兵骚扰敌人，与敌拼消耗。第三阶段，各省援军到达，与我遥相呼应，那时再视情况，争取聚歼乱贼。"

这时，刘德进来，请张亮基用餐。

左宗棠刚打开话匣子，不想中断思路，叫刘德把早饭端到书房来，边吃边聊。

左宗棠接着说："长沙的四个门,除了北门,南门也很重要,因为站在天心阁上,城内兵力调度尽收眼底。还有,在妙高峰上架红衣大炮,可以直接打上城墙,好在据我估计,乱贼还没有如此威力的大炮。所以说在时机恰当时,要派出官兵收复南门。如果确实没力量收复,也要在妙高峰附近驻一支军队,以牵制敌军。"

张亮基见左宗棠说得有理有据,暗自思量,胡林翼说左宗棠懂军事,把地图装在脑中,今日一见,果真如此。

张亮基想起前几天军事会议上的困惑,于是说:"我进城时,有人对我说要准备柴火,长沙一旦守不住,便立即烧城。左先生你如何看待此问题?"

左宗棠:"烧毁城市以免资敌,如壮士断腕,需要勇气。但这一招要慎用,更不能早用。再者烧城准备时,如消息透露出去,必然影响民心士气。长沙的居民大多留在城内,是因为他们相信官府能守住省城。普通百姓关注的,是自身安全和财产得失。一把火下去,房屋烧了,几十年的积累没了,对于百姓来讲,就算打胜了也等于败了。如今的上策,是鼓舞全体军民众志成城保住长沙,暂不考虑烧城。"

"那城外的房屋该不该烧呢?"张亮基又抛出一道考题。

"长沙城外,只有东门有房。我想在乱贼到来之前,官军已派人烧毁,这是军事常识。"

"可惜的是,东门外的房没烧。"张亮基叹了口气,"现在可否亡羊补牢,黑夜里派士兵悄悄出城,射火箭烧房。"

左宗棠说:"现在的难度就特别大了,乱贼占据房屋,加以利用,必然有重兵防守,士兵很难接近,就算有几枝火箭射中房屋,但由于没有煤油、干柴等助燃品,火势很快就会被扑灭。"

听反应的敏锐性
听思维的条理性
听观点的可行性

张亮基认为左宗棠说得有理。

再次说"思"。

在"看"和"听"两个环节上，左宗棠表现优秀，完全合格，考察进入最后阶段，接下来的工作，就该张亮基唱主角了，他要思考对左宗棠这样的人才，何时用，怎么用，又如何管的问题。

何时用？这还用问吗？长沙战事紧急，当然马上就要用。但左宗棠不是劳动市场的民工，给工资就干活。左宗棠心气很高，打工也要选老板，如老板品位不够，免谈。考察是相互的，左宗棠也在面试张亮基，看是否值得为他打工。

且看张亮基的表现。

张亮基说："我在常德时，听说你写了一副对联，'身无半亩，心忧天下，读书万卷，神交古人'。"

左宗棠笑然，说："我在柳家庄时，这副对联就挂在大门口。这里大门小，挂不下，所以没挂。"

张亮基摸了摸胡须，说："依我看，这副对联，言过其实了。"

"什么？言过其实？"脾气火爆，被别人戴惯了高帽子的左宗棠，哪里听得了这种话。

张亮基不慌不忙，慢慢道来："以前林则徐大人请你出山，你以要教育女婿为由，没有去，这可以理解。现在乱贼围困长沙，我两次派人请你，你却仍然婉拒。这是心忧天下吗？就算你不忧天下，也该保卫家乡啊！长沙到湘阴，不过几十里路。如果乱贼打到家门口，你左老弟，还有闲心在此耕读逍遥？"

"张大人，我知道你是在用激将法，但你说话直来直去，我倒挺喜欢。"左宗棠略为停顿，接着说，"湖南巡抚衙门人才济济，

用不用
何时用
怎么用
如何管

文案多得是，为什么非要找我？"

张亮基一听，感觉左宗棠口气有所松动，于是哈哈一笑，说："我知道湖南有'三亮'，'三亮'中，'今亮'最高，我认为，唯有请出'今亮'，长沙才守得住。"

见张亮基戴"高帽子"，左宗棠心里听着舒坦，但嘴里说："哪里，哪里，'老亮'罗泽南，弟子满天下；'小亮'刘蓉，博集古今。我这个'今亮'，徒有虚名罢了。"

左宗棠没说去，也没说不去，张亮基知道，他是在等自己表态，于是放低音调，诚恳地说："左老弟，你是有大才的人，怕下山当普通幕僚，干文案之类的工作，不能施展你平生所学。今天我把话说开，请你当幕僚，只是掩人耳目，实际上是请你为我料理兵事，军中一切大小事务，全由你定夺。"

张亮基交了底，左宗棠沉默了，若有所思。显然，他被张亮基的话打动了。

张亮基官场历练已久，善于察言观色，细看左宗棠的表情后，说："沧海横流，方显英雄本色，终老山林，绝非你左老弟的追求。此时的长沙，说不定乱贼正在攻城。你就别再犹豫了，赶紧收拾一下，随我回城。"

说到这里，左宗棠再无推脱的理由。张亮基面试完毕，请才成功。

通常情况下，作为主官，此时要思考，对左宗棠这样的超一流人才怎么管理。但张亮基立马需要左宗棠去退兵，怎么管，没想。用多久，张亮基也没想，左宗棠却提了出来，说："张大人，我左老三性情有些古怪，如今后与大人合得来，就多干些时日；如合不来，我随时回山林，希望大人能放行。"

真是一个牛人，还没开始打工，就摆出一副随时要炒老板的姿态。

这样的牛人怎么管？最好的办法，不管！张亮基心想，只要他能帮我解决棘手问题，就算骂我两句，又何妨？！于是连忙答应左宗棠的要求。

左宗棠出山后表现如何？他是纸上谈兵的赵括，还是建功立业的诸葛亮？张亮基在实际工作中又是如何使用左宗棠的，请看下一章。

第三章 用才

壹 持危扶颠

左宗棠简单收拾衣物，带着刘德，上了张亮基的船。

回城路上，两人聊了些军事，相谈甚欢，感觉时光飞逝，下午时分，就快到长沙了。

张亮基走出船舱，遥看长沙城，顿时感觉气氛有些不对。

左宗棠跟着出来，对张亮基说道："大人，敌军正在攻城。"

张亮基叹然："乱贼刚到，势头正猛，今日攻城也在预料之中。但愿这几日城不破，不然一切都晚了。"

随着船越划越近，隐约可听见喊杀声。

快到城门时，王心柏对城头大喊，说巡抚大人回城，快开城门，让船进去。

守城门的军官回话，说目前是非常时期，不能判断是真巡抚还是假巡抚，万一是太平军假冒，来诈开城门，谁来负责？

张亮基心想，认识自己的人，只有塔齐布离这里最近，就叫城门守军通知塔齐布来说话。

塔齐布在城中当预备队，敌人在城东攻城，自己却不能上阵杀敌，手痒痒得很。当他听说巡抚大人坐船到北门外，吃了一惊：巡抚什么时候出的城？在这紧急之时，作为最高指挥官，出城做什么？

心中虽有疑问,但脚下不敢怠慢。塔齐布迅速到北门,经仔细问话端详,确认是张亮基后,下令打开城门。

船穿过城门,靠岸。城东方向打杀声越来越大,张亮基心中忧虑,三步并作两步下了船。

过旗者斩

塔齐布迎上来,张亮基还没开口问战况,一个军官模样的人跑过来,对张亮基喊道:"张大人,您在这里啊,罗绕典大人叫我到处找您呢。"

"快说,战况如何?"张亮基急促问道。

"乱贼集中兵力攻东门,罗大人带领我们打退了好几次进攻,但我们兵少,乱贼……乱贼……乱贼打进城了!"报信军官语态焦急。

"走,到东门!"张亮基手一挥,连走带跑向东门奔去,众人跟着前往。

太平军见攻上了城头,顿时士气大振。在城下指挥的西王萧朝贵下令在突破口多搭几部云梯,随着鼓声,众士兵一个接一个往上爬。萧朝贵的脸上露出了难得的微笑,心想,只要在城头立住脚,打开一个城门,长沙便告破。这是长沙,可不是金田、永安能比,城内金银财宝,粮食物资……想想心里都舒服。

东城门附近展开巷战,官兵见涌入城的太平军越来越多,慌了起来,开始后退。有个别胆小怕死者,丢了武器往后跑。

张亮基跑到战场,可他是文官,从没拉过弓、使过枪,见这血雨腥风的搏杀场景,一时不知该怎么办,愣在那里。

左宗棠见状,捡起地上一面旗子,向前跑了十几米,将旗子立于地上,大声喊道:"巡抚大人有令,不能后退,过此旗者,斩!"

左宗棠的叫喊没起到作用,仍有士兵视而不见,往后退却。

"塔齐布,过此旗者,斩!由你执行。"

塔齐布不知左宗棠是什么人，但这危急时刻，他也不等张亮基下令，就按左宗棠所说，抽刀立于旗后。

一个士兵想绕旗而过，塔齐布一个前窜，一把将他抓住，顺手就是一刀，脑袋掉地。

"再退者，就是这下场！这是军令！"左宗棠见士兵们正在进与退之间犹豫，又吼起这句。

退是死，进还有可能生。士兵们做出了选择，重新向太平军扑去。张亮基的随从、报信的军官，都在塔齐布的带领下冲锋。左宗棠舞着旗子在后面高喊"援军来了"，官兵听到援军来了，士气大振，与太平军死磕。

张亮基也没闲着，叫随从拿自己的手令去搬援军。

当两营增援兵力投入战斗，形势立转，太平军立足点越来越小，不到半个时辰便被赶下城头，云梯全被掀翻。

煮熟的鸭子飞了，萧朝贵一张脸气得铁青。林凤祥一旁劝道："西王请宽心，我军的人数是清妖的几倍，今日虽未得手，但拼几日消耗，必然破城。"

见局面稳住了，张亮基出了一口长气。这时，满身血污，手里提着刀的罗绕典走过来。张亮基心里感慨，这是什么世道，一个江西巡抚，朝廷二品文官，也要像普通士兵一样上阵厮杀。罗绕典见到张亮基，开口埋怨："哎呀，张大人呀，你到哪儿去了，我几次找你派援军，都没找到人。你要迟来一步，我命就没了，长沙也不保了。"

张亮基出城前，只跟骆秉章讲过，而自己接了巡抚印后，骆秉章并不能指挥全局。对于今天的战事，自己安排得的确不周。当着这么多人的面，张亮基不愿承认自己失误，只得对罗绕典好言安慰。

将东门事务安排后，张亮基带着左宗棠、王心柏、刘德等人，到另几个城门巡视一圈。所到之处，张亮基并未向任何人介绍左宗棠。左宗棠跟在张亮基后面，边走边看，一言不发。

问计

回到巡抚衙门,天黑了。张亮基匆匆吃完晚饭,径直来到左宗棠房间,关起门密谈。

"季高,你看这长沙城,是否守得住?"左宗棠号"季高",此时张亮基不称姓名,也不称老弟,而是称号,显得亲切。

"能否守得住,关键就看明后天,看是否抵挡得住长毛的'三板斧'。"太平军反清排满,没扎辫子,长沙守军叫他们为"长毛",左宗棠也套用这个称呼。

"你有几分把握?"在路上时,张亮基向左宗棠详细介绍了敌我双方情况,进城后又到城头和各门现场查看,所以他单刀直入,请左宗棠谈一下对局势的看法。

"明日城不破,我便有九分把握。如明日城破,谁都无力回天。"左宗棠的言语,有几分怆然。

"我知道,明天长毛会大举攻城。现在距天亮,还有好几个时辰,你这个当今诸葛,也该出出招了吧!"见左宗棠没说话,张亮基继续说,"我也知道,时间太紧,要做的事太多,谁都不敢保证扶危墙于既倒。但,我们总该有点行动。"

左宗棠没说话,像是在思考。

张亮基说:"今天我没向任何人介绍你,是因为我知道长沙太危急,很有可能守不住。季高,我把你藏起来,让你在我幕后出谋划策,如果失败了,责任是我的;如果成功了,我会让世人都知道这是你的功劳。"

这些掏心掏肺的话,显然打动了左宗棠。他分析道:"当下存在四方面问题。一是军纪不严。比如今天,有的士兵没有命令,就开始后退,没有与阵地共存亡的决心。二是协调不力。将领之间通气不够,遇见困难不能互相支援。三是事项不清。比如对降敌、通敌、资敌、造谣者应当如何处置,这些事项应广而告之。四是动员民众不够。今天敌军攻城，我就没见一个百姓搬运武器、抢救伤员，甚至连呐喊助威的也没有。"

"嗯，有道理。这些问题以前我也想过，只是没有你想得如此透彻。"张亮基说，"季高老弟，快拿个主意，顶过明天再说。"

左宗棠没有立即接话，而是拨动灯芯，使室内光线更亮了。他知道张亮基没招了，就把所有的"宝"都压在自己身上。自己的决策，关系到张亮基的生死荣辱，关系到长沙这座城，以及自己的命运。

张亮基这样的人，知道自己的命运应该自己把握，之所以把"宝"压在左宗棠身上，是因为今天下午左宗棠立旗杆，使局势翻转的一幕，令他刮目相看。张亮基知道，论军事指挥的才干，自己与左宗棠相比不是差一点半点，而是差得太远。

还是那句话，当领导的，不是自己要多能干，关键是会不会大胆用人。此时的张亮基用期待的眼神看着左宗棠。

左宗棠缓缓地说："现在距天亮，时间不多了，如果按照常规，召集将领和官员开会研究，然后层层传达，根本来不及。如今要打破中间层次，将巡抚的决策迅速传递给长沙城里的每一个军民。我马上写一个公告，把所有内容都写上。你派人誊写若干份，在天亮之前张贴于全城每一个角落。明天，我俩就做一个事，带着督战队，抓公告的落实。乱世用重典，对违反纪律的人，该撤要撤，该杀要杀。谋事在人，成事在天。我们做了这两件事，明日长沙是否守得住，就看天意了。"

"好，就按你说的办。"张亮基马上肯定。

左宗棠拿出笔墨，就要动手写公告，张亮基制止说："季高，明日有恶战，你我还要带督战队，你必须好好休息，写公告的事，我叫别人写。"

"那不成，这公告关系到长沙得失，遣词用句必须到位，同时还要通俗易懂，一般的文案，不具备这样的水平。"左宗棠心想，此次出山，连性命都可能搭进去，一晚上不睡觉算什么，所以坚持自己写。

张亮基仍不同意，说："明天你除了协助我带督战队，还要指挥全城兵马，任务重呀！这个公告，我不是安排文案写，而是让骆秉章写。骆秉章进……科举出身，文章天下闻名，只要讲清意图，他一定能写好。"

张亮基本来想说骆秉章"进士出身"，"进"字说出来，感觉不对，听人说过，左宗棠三次没考上进士，为此耿耿于怀，所以立即将话改为"科举出身"。

这个改动，左宗棠听出来了，不但没有不高兴，还觉得张亮基处处为自己考虑，处处维护自己的尊严。

"那好吧，我现在就去睡觉，养足精神，明日就算拼了老命也要顶过去，以报答张大人厚爱。"

张亮基要的就是这个态度。他是一个用才高手，善于做"减法"，比如给左宗棠思想上减压，说"做错了算我的"，从而优化了左宗棠的工作环境，使其能发挥出最大的创造力。又比如，不让左宗棠写公告，是工作上减量，确保好钢用在刀刃上。

举例说明，拳击要有力量，先要收回来，然后再冲出去。"减法"，就是将拳头收回。做"减法"，是为了更好地做"加法"。

情商高的人，适合做领导工作。作为领导者，要了解人才的心理。张亮基知道，这是左宗棠出山的第一仗，怕打不好，败坏了"今亮"的名誉，所以表态将左宗棠藏于幕后，暂不推出，如果失败了，自己担当一切。正所谓用才如刀，要把握好藏与露、磨与用之间的关系。叫左宗棠在幕后指挥，是藏刀；叫左宗棠好好休息，是磨刀。藏与磨，都是为了更好地用刀。

思想上减压
工作上减量

艰难时刻

太平军中军大帐灯火通明，萧朝贵坐在中间，林凤祥、李开芳居左右，下面是两排将官。

正在张亮基安排张贴公告之时，太平军会议进入最后阶段。萧朝贵总结发言：“间谍密报，城内清妖只有一万多人，而我军有三万出头，人数占优。只要我们一鼓作气，明日拿下长沙，是大有希望的。今日险些得手，在最后时刻，清妖援军赶到东门，太可惜了。我决定明日从东、西、南三门同时进攻，不让清妖各营相互支援。明日早饭后，我与林、李二将领各带一万人攻城，受伤的也要到城下呐喊，成败在此一举……”

双方排兵布阵，一场恶战即将开打。

天蒙蒙亮，巡抚衙门大门外，督战队两百人集中完毕，由张亮基训话。

督战队员由各营抽调，人数不够就加上部分捕快、衙役、刽子手。

张亮基将督战队分为四组，每组五十人，自己带领一组，流动巡视，另外三组，各由一名参军衔的军官带领，分别到各门督战。

安排完毕，张亮基带着左宗棠到城头观望。太平军生火做饭完毕，开始列队。看着城下黑压压的一片人，左宗棠说：“看这架势，今日长毛要三门同时进攻，而且用上全部兵力。”

虽在预料之中，但张亮基看着刚露出小半张脸的太阳，压力如千斤之重，心想，今日一战，不知有多少人看不到明天的太阳。如果城破，自己作为巡抚，也只有以身殉职了。

正在张亮基胡思乱想之际，左宗棠问：“张大人，省城府库中还有多少银两？”

张亮基答：“大概二十万两。”

左宗棠说：“全拿出来作奖赏，一个门分五万，剩余的五万，奖励有功民众。"

"二十万两银子，一天就用完了，今后如何办？"朝廷下拨的饷银未到，这几日来，张亮基一直为钱发愁。

"如果城破了，二十万两银子，都落入长毛之手，与其这样，不如用在今天。有些时候，重赏之下才有勇夫。"左宗棠说，"我看了公告，意思写得清楚明了，张贴也很多，但公告上只讲如何惩，没讲如何奖励。自古以来，管人驭人不外乎奖罚两种手段，现在是非常时期，重惩的同时，也要重奖。"

左宗棠说得有理，张亮基照办。

白花花的银子抬到墙头阵地，奖励军人的标准出台，杀一个长毛奖十两，伤一个奖五两，抽倒云梯一次奖二十两。

奖励民众的银两交到绅士黄冕手中，他迅速制定了奖励标准，杀敌伤敌、送饭、送器械均明码标价。为了让民众知道，黄冕派出十几个人，沿街敲锣大喊。

左宗棠要求，沿街大喊的人员，除了说出奖励标准外，还要加上一些政治宣传口号，比如"国家有难、匹夫有责""守城保财、人人出力"。

一声炮响，太平军开始攻城，士兵们抬着云梯，不顾城上的火炮往前冲。到城墙处，将云梯搭上，部分人在下面射箭，部分人手持盾牌往上爬。

城上檑木、石头沿着云梯往下砸。离梯稍远的清兵，在垛口间射箭，军官们持刀指挥，令火炮手装上弹药，向墙下射箭的人轰击。

喊杀声、惨叫声、呻吟声、火炮声，互相交融。战斗的血色，在太阳的照射下显得鲜艳惨烈。

太平军人多，士气也旺。守城的军民人心齐，死守不退。两股力量激烈对撞，没用多久，城墙下留下一圈尸体，而城头则被鲜血染红。

在守城的一方，有忠君报国者，也有个别怕死贪生者，张亮基所率的督战队，就斩杀了一个把总衔军官和四名士兵。

民众力量调动起来了，体现了士气民心，产生了"1+1＞2"的效果。一个叫马老三的补锅匠，自告奋勇上墙头参加战斗，用石头砸死两个攀云梯的太平军，还亲手用长矛戳死了一人，得到赏银十五两。

太阳开始偏西，太平军组织了十几次攻击，均未得手。萧朝贵迫于无奈，只得下令停止进攻。

马老三拿着银子，笑呵呵，这可是两个月的补锅收入，他决定去酒店犒劳自己一番。

经过一日激战，长沙城未破，张亮基有了一些底气，在左宗棠的建议下，他派人到街上宣传，说长沙城固若金汤，朝廷援军即至，民众不必惊慌，请各店铺照常营业。

太平军连攻三日，均未打开长沙缺口，伤员日渐增多，士气有所衰退。萧朝贵不再开会，而是独坐帐中，苦苦思考破城之策。他想不通，城内的抵抗力量，为什么一天比一天强。也许他至死都不知道，对手张亮基，悄悄请用了具有旷世奇才的左宗棠。

城内，张亮基也在思考，今日虽然抵住了进攻，但明日呢？未来的路还长。好在，有左宗棠这个"参谋长"为自己分忧解难。

论战

天刚亮，张亮基与左宗棠、王心柏一起用早餐。

主官与幕僚一起吃早饭，是一条不成文的规定，一来同一口锅里舀饭吃可以拉近感情；二来可以边吃边谈，议一些事情。

张亮基说："不知今日长毛又会从哪个门进攻？"

左宗棠说："长毛一连几日用云梯攻城，均受挫，我在想，萧朝贵可能要改变策略了。"

王心柏说："前几日，长毛伤亡也蛮多的，他们需要修整，今日有可能停止攻城。"

左宗棠喝了一大口稀饭，放下碗，说："很有可能。如今日敌军不攻城，我们也要趁这个间歇，抓紧时间调整部署。"

张亮基吃完饭，擦了一下嘴，说："我已派出人去各门探看，可能快要回来报信了。"

过了一会儿，探看的人回报，东、西、南三门的太平军在生火做饭，看不出攻城的意思。

左宗棠建议："请骆秉章、罗绕典、鲍起豹等高级官员，到北门现场议事。"

"北门？北门并无战事。依我看，南门外有妙高峰，可俯看全城，对我们威胁最大，是否改为南门议事？"张亮基提出不同意见。

左宗棠认为，早上风平浪静，这里的黎明静悄悄，往往隐藏着更大的风险。最险要之地，不是南门，而是从未被进攻的北门。萧朝贵在太平军中，是比较善于用兵的，前几日攻城未果，现在改变进攻方向和战术，应在情理之中。

通过这两日的战争实践，张亮基对左宗棠更加信任和倚重，对他提的建议，基本上照单全收。

左宗棠随张亮基到北门城头，再次察看地形，思考对策。

骆秉章来了，不认识左宗棠，便问："这位是……"

张亮基介绍："这是湖南有名的才子，姓左，名宗棠，号季高。"

"哎哟！久仰，久仰！季高先生的大名，我来湖南后多次听说。"骆秉章来湖南有些时日，听说过左宗棠的轶事，他接着说，"季高先生出山，说明我三湘大地，保家卫国是人心所向，长沙一定守得住。"

骆秉章不愧是官场老手，这几句话，使张亮基和左宗棠听了都非常舒服。

罗绕典来了，见张亮基带着两个幕僚，王心柏他认识，另一个没见过。张亮基向他介绍左宗棠，他点了一下头，算是打招呼。

鲍起豹一身戎装，嘴里嚼着槟榔，大大咧咧地走过来，说道："长毛又没战船，北门风平浪静，跑到这儿做什么？我守的南门，才是重中之重。"

罗绕典自从入城以来，被鲍起豹奚落过，心里有气，说："前天长毛进攻，只打东门。昨天三个旱门皆受攻击。你怎么说只有你南门最重要？"

鲍起豹哈哈一笑，说："那是长毛用间谍侦察到东门是你罗大人在守，也许长毛知道，你罗大人舞文弄墨还可以，带兵打仗是外行。"

"你……"罗绕典指着鲍起豹，气得不知说什么了。

张亮基见状，说："现在敌军围城，我们要团结一致，别打嘴仗。现在说正事。依我看，除了三个旱门，北门也重要，长毛现在没战船，不等于今后没有，如果我们不提早预防，如长毛围困北门，长沙便无出口。"

鲍起豹大声说道："巡抚大人放心，我在江对岸的山上安排一个营驻守，就算长毛乘船来夺北门，两岸都没有停靠之地。"

突然，左宗棠指着对岸说："巡抚大人，山的背面有一片树林，如果长毛占领树林，从后面抢山，那一营兵肯定守不住。我认为，树林里也应安排一个营。"

鲍起豹的脸拉得老长，刚才看见张亮基带着两位文案师爷来巡视城防，心里就有气。心想，如果师爷能带兵打仗，我这个一品武官岂不成了废人？他更没想到，其中有一个师爷，居然还指手画脚，指挥起我来了。真是气人！

鲍起豹鼻子一哼，说："这位师爷是从哪里钻出来的，没见过。"

张亮基说："这是左季高先生，我专程请他来协助我守长沙。"

鲍起豹"呸"的一声，将嚼碎的槟榔吐出，说道："左师爷，你说得真轻松，本提督手里一共七个营。你这里摆一营，那里摆一营，兵力不够时，难道叫你当师爷的上阵杀敌？"

左宗棠哪受得了这番讥刺，来了脾气，正要还口时，张亮基拉了他一下，示意他冷静，然后说："我们是在商量破敌之法，不是来吵架的。左师爷的话说得有道理，如果树林里有官兵，和山上相呼应，正面背面皆不受敌。鲍提督说兵少，要掂量着用，这也是事实。我看这样，鲍提督拨出半个营，到树林驻守。如守城头的兵力不够，我再通知塔齐布增援。"

张亮基刚说完，骆秉章接过话，说："张大人是巡抚，我们都受他节制，鲍提督就按张大人所讲，拨半个营到后山。"

很显然，骆秉章是在打圆场。

鲍起豹很勉强地说："好吧，我遵命就是。"说完，没等张亮基通知散会，便走了。

左宗棠看着鲍起豹的背影，心里不舒服，暗自叹道：张大人呀张大人，树林里放半个营，不稳当。这是打仗，你怎么和起稀泥？不行，此局面必须改变，不然，长沙不保，还会毁了我半世英名。

张亮基没有散会的意思，叫大家继续看城，问各位还有何高见。

在场的除左宗棠外，都是正统文人，没读过兵书战策，说不出所以然。

张亮基见左宗棠不说话，知道他心里有气，于是上前两步说："这鲍起豹是本地人，树大根深，我这新官，一时半刻还压不过这地头蛇。"

骆秉章接话说："季高，你有所不知，鲍起豹的后台是湖广陈总督，张大人没来之前，对我也是傲慢，想收拾他吧，打狗还要看主人，再说现在艰难之际，和为贵。"

罗绕典也趁机发牢骚，说："我们三个巡抚，难道比不上一个提督？干脆请皇上下旨，长沙由鲍起豹全权负责，我们全走，给他腾位子。"

别人可以发牢骚，张亮基不可以，因为他是"一把手"，对长沙的得失要负最主要的责任。张亮基知道，如今乱世，正是用人之际，左宗棠要用，骆秉章、罗绕典要用，鲍起豹也要用。手下这些人，论出谋划策，左宗棠第一；如论带兵冲锋，鲍起豹第一。现在要做的，不是吵架、斗气、发牢骚，也不是收拾或赶走鲍起豹，而是将这个团队组合起来，握紧抗击太平军的拳头。

张亮基说："季高，鲍起豹的事，我们等下再谈，现在你说说北门的防务，还需要作什么调整？"

左宗棠问："长沙城内，大炮小炮共有多少？"

张亮基答："大炮二十门，小土炮五十门，分散于各处。"

左宗棠说："调整一下，大炮全部移到北门。"

"全移北门？"罗绕典不解其意。

"据我所知，大炮打远不打近，是适合放在城头打战船的。土炮打近不打远，适合对付云梯。"

罗绕典说："季高先生说得有理，但大炮需要炮台，而北门的炮台只有五个。"

左宗棠似乎胸有成竹，说："没有炮台就修。原来的五个炮台，太靠前，敌军在城下看得到，也要拆除重修。"

众人不解原因，看着左宗棠。

左宗棠进一步解释："打仗讲究出其不意，如果什么都被敌军看清楚了，那仗就不好打了。"

"士兵连打了三天仗，很疲惫。如果再修炮台……"张亮基不无担心。

左宗棠说："士兵是需要修整。我们可以发动民众修。按奖励办法，干一天一两银子。"

骆秉章插话："可是省库银子，只剩几万两，而且全分到了三个旱门。"

左宗棠略为思考，说："依我之见，将所有银子全用于修炮台。如果敌军从旱门进攻，奖励标准不变。没现银支付，就发债券，盖上巡抚衙门的公章，说朝廷饷银运到立即兑现，而且还有利息。"

"季高说要修，那就修吧。"张亮基见左宗棠各方面都想得周到，就拍了板。谁来负责这项工程？张亮基望着王心柏，王心柏躲开他的眼神，低下了头。

左宗棠看出端倪，说："修炮台的事，还得有劳骆大人。一则他是前任巡抚，方方面面熟悉；二则骆大人为人干练，发动民众最拿手；三则要调走鲍起豹南门的大炮，一般人做不到。至于城西的防守，可交由塔齐布接任。城中的预备队，则由张大人亲自掌管。"

"甚好，就辛苦骆大人了，要尽快完工。"张亮基全盘采纳左宗棠的建议。

在场的人，也许包括左宗棠都没想到，这些隐蔽的炮台，在长沙保卫战中，发挥了至关重要的作用。其中巨细，后面会详述。

贰　授权树威

虽然左宗棠还在积极出谋划策，但张亮基知道，在鲍起豹的问题上，自己和了稀泥，左宗棠有点想法，得做做思想工作。

发现问题是能力，解决问题才是水平。左宗棠堪称大才，做他的思想工作可不同于普通人。大家都说，做思想工作，要大道理和小道理相结合，而真正管用的是小道理。后来，曾国藩九弟曾国荃带湘军，用了一句"打下天京发洋财"，就做通了所属人员的思想工作，打造了勇猛之师，这是小道理起的作用。而左宗棠呢？升官发财捞银两，对他没有激励。做通他的思想工作，需要一些艺术，且看张亮基如何处理。

首先，连心。

回到巡抚衙门，张亮基准备了酒菜，差人去请左宗棠。

左宗棠进来，张亮基说："季高，这几日辛苦，趁战斗间歇，喝上几杯。"

"战事如此吃紧，还有闲心喝酒？"左宗棠僵硬着脸，反问一句。

"有张有弛，制胜法宝，再说，有你这个再世诸葛亮在此，我还怕对付不了长毛？"人都喜欢听好话，张亮基略带恭维的语言，使左宗棠脸上的肌肉逐渐松弛下来。

两人坐定后，张亮基没有谈长沙防务，也没有提及今天的不愉快，而是谈论儒家经典。两个都是读书人，有共同话题，你一言我一语地说开了。

思想工作是一把钥匙开一把锁，而开锁的第一步，则是拉近距离。《触龙说赵太后》中，触龙做赵太后的思想工作，没有直奔主题，而是从饮食健康方面讲起，拉近心理距离后，才循序渐进，最终说服了赵太后。

距离近了，心相连了，彼此愿听对方话语了，后面的事就好办了。

其次，说理。

张亮基说："我这人，早年苦读，只想为官一任，造福一方。当总督、巡抚，退回去二十年，想都不敢想。现如今回首，总感皇恩浩荡，在这乱世之秋，我不图青史留名，也不想拜相入阁，只要能守住长沙，使湖南全省不落长毛之手，我就算鞠躬尽瘁，报效朝廷了。"

几口酒下肚，左宗棠的话逐渐多起来："你好歹当了个封疆大吏，也算光宗耀祖了。我呢，三次未考中进士，心灰意冷。现在的心情，正如诸葛亮《出师表》中所说，只图苟活于乱世，不想闻达于诸侯。当长毛闹起时，我见天下大乱，就把家从柳家庄迁到白水洞。如不是你张大人如此心诚，邀我出山，我才懒得趟这次浑水。"

见左宗棠的思维已进入自己伏击圈，张亮基微笑着，给左宗棠斟了一杯酒后，慢慢地说："季高，你真以为白水洞是世外桃源？我能找到你，长毛占领长沙和湘阴后，同样找得到你，你是湘中一大才子，号称'今亮'，名声在外，到时长毛要请你出山，你要么顺从，跟着造反；要么被长毛杀掉，全家遭祸。兄弟，覆巢之下，焉有完卵。如今，只有你我同心协力，保住长沙，既是为国，也是为家啊！"

左宗棠附和："老哥说得在理。"

没有叫"张大人"，叫"老哥"，时机差不多了，张亮基决定谈正题，说："你随我下山，时间虽短，但你也看到了，长毛大军围城，内部也很复杂，我也有很多难处。季高，我知道这几天，你也受了苦、受了累，还受了些委屈，你有什么想法，有什么苦衷，你就跟我谈谈吧！"

最后，交底。

思想工作的目的，是消除隔阂、争取理解、融洽关系、增强团结。通过交谈，把自己的看法摆在明处，把底交给对方，往往思想疙瘩就解开了。

左宗棠善于谋略，他向张亮基交底，也来了个迂回包抄。他讲了两个故事。

故事一：

春秋时候，有一位著名军事学家名孙武，他携带自己写的《孙子兵法》去见吴王阖庐。吴王看过之后说："你的十三篇兵法，我都看过了，是不是拿我的军队试试？"孙武说可以。吴王再问："用妇女来试验可以吗？"孙武也说可以。

于是吴王召集一百八十名宫中美女，请孙武训练。孙武将她们分为两队，任吴王宠爱的两个宫姬为队长，并叫她们每个人都拿着长戟。队伍站好后，孙武便发问："你们知道怎样向前向后和向左向右转吗？"众女兵说："知道。"孙武再说："向前就看我心胸；向左就看我左手；向右就看我右手；向后就看我背后。"众女兵说："明白了。"

于是孙武使命搬出铁钺（古时杀人用的刑具），三番五次向她们申戒，说完便击鼓发出向右转的号令。怎知众女兵不单没有依令行动，反而哈哈大笑。孙武见状说："解释不明，交代不清，应该是将官们的过错。"于是又将刚才一番话详尽地再向她们解释一次，再而击鼓发出向左转的号令。众女兵仍然只是大笑。

孙武便说："解释不明，交代不清，是将官的过错。既然交代清楚而不听令，就是队长和士兵的过错了。"说完命左右随从把两个队长推出斩首。

吴王见孙武要斩他的爱姬，急忙派人向孙武讲情，可是孙武说："我既受命为将军，将在军中，君命有所不受！"遂命左右将两女队长斩了，再命两位排头为队长。

自此以后，众女兵无论是向前向后，向左向右，甚至跪下起立等复杂的动作都认真操练，再不敢儿戏了。

故事二：

诸葛亮出山伊始，即逢夏侯惇引十万曹兵，气势汹汹奔新野杀来，声言要活捉刘备。刘备闻报，将剑印付与诸葛亮，命众将皆听其号令。于是，诸葛亮将关羽、张飞、赵云、刘备诸人一一派出城外，各个吩咐如此如此。

关羽、张飞见敌当前，刘备却请一个年轻人发号施令，甚是不满。关羽问："我们都出去迎敌，军师你做什么？"诸葛亮说："我只坐守县城。"张飞大笑，说："我们都去厮杀，你却在家里喝茶，好自在！"张飞等人十分气愤，但诸葛亮手中有刘备交付的剑印，不能违反命令，两难起来。关羽处事柔和些，说："三弟，我们就先按他的计谋去做，如他的计谋不灵验，回头要他好看。"

结果，诸葛亮略施小计，在博望坡用火攻大败曹军，终令关、张等人折服。

张亮基听完故事，略为思考，说："季高，你的意思我懂了，你此番出山，保家卫国的同时，也想干番事业，不负平生所学。干事情，需要手中有权，说话才有人听。我虽然不是刘备，不能交付你剑印，但我会授权于你，并做你的后盾，你就放开手脚、大胆谋划。"

连心　说理　交底

彼此交底后，两人又说了些其他话题，越来越投缘。

张亮基的思想工作，无疑是成功的。

授权

夜，月如钩。张亮基没有多少睡意，他在思考如何给左宗棠授权。

在左宗棠所讲的两个故事中，吴王是绝对的"一把手"，掌握着生杀大权，怎么授权都可以；刘备的特点是内部团结，有关羽、张飞等生死追随的兄弟，这些人虽然有个性，但大局观念强，尽管对诸葛亮指挥不满，可是在受领任务后，能不折不扣地执行。

吴王一句话，刘备剑印一交，便授权完毕。但自己呢，各种因素制约，授权要复杂得多。再难的事也得去办，谁叫你是"一把手"。思来想去，张亮基制定了"三到位"的授权方案。

其一，形式到位。

召开会议，长沙城内中层以上文武官员参加，议题就一个，隆重推出左宗棠。

会场正面就两把椅子，张亮基坐在正中间，左宗棠坐在侧位。骆秉章、罗绕典、鲍起豹等人，被王心柏安排在左右两边位子上。

其二，力度到位。

人员到齐后，张亮基开始发言，他从"身无半亩，心忧天下；读书万卷，神交古人"这副对联开始讲起，讲了陶澍、林则徐对左宗棠的信任，讲了胡林翼的推荐，以及左宗棠对兵书战策的研究等内容。

张亮基最后说："左宗棠先生身份虽是师爷，但绝不同于普通文案，大小军务、政务，他都可以管理和指挥。我不在场，或我在场没有提出不同意见时，他说的话等于我说的，每个人都必须遵命执行。如果他指挥失误，后果由我负责。"

讲到这里时，台下凝视静听，鸦雀无声。全场人员，唯有鲍起豹将头扭到一边，一副不屑的样子。他的神情，被张亮基看在眼里。这是预料之中的。

张亮基拉高语调，非常严肃地说："我受命皇恩，担任湖南巡抚，守长沙我负第一责任。两军交战之时，军纪第一。如有谁不服从指挥，轻则免官，重则杀头！你们听清楚了吗？"

众人回答，听清楚了。

鲍起豹虽然内心不服，但在这种场合，张亮基说话又如此之硬，他也不能当面抗命。张亮基刚来几天，对这位新任巡抚的性格、脾气以及后台，他都没摸清楚。

其三，助力到位。

吴王授权孙武后，喝酒去了。刘备在新野时，属于创业初级阶段，授权诸葛亮后，主动要求干点具体工作，大事不管了。而张亮基呢，没这么潇洒，授权左宗棠后，仍要早起晚睡、日夜操劳，因为他知道，左宗棠没有根基，仍需自己助力。

左宗棠去指挥调配，张亮基尽可能地站在他身边，当左宗棠安排完后，再从态度上强调几句。当自己的意见与左宗棠相左时，也不当下属的面提出，而是只有两人时再商量。在一些可左可右的问题上，他尽量尊重左宗棠的意见。

有一次，罗绕典所部有个低级军官，因不满拆走自己防区的大炮，与左宗棠争执起来。张亮基见状，对军官大声训斥，并要罗绕典将其撤职。罗绕典心想，这名军官作战英勇，不愿调走大炮，只是出于本位主义的考虑，于是他向张亮基求情，才保住军官职位。

形式到位
力度到位
助力到位

十斩令

这几日,太平军除了组织一两次小规模攻城,大多数时间都按兵不动,围而不攻。左宗棠知道,往往平静的背后,隐藏着更大的风险。他分析,萧朝贵觉得硬攻不行,正在研究其他出其不意的办法。

左宗棠不敢懈怠,抓紧时间修缮城墙,调整部署。

左宗棠对张亮基说:"凡是打仗,提高士气与保持军纪最为重要。提高士气主要靠奖,保持军纪主要靠惩。奖,主要指提拔使用和奖钱财。惩,就是要严明规章制度,说清违纪的后果,并严格执行。我草拟了《十斩令》,请你过目。"

张亮基接过《十斩令》,细看起来。

1. 临阵进退不候号令及战后不归者,斩。
2. 临阵探报不实,诈功冒赏者,斩。
3. 临阵逃亡,或诈病者,斩。
4. 临阵失火误事者,斩。
5. 泄露密令,或窃听密议者,斩。
6. 有意违抗军令者,斩。
7. 结盟立会,造言惑众者,斩。
8. 遗失军械,或抛弃军械者,斩。
9. 官弁有意纵兵扰民者,斩。
10. 骚扰居民,抢掠财物,奸淫妇女者,斩。

"好,很好!以我的名义,迅速发布!"自己没想到的,师爷想到了,而且想得很全面,张亮基很满意,马上作了肯定。

左宗棠说:"前几天贴公告,是针对全体军民的,比较粗略。这《十斩令》

是针对军队的,较详细。我认为不仅要张贴,而且还应要求每个军人熟记会背。"

现在的张亮基越来越倚重左宗棠,对他提的建议,基本全盘采纳。

揪败累

《十斩令》发布两天后,有民女到巡抚衙门告状,说她到城南为守军送完衣物,刚下城墙,就被一个军官模样的人拉进屋内,如不是自己拼命挣扎,就被非礼了。

张亮基一听,这还得了?居民去慰军,体现民心所向,如果军官随意强奸妇女,这民心要不了多久,就转向长毛了。

张亮基说:"我一定要把这个人揪出来,军法从事。你还记得他的模样吗?"

妇女说:"模样大概记得,我在挣扎中,抓破了他的后颈。"

"走,随我到城南。"张亮基带着王心柏和几个随从,同妇女一起到城南对质。

城南墙头,副将邓绍良见张亮基到来,上前行抱拳礼,说:"巡抚大人急匆匆赶来,有何吩咐?"

"鲍提督在吗?"张亮基问。

"鲍提督一刻钟前在城头,现在不知到哪儿去了。"邓绍良答。

"那你把城南所有军官召集起来,我有话要说。"张亮基面露愠色。

邓绍良看着衣冠不整的妇女,心里明白了八九分,说道:"我立即按张大人吩咐办理。但我防区较大,把总以上的军官有二十几个,把所有人召集齐,需要一些时间,请张大人稍等。"说完,邓绍良便安排召集军官的事宜,同时,派人迅速向鲍起豹报告。

一盏茶时分,军官陆陆续续来了。张亮基问"是否全到齐了?"邓绍良答"都来了"。张亮基又问,"是否一个不缺?"邓绍良说:"这……这个……"

"还缺一个，我没来。"鲍起豹人未现身，声音就传过来了。

张亮基顺着声音一看，鲍起豹从大梁后面走出来，背着手，绷着脸。

张亮基说："鲍提督，一个时辰前，这位民女在你防区险遭一名军官奸污，我要把这个败累揪起来，按《十斩令》之规定，斩首示众。"

鲍起豹走到妇女前，看了一眼，说："你认识那人吗？"

妇女点头。

鲍起豹说："我的军官都在这儿，你好好去看。"

张亮基说："那个败累在行不轨时，后颈被抓破。王心柏，你去拉开衣后领，逐个检查。"

妇女把所有人看了一遍，王心柏把所有人的后颈检查了，均无发现。

鲍起豹脸上的肌肉有所松弛，对妇女说："你是否看清，那人是否穿本省绿营军官服？"

绿营和八旗军服有所不同。鲍起豹的湖南绿营，与罗绕典的江西绿营，在服饰上也有细微差别。

妇女答："大人，我看得真切，衣服和他们一样。"

"哼，这就怪了。"鲍起豹有点不耐烦。

张亮基上前两步，问："鲍提督，你手下的军官是不是都到齐了？"

"当然没到齐。那个左师爷，自称什么诸葛亮，把我的部队东调西调。我的手下，有守南门的，有守北门的，有当预备的，有修城墙的，把所有军官都叫齐，非半天工夫不可。"鲍起豹趁机发牢骚，"我说张大人，你不用我这个堂堂的一品武官，偏要请不会打仗的左宗棠来指挥。这两天，长毛没进攻，本来该好好休息，这左宗棠却在城里瞎指挥、胡折腾，我的手下意见很大，再这样下去……"

"鲍大人，左宗棠是我用的，如果他指挥失误，我自会负责。"张亮基见鲍起豹越说越离谱，打断了他。

"长沙丢了,你肯定要负责,我就害怕受你拖累。"说完,鲍起豹转过身,背对着张亮基。

那个妇女见两位大人吵起来了,说自己又没受大损失,既然找不到那人,不查也罢。

事到如今,张亮基只好叫王心柏拿点银两,将妇人打发走了。

论"三把火"

张亮基回到巡抚衙门,心里郁闷。

左宗棠巡视城防回来,张亮基说起此事。

左宗棠说:"要调查清楚,并不难。"

张亮基问计。

左宗棠说:"鲍起豹虽是本地人,经营绿营多年,但他带的部下,也并非铁板一块,听说有个叫高林的游击衔军官,对鲍起豹有较大成见。只要秘密差人去叫来高林,巡抚大人一问,就清楚了。"

张亮基问:"谁去叫高林恰当?"

左宗棠答:"我看王心柏可以。高林是湖北人,王心柏去认同乡,事情好办些。"

当晚,王心柏叫来了高林,张亮基屏退左右,对高林讲清原委,晓之利害,并承诺保密和封官许愿后,高林讲出了事情真相。

军官在城头集合时,在该到场人中,有一个绰号叫"罗二狗"的参军没来,这人一贯好色,平时看见大姑娘小媳妇总想占点便宜。这人能提拔,缘于他是鲍起豹的勤务兵,打洗脚水之类的活计干得倒还勤快。

"罗二狗"颈部有伤,出来马上露馅,于是找到鲍起豹,把头磕得像捣蒜。鲍起豹不想拿个把柄让张亮基捏着,就护起了短。

高林还向张亮基报告了鲍起豹的诸多不是，比如吃空饷、动私刑之类的。

事情调查清楚后，张亮基再次请来左宗棠，商量对策。

张亮基说："鲍起豹自恃有资历、有关系，拒绝合作，搪塞本官。我在想，我这个新官上任，是否烧三把火，来个杀鸡给猴看。"

"是啊！我们刚颁布《十斩令》，在鲍起豹那里执行不了，如此下去，肯定对军纪不利。"左宗棠先顺着张亮基的思路说了几句，然后话锋一转，说，"烧不烧'三把火'的问题，争论已久。依我之见，除非你想当一个糊涂官或混日子的官，否则上任一定时间，都应有所动作。'三把火'有点贬义，换一个说法，叫官员履新，要踢开'头三脚'。"

张亮基说："我来长沙，就算想当一个混日子的官，也混不下去啊！季高，你就直接谈谈，这'三把火'应怎么烧。"

左宗棠说："烧'三把火'，其目的是树立威信。古往今来，树立威信不外乎三种方法，即以德树威、以能树威和以狠树威。

"以德树威是首选。三国时，在袁绍手下任书记官的陈琳写了篇《讨曹操檄》，从祖宗三代骂起，说曹操的祖父是宦官，父亲是奸臣，曹操则是罪恶昭彰。像这样狗血喷头地大骂，一般人是受不了的。没想到曹操看了这篇文章并不生气，还打听是何人所作。后来袁绍兵败，陈琳被俘。陈琳以为必死。但曹操并没有责怪他，还让他担任起草文书的官员。曹操之德，毫无疑问在陈琳心中产生威严，他对曹操又敬又怕，只得努力工作，后来成为曹魏文人集团'建安七子'之一。

"这样的例子还有很多，武则天为什么能造就盛世，因为她善于团结人才，连写过《讨武氏檄》的骆宾王，都受到她的赏识和重用。

"以能立威很好理解。我前几天讲过，诸葛亮出山时，才二十七岁，关羽、张飞哪把这个乳臭未干的小子看在眼里，但诸葛亮得到刘备授权后，指挥首战——火烧博望坡，以弱势兵力杀得曹军丢盔弃甲，从此，关、张等人唯诸葛亮号令是从。

"新官上任，烧'三把火'，是走以狠立威的路子。其实，以狠立威是下策，弄得不好，易失人心，造成不良后果。君不见有些官员拿着任命文书，踌躇满志地上任，准备甩开膀子大干一场，疾风骤雨'几把火'下去，**结果烧得自己灰头土脸，下不了台**。新官立威，需要打开局，弄出些动静是可以的，但'三把火'却不能乱烧，比如权柄不牢、控制力不足时不烧；情况不明，水深水浅没弄清时不烧；下属情绪激动或者易出现法不责众的局面时不烧；还有对重权在握的副职，一般不要去烧'三把火'。"

"我听懂了，你的意思是说，在此局势复杂之际，暂时隐忍，不要去动鲍起豹。"张亮基说，"季高，我以前只认为你对军事有研究，没想到你对为官之道、领导之术也挺有见解。"

"哪里，哪里，我对为官之道的认识，与张大人相差甚远。我在想，如何处理鲍起豹，张大人心里早有主张。征求我的意见，只是出题考我而已。"

你看看，张亮基一顶高帽给左宗棠戴过来，左宗棠听了，心里乐滋滋的，但他口里却谦虚，把高帽又送回去。每个人都希望得到对方的赞美，如此相处，关系就和谐了。

其实，左宗棠说得没错，张亮基城府极深，对如何处理鲍起豹心里早有主意，与左宗棠讨论，只是想看看他的才识。

论权威

事情谈完了,由于话语投机,张亮基意犹未尽,叫人上了酒菜,与左宗棠闲聊起来。

张亮基说:"有些官员,干的时间越长,权威越差,说的话越没人听,是什么原因呢?"

左宗棠答:"官员无权威,有四种情况。一是私心过重,事情要别人做,却不让别人尝甜头,好处全是自己的,久而久之,别人就把你看穿了,对你就阳奉阴违。二是赏罚不公,对自己亲信,小功大赏;对其他人,大功小赏或有功不赏,难以服众。三是朝令夕改,比如我们刚命令把大炮搬到城北,然后又马上搬回原处,部下就会认为我们乱指挥、瞎折腾,下次执行命令,就会大打折扣。四是过于老好,三国时的刘璋,对下属是有求必应。甲官员去要好处,刘璋给;乙官员心理不平衡,去要好处,刘璋也给;丙官员眼红了,编理由去要更大的好处,刘璋不会拒绝,也给。这时,甲乙官员不高兴了,同丙官员搞攀比,觉得自己得到太少,从而怨恨刘璋。丙官员呢,虽然得了很大的好处,但觉得刘璋好忽悠,是糊涂领导。你看看,刘璋把手中的好处都给下属了,却不能讨好下属,反而丧失权威……"

话还没说完,突然,"砰"一声巨响传来,连窗户都被震动了。张亮基、左宗棠本能地站起来。

怎么回事?

叁 初露锋芒

这声巨响,声音是从城东传来的。张、左二人迅速向城东走去。半路上,有人来报,说太平军炸城墙。这是太平军挖了地道,然后向地道内放入大量火药,好在引爆的位置正是城墙下方,垮塌下来的城墙砖瓦堵塞了地道,太平军不能从地道而入。

左宗棠看着东门外的民房,说:"怪不得这几日长毛进攻无力,原来是利用民房遮掩挖洞,进攻只是扰乱视听而已。"

这时罗绕典来了,说:"好险,如果长毛再向内挖两丈,炸开洞后,大批涌入,后果不堪设想。"

左宗棠指着破损的城墙,说:"这城墙必须连夜修补,如明日长毛用大炮轰击此处,不出两个时辰,城墙必垮。"

张亮基一张苦脸,说:"连日苦战,士兵疲惫,预备队也不充足。再说,长毛能在此处挖洞,也有可能到别处去挖,其他地方的守军,也不能随便调动。修补城墙的人力捉襟见肘。"

罗绕典附言:"现在省城府库也无银两,动员百姓修墙,净打白条,积极性不高。"

左宗棠想了想,说:"两位大人不必忧虑,我粗略计算,城内青壮劳力不下两万,如果由巡抚衙门下命令,每户必须出一人来修城墙,凡出力的家庭,可免全家一年的人丁和杂税,这叫重赏之下必有勇夫。"

张亮基颔首道:"事到如今,也只有这样办了。"随即安排王心柏去办理。

抽调团练

左宗棠背着手,来回走了几步,说:"这两日,我派人出去抓了两个舌头,弄清了太平军攻城将领情况。"

罗绕典说:"长毛攻城的主帅叫萧朝贵,是伪天国的西王。"

左宗棠说:"对,但这萧朝贵不简单。他是太平天国三号人物,职务是正军师、前军主将。此人有勇有谋，以打硬仗著称，深受洪秀全重用。"

"据舌头讲，除萧朝贵外，还有林凤祥和李开芳。林凤祥是广西桂平县人，小时家穷，常受地主欺负。太平军起事那年，地主到林凤祥家里抢牛，被打退，第二天，地主纠集一百多人，还带着土炮到林家报复。林凤祥带着十几个乡邻，占据有利地形，突然杀出，把地主武装打得落荒而逃。萧朝贵得知后，赞不绝口，动员他加入太平军，每逢作战，都将其作为破敌前锋。"

"李开芳是广西郁林人，骁勇善战，在太平军中与林凤祥齐名，官职为金一总制。太平军官职与我们不同，分为总制、监军、军帅、师帅、旅帅、卒长、两司马等级别。林凤祥与李开芳，都是因战功当上总制的。"

"我讲这些，并非长别人威风，灭自己志气。我是想说明，洪秀全派出三名悍将，是想一举将长沙夺取到手，不达目的，不会罢休。长沙城内兵力薄弱，经不起长期消耗，而各路救援军马几日内难以到达。张大人，据我所知，罗泽南办团练，在湘乡有八百人，在湘阴有七百人，请你下个命令，各县抽六百人到长沙应急。北门停有几艘大船，可去接应。"

见张亮基没有立即表态，左宗棠知道他担心团练抽走后，湘乡与湘阴的安全，于是说："张大人，长毛的目标是长沙，如长沙能固守，他们打下湘乡与湘阴意义不大。长沙是主干，湘乡等县是枝叶。"

"那好，就按你说的办。"张亮基下了决心。

用瞎子

把接团练的事安排完，已是下半夜。张亮基说："季高，早点回去睡吧！战斗越紧张，越要保重身体。"

左宗棠说："不急着睡，还有一事要办。明天一早，我要把全城的瞎子集中起来。"

"什么！集中瞎子？"张亮基先是不解，继而"哦"了一声，说，"我记得本朝军事家杨时斋有一段论述，说高明的官员用才如用木，直的木材可作车辕，弯曲的可作车轮，长的可用作立柱，短的可作边角，不论长短弯曲，都有用处，他还说，在战争期间，残疾人都有用处，聋子当侍者，避免泄露军情；哑巴传信，被抓住也问不出东西；瘸子守炮台，很难弃阵逃跑；瞎子可以听动静。季高，你集中全城瞎子，是否为了听动静？"

左宗棠笑答："张大人高明，我说其一，你就知其二。瞎子与正常人相比，听力好得多，将他们集中起来，稍加训练，然后将他们放入水缸中，并将水缸埋在地下，他们便能判断出敌军挖洞的方位及进度。"

从古至今，在几千年的战争实践中，人们总结出一整套监听声音的方法。最原始的，是将耳朵贴在地下，听是否有马蹄声。后来，发明了听瓮、听管等设备。听瓮一头插入地下，另一头贴紧耳朵，使声音听得更真切。听管是可以传递声音的设备，谍报人员经常使用。

左宗棠博览群书，并能结合实际创新运用，这些瞎子在后来的地道攻防战中起到了巨大作用。

西王升天

将瞎子的事安排完毕，启明星升起，天上无云，这又是一个晴天。

忙了一整夜，左宗棠有些疲惫，头粘着枕头就睡着了。

不知睡了多久，王心柏将他叫醒，说北门有异动，张亮基已经赶过去了，叫他随后就去。

出了房门，左宗棠揉揉眼，看见太阳开始偏西。按理说，睡的时间不短了，但睡意仍在。左宗棠出山，可不是来睡懒觉的，他用冷水冲了一下脸，快步向北门走去。

到北门时，张亮基、骆秉章、塔齐布等人已在城头，向远处瞭看。

见左宗棠到来，张亮基说："季高，长毛要用舰船攻城了。"

左宗棠一看上游，二三十艘军舰，插满旌旗，成三排列队，冲北门而来。最前面的一排船体较大，隐约可见火炮、云梯、公孙车等攻城器械。

骆秉章说："怪事，才几天时间，长毛就像变戏法一样变出一支水师。"

左宗棠仔细端量后说："这不是水师，是改装后的民船，湖南历来会党猖獗，平时受官府弹压，不敢闹事，现在长毛一来，可能就会勾结在一起，说不定划船的人就是会党成员。长毛见昨日挖地道攻城没成功，今日又想从水路突破。"

这时，塔齐布开始指挥士兵摆好檑木，为大炮除去盖衣，填装火药。

左宗棠赶快对塔齐布说："大炮的盖衣不但不能去，而且还要进一步伪装，火药也要悄悄装填。我们修的是隐蔽炮台，要等敌船进入了射程，打他一个措手不及。"

左宗棠又观察了一会儿，叫来塔齐布，指着江面说："你看那只船，旌旗插得最多，行进速度稍快。我们炮台四门大炮可移动，你集中起来，对准那艘船，等它完全进入射程，一齐开火。"

塔齐布领命而去。

轰隆隆！一阵炮响，旌旗最多的船被打中，船上好像有些慌乱。突然，船上拉起一面撤字旗，其他船见状，跟着撤退了。

恶战还没开始，敌军就撤退了，而且撤得莫名其妙。那时的大炮，装的是铁钉铁蛋之类的，就算打中船，也不会爆炸。城上装备大炮，只是增加攻城难度，并不能吓退敌军。

张亮基百思不得其解，问左宗棠。左宗棠说晚上暗探进城，便知原因。

点灯时分，张亮基召集军官议事。这时暗探来报，说太平军西王萧朝贵被大炮击中，已身亡。

暗探刚说到这里，鲍起豹大笑起来。张亮基也面带笑容，连说："天意，天意！"左宗棠面无表情，没有言语，等众人笑完，继续问暗探。暗探说萧朝贵战死的消息，太平军已飞马速报洪秀全，叫他带兵马来报仇。

左宗棠像是自言自语，又像对众人说："这样一来，长沙的战事会更激烈了。"

众人听左宗棠此话，冷静下来。是啊！现在围长沙近三万人，守军已有些吃不消，如果洪秀全又带来几万人，长沙是否守得住，还真难说。

张亮基让左宗棠拿御敌之策。左宗棠说他要好好想一想，作通盘考虑。

整体谋划

翌日清晨，张亮基刚起床，左宗棠到来，提出了长沙防御战的整体构想。

归纳起来，四句话。

一是打通外围。如果太平军六七万人围着长沙，天天攻击，万一哪天突破一处，就危险了。打通外围，是采取主动出击、诱敌分兵等方式，将战场扩大，以减轻城墙的压力。

二是争取援军。请皇帝下旨，命各省援军迅速驰援。以张亮基的名义，给江忠源和向荣写信，请他们从南北两个方向朝长沙靠拢。

三是占据要点。城南的妙高峰，要想办法夺回，以牵制攻击南门的敌军。城北湘江对岸，要想办法建一座大营。城内兵力已不足，建大营要调用援军。

四是死守待变。城内采取重赏、加强督战、多用火器等办法严防死守，血拼待变。如果能拖上两个月，长毛可能粮草不济，军心就会乱，到时视情况，能歼则歼，不能歼灭则赶走。

"季高所言，条条在理。请你指挥，必然以你为主。我张亮基疑人不用，用人不疑，就按你说的，大胆去谋划。我还是那句话，守长沙成功了，功劳是你的；如果失败了，责任是我的。"

王心柏写好了上奏皇帝的文书，请张亮基过目，张亮基看完后，顺手递给左宗棠。

左宗棠看后，说："我认为要改一句，将'力守长沙'改为'臣与各路援军紧密协作，将乱贼聚歼于长沙'。"

"聚歼？"张亮基问，"洪秀全、杨秀清到后，长毛六七万人，我们加上援军，人数也处于劣势，能守住长沙就不错了，何谈聚歼？"

左宗棠笑了笑，说："能不能聚歼，要看谋划运作，更要看天意。但张大人，在奏折中写有心聚歼，至少表明你的态度，你的决心，以及你对朝廷的忠诚。你说能聚歼，皇上一高兴，援军、粮饷全拨来了。如果你说只能将长毛打跑，皇上心想，长毛流窜到别处，当地官员又要向我要钱要人，资源有限，还是省着用，对长沙的支持力度可能就减少了。"

"好，就按季高说的改。"张亮基对王心柏说。王心柏刚开始不高兴，因为左宗棠没全面肯定他写的奏折，但听左宗棠分析后，他服气了，左宗棠的确比自己想得全面、想得深远。

江忠源回师

江忠源来信，说洪秀全撤走后，自己带本部人马星夜兼程，驰援长沙。江忠源在信中问到长沙后，是进城，还是城外驻防？

江忠源所部只有三千人，兵不多，但较精，再加上回程净走大道和捷径。洪秀全虽然报仇心急，但他要带着家属和辎重行军，遇到没攻下的州县，还只能绕道走，所以比江忠源晚到长沙，也在情理之中。

左宗棠分析，长沙城外，最重要的战略要地非妙高峰莫属，如江忠源回师，能夺回妙高峰，牵制攻城之敌，那再好不过。但敌人在妙高峰的守军，大概也是三千人左右，论单兵素质，江忠源的团练要强于太平军，可是太平军以逸待劳，居高临下，修有工事，如江忠源孤军硬攻，并无把握。最好是城内出一奇兵，两面夹攻，一举拿下。

激将法

左宗棠将城内诸将盘算一遍，觉得能当此任的，只有鲍起豹一个。但，他能服从指挥吗？如公然违反军令，或出工不出力，弄得自己下不了台，又如何办？

张亮基听了左宗棠分析，手上蘸了点茶水，在桌上写了两个字。

左宗棠一看，这两个字是"激将"，会意地笑了，并说上一句，"英雄所见略同。"

军事会议上，左宗棠把江忠源的来信，以及夺回妙高峰的初步设想讲了一遍，然后话锋一转，说："可惜啊，我细看城内各将领，均不配担任给江忠源夹击之责。"

左宗棠话音刚落，鲍起豹站起来，吼道："岂有此理，竟敢小看我湖南无人。左师爷，不要说与江忠源夹击，就算我单独出击，也和长毛有一拼。"

张亮基连忙说话："鲍提督不必发火，此事我与左师爷商量过，如果你亲自带队，胜算肯定大一些，但你是朝廷一品武官，就怕你不愿到最前线冲锋陷阵。"

"哼！"鲍起豹很不屑的样子，"你们这些文人，写点酸溜溜的诗还可以，但上阵杀敌，还是武将不怕死。不要我去，我偏要主动请战，如打不胜，你奏明皇上，将我撤职。"

左宗棠与张亮基对视一眼，心里一笑，此事成了。

张亮基说："鲍提督，军中无戏言，我把丑话说在前头，如你亲自带队出城仍打不赢，朝廷怪罪下来，我就只得按你说的奏明皇上，撤你的职。"

"那当然。"鲍起豹话语生硬。

张亮基把话拉回来，说了些鲍提督忠诚可嘉、智勇双全之类的话。然后叮

第三章 用才

嘱，此事要精心准备，并做好保密工作，具体作战方案，由鲍起豹与左宗棠商量决定。

会后，左宗棠找到张亮基，说："你叫我与鲍起豹商量具体方案，他不听我的怎么办？"

张亮基答："你去他那里，把你的想法说一遍，然后你就离开，没必要听他表态。"

"我去说一遍，倒没什么，他是否采纳，我就不知道了。"左宗棠仍有疑问。

张亮基微笑，说："总体来讲，鲍起豹是一个粗人，不懂什么礼数，也不太讲策略，他这种人，打仗时勇大于谋。正因为他缺少谋略，你去讲夹击方案，这是他最需要的。再说，此战关系到他的前途和性命，不怕他不听。"

按张亮基指点，左宗棠去南门，在鲍起豹耳边"如此，如此"一番，说得鲍起豹直点头。

从南门回来，左宗棠心说，张亮基虽不会打仗，但论用人，的确在自己之上。

夜袭成功

夜，无风，也无月，天空像一张黑色的网，覆盖着大地。

城南的一个角落，一百根绳子悄悄地从城墙上放下去。"下！"鲍起豹轻声对身边的亲兵下了口令。口令经人传人，集结的一千人都知道开始行动的命令。随即十个人一组，拉着绳子，一个接一个地下到地面。

一千人到城下重新列队，分成三组，由向导带路，在地势低的地方用走，在地势高的地方用爬，悄无声息地向妙高峰摸去。

这些人的装备，除了常规的刀、匕首外，每人身上还背着一个大球，这是左宗棠设计的秘密武器。

前几日，左宗棠派出谍报人员，摸清了妙高峰地形地貌，以及太平军的布防情况。

这支突击队伍，后面的拉着前面人的衣服，没有一个人说话，摸到天心阁下面的太平军哨卡处，没有被发现。

半个时辰后，山的另一面一声炮响，顿时传来炮声和呐喊声。江忠源的部队开始进攻了。

由于天黑，清军呐喊声大，炮声又密，太平军守将搞不清进攻的部队有多少，于是将天心阁附近的守军调去支援。

这一切，被鲍起豹看得真切。他把身边的副将轻拍一下，副将心领神会，带走几个武艺高强的士兵解决了留守哨兵。清军占领了妙高峰的最高处。

按左宗棠的计谋，江忠源部虽然大声呐喊，但放的是空炮，并没有实质性进攻，其目的是将守军各部吸引过来。

妙高峰南面是一个坡度较陡的斜面，太平军在半山腰挖筑战壕，修了简易工事。

在鲍起豹的指挥下，一千人一字排开，解下背上的圆球。这些圆球里面装的全是炸药，士兵们点燃引信，圆球顺着斜面往下滚。圆球滚到太平军战壕里，纷纷爆炸。顿时，太平军阵地火光冲天，气浪四涌。

爆炸声刚停息，江忠源命令擂鼓，所部全面进攻。鲍起豹也令部下点燃火把，呐喊着从山上杀下来。太平军经过刚才一爆，哪里还经得起如此上下夹击，士兵们只恨爹娘少生两只脚，溃逃起来动作不够快。

太平军主营，林凤祥、李开芳也在密切观察山上的战况。李开芳认为，应该派一支军队上去救援。林凤祥认为太冒险，一来是黑夜，清军进攻部队有多少，用了什么武器，不明确；二来是西王刚战死，所部情绪低落，如派去救援的部队又中埋伏，不好向天王洪秀全交代。

由于两人在太平军中职务一样高，意见不合，救援的事只好作罢。

不到两个时辰，守妙高峰的三千太平军，就被消灭殆尽。

鲍起豹与江忠源见面后,简单交谈几句,按原计划,江忠源在妙高峰就地驻防,鲍起豹按原路撤回城内。

用才理念

天微亮时,满身血污的鲍起豹攀上城头,张亮基、左宗棠等人前去迎接。

打了胜仗,鲍起豹大大咧咧的性格又表现出来,他对众人说:"你看看,打仗还是需要我们武将,光动嘴皮子,消灭不了长毛。"然后对左宗棠吼道,"左师爷,庆功酒备好没有?"

左宗棠听了此话,心里老不高兴,心想,不是自己精心谋划,你能打胜仗吗?

张亮基见左宗棠没回答,便笑呵呵地说:"备好了,备好了,请鲍提督更衣后入席。"

左宗棠说自己累了,没有出席庆功酒会。张亮基、骆秉章等人与鲍起豹把酒言欢。

左宗棠对鲍起豹有意见,张亮基当然知道。鲍起豹为人高调、性格粗放,有时弄得自己下不了台,但自己是"一把手",要把所有人都团结起来,心眼不能太小,心胸不能太窄。

在张亮基的理念中,用才有四种情况:

一是敬而用。比如左宗棠,学富五车,善于谋划,可以委托重任。刚开始,把左宗棠当成出点子的"参谋长",时间长了,觉得左宗棠在有些方面强过自己,就像自己老师一样,值得尊重。

二是需而用。一个好汉三个帮,众人划桨开大船,手下没有几个能干的人,怎么干大事?骆秉章、罗绕典等人,级别与自己

敬而用
需而用
忠而用
烦而用

差不多，能力也是有的，如果我需要他们，就要留住他们，大胆用他们。

三是忠而用。就像王心柏这样的人，能力虽不怎么样，但忠心耿耿，不玩心计，给人以踏实的感觉。

四是烦而用。鲍起豹这样的人，用起来烦不烦？烦，肯定烦！他要本事有本事，要关系有关系，要资历有资历，他缺少的，是修养。作为"一把手"，不能因为他出言不逊，弄得自己心烦，就打击压制，弃而不用。

地道攻防战

洪秀全、杨秀清带领太平军主力杀到长沙，与林凤祥、李开芳会合后，六七万人马，从东、西、南三个方向将长沙围得水泄不通。

好在左宗棠有先见之明，设计夺下了妙高峰，并趁黑夜，在洪、杨未到达前向江忠源运送了给养。江忠源加班加点，修建了环山防御工事，牵制了太平军。洪秀全每次组织进攻，都要留下一两万人防备江忠源从身后偷袭。

太平军打着为西王报仇的口号，披麻戴孝，向长沙城猛烈攻击。城墙上下，炮火轰鸣，哀号不断，随处可见尸体和断手断脚的受伤士兵。

在洪秀全到达之前，长沙修固了城墙，补充了弹药，发动了民众，加强了团练，整体防守能力得到加强。张亮基等大小官员分工负责，到第一线督战。由于措施到位，人心较齐，太平军猛攻两天，不见成效。

洪秀全只得下令停止攻击，召集将领商量对策。

林凤祥谈道："前段时间，我军组织了士兵挖地道，但测量不准确，炸药在城墙下引爆，功亏一篑。"

杨秀清一听，猛拍大腿，叫一声："有了！"

众人眼光齐刷刷看着杨秀清。

杨秀清说："以前测量不准，现在不同了，我们在郴州时，动员了一千多煤矿工人加入，他们中间有专门负责测量的人员。"

洪秀全接过话，说："对呀，我们把这些矿工兄弟组织起来，成立一个土营，有的搞测量，有的挖地道，有的送炸药，如此这般，用不了几天，长沙便会得手。"

挖地洞攻城，这方法很不错，可惜，太平军碰上了左宗棠。城内，经过训练的瞎子各就各位，严阵以待。太平军刚开始挖，瞎子就侦听清楚了，将情况上报汇总于左宗棠。

左宗棠对付太平军地道，主要有两招。

第一招，对挖法。测算方位后，命清兵对着太平军的地道对挖，快挖穿时，准备好毒烟。刚挖穿，点燃毒烟，用煽子将烟煽进地道，太平军呼吸不得，拼命后跑，踩踏无数。之后，再叫民工挑来大小便，灌进地道中，将洞口封起。地道内又臭又有毒，无人敢进去，工程作废。

第二招，切地法。在城墙内侧挖一条深沟，等待太平军到来。太平军工兵埋头作业，没想到一挖就穿，刚看到一丝光线，随即便看见清军刺来的长枪，只听见一声大叫，太平军工兵一命呜呼。太平军不敢再往前挖，待在地道内又怕毒烟，只得退去。左宗棠命人将洞口用石头堵住，太平军又白忙一次。

地道攻防，这个猫捉老鼠的游戏玩了近一个月，几十条地道均被扼杀于摇篮中。

长沙解围

在双方打地道战胶着的时候，战场态势发生了变化，在咸丰皇帝的催促下，各路援军向长沙集中，湘江西岸，除了向荣的部队，还有云、贵、川、陕等各省援军，兵力达五万多人。加上长沙城内和江忠源的部队，清军人数已占优。

从地理位置上看，太平军也很吃亏。太平军虽然对长沙城进行半包围，但主要兵力集中在湘江以东、城南一线的狭长地带上，而清军从各方面压过来，从战略上构成了弧形包围圈。尤其是江忠源占领妙高峰，好似一颗随时可以插入心脏的钉子，威胁着洪秀全的大营。

洪秀全急了，假扮天父下凡，鼓舞士气。杨秀清急了，时而命令搭云梯强攻，时而命令战船从水门进攻，均不见效。

从太平军围长沙，到现在已有两个月，双方统帅层都在考虑战局如何变化。杨秀清向洪秀全提出，如十天内拿不下长沙，便要撤退。而左宗棠呢，制定了全歼太平军的计划。

左宗棠对张亮基说："随着援军到来，口袋已扎紧，而口袋的袋口，则是西北方的龙回潭，这里需派一员悍将守卫。我观诸将，唯有广西提督向荣有勇有谋有经验，能当此任。我担心的，就是他现在是革职留任，有思想情绪，不愿受你这个外省巡抚的指挥。"

张亮基说："这好办，我去信一封，向他晓以利害。"

左宗棠又说："还有一事，要请张大人去办，万一向荣挡不住太平军，围歼便落空。为保险起见，请你给湖广总督程矞采去信，调总兵马龙、常昆两部驻向荣后侧。"

张亮基照办。

理论上讲，围歼计划够周密了，但人算不如天算。太平军派出二十一岁的翼王石达开争夺龙回潭。年近花甲，身经百战的向荣，哪把一个毛头小伙看在眼里。轻敌的后果，是向荣所部被斩杀近两千人，要不是向荣马快，也成了刀下之鬼。马龙、常昆见向荣败后，根本不敢作战，扭头便跑。

左宗棠闻讯，气得直吹胡子。

果不其然，太平军围长沙81天后，经龙回潭，北走宁乡、益阳，奔武昌而去。

太平军远去，没有共同的敌人，内部矛盾开始显现。在各种复杂关系中，张亮基如何激励、保护和展示左宗棠？请看下一章。

第四章 护才

壹 鲶鱼效应

太平军完全远去,张亮基绷紧的神经松弛下来,晚饭吃得格外香。

饭后,张亮基召集大小官员,对打扫战场、清理尸体、安抚百姓等事宜作了安排。众官员散去后,张亮基单独留下左宗棠,拉着他的手动情地说:"季高啊,此次长沙解围的折子,只有辛苦你了。"

这段时间,张亮基对左宗棠的军事素养,以及实际工作的能力是了解的,也是服气的,但他的笔下功夫如何,则不太清楚。将这个奏折安排给左宗棠,是有意要试一下他的写作能力。当时通信技术不发达,上头是通过看材料来了解下面的情况,可以说文章质量高低,可以影响上级决策。而写文章,则是当幕僚的基本功。

左宗棠受领任务后,略为思考,提笔写出《贼踪纷窜 省城解围》一折,当天晚上便交给了张亮基。

该折子开头写道,以洪秀全为首的反军攻至湖南,围困长沙,在朝廷的英明指挥和各路官兵的英勇奋战下,现已解围。随后,折子叙述了这八十几天,官兵与太平军激战的大体经过。最后列出了罗绕典、骆秉章、江忠源、向荣等有功人员名单,请朝廷给予褒奖。

这篇折子思路清晰,叙事准确,用词得当,好像没有不妥之处。张亮基在折子上方签写"照缮"两个字。突然，他想起有功人员名单好像没有鲍起豹。再次核对，果然没有。这左宗棠，闹什么意气，鲍起豹是湖南提督，一省的最高军事长官，虽说此人有些不服管教，但人家守长沙毕竟出了力，是有功的。有功人员名单中，连参将、副将都列上去了，唯独提督不列入，是说不过去的。

张亮基拿起笔，在骆秉章后面加上"鲍起豹"三个字，继而安排誊写师爷誊抄清楚后发出。

誊写师爷的岗位很重要，上报朝廷的大小奏折都要经他之手，通常情况下，要安排心腹担任。由于张亮基没带文案，誊写师爷只得用以前的，偏偏这誊写师爷叫鲍玉升，是鲍起豹的侄儿，这问题就出来了。

鲍玉升在衙门工作有几年了，骆秉章、张亮基以及几个起稿幕僚的笔迹他都认得。当拿到这个折子，见笔迹生疏，他估计是左宗棠起草的。

当誊写到有功人员名单时，鲍玉升愤怒了，在他看来，能守住长沙，自己的叔叔鲍起豹功劳最大，这折子没把鲍起豹列在首位，而是加在中间，从笔迹上看，还是张亮基发现有什么不妥，才在审稿时加上去的。

这左宗棠，太不像话，太欺负人！鲍玉升誊抄拜发后，立即去鲍起豹家里说了此事。

品茶议事

次日，张亮基把罗绕典、骆秉章、鲍起豹、向荣等请到衙门品茶，左宗棠、王心柏也在座。

按套路，张亮基先客套几句，说此次守长沙，全靠各位大人鼎力相助，不然，我可能就以身殉国、以谢皇恩了。

几句话，就把在场的几位大员讲得飘飘然，然后张亮基话锋一转，说："长毛转攻湖北，此时正是我们收复郴州的大好时机，各位有何高招，尽请赐教。"

这几个大员前段时间忙于战事，累了困了，昨晚一觉睡到天亮，哪里考虑过如何收复郴州。

张亮基见几个大员不说话，扭头向左宗棠说："季高，你先谈谈看法。"

左宗棠喝了一口茶，说："以现在长沙的兵力，加上城外向提督所部，再加上各县团练，一举收复郴州，胜算是很大的。太平军主力已到湖北，郴州的长毛没有外援，就会军心不稳。我们从四个门同时进攻，从气势上压倒对方。鲍提督率所部七营攻打前门，罗巡抚和向提督分别攻取东西两门，江忠源带所部埋伏于后门十里桃山花处，长毛从此三门受到攻城压力，必然弃城从后门逃窜，入包围圈后，骆秉章大人带各县团练增援，扎牢口子，定能全歼郴州长毛。"

"好！此计围三放一，城外聚歼，实乃妙计！"待左宗棠说完，骆秉章立马肯定。

张亮基看了左宗棠一眼，心里一喜一忧。喜的是左宗棠虑事周密，如按计实施，收复郴州不成问题；忧的是左宗棠说话太直，我张亮基能接受，骆秉章可以为你叫好，但其他几个大员，能听你一个师爷的安排吗？

果然，向荣说道："听说长毛在湖北进军顺利，已打到汉口城下，我猜想，过不了多久，皇上就会下旨，要我去援助汉口。再说，我部军马从广西打到湖南，大战四次，小战十余次，已经非常疲劳，需要休整。张大人，收复郴州，我是有心无力。"

向荣从广西来，是客军，张亮基只能协调，不便于强行命令。再说，向荣将不去收复郴州的理由讲得较为充分，使人不好反驳。于是张亮基说："向提督所言皆实，看来对郴州用兵之事，还得重新计议。"

向荣说道："多谢巡抚大人关心，不过，还有一事，得请您尽快解决。我部五千人，粮草多次告急，再不拨军饷，就要饿肚子了。"

张亮基苦笑了一下，说："这粮草啊，也确实伤我的脑筋。不过向提督别急，我已派人到各县催粮，估计这两天就能解押一些来。你先回去休息，等粮草一到，我通知你派人来取。"

向荣起身，向众人行了个抱拳礼，转身大步离去。

看着向荣的背影，张亮基心想，钱呀钱，命相连，守长沙的官兵要钱，各路客军要钱，激励百姓要钱，官员发饷要钱，省库早拿不出银两，白条还打了一大堆。

再难的事也要去办，谁叫你是一省巡抚。张亮基对左宗棠说："去湘阴催粮的人，十几天了，颗粒无收。季高，你是否亲自去一趟？"

左宗棠张了张嘴，本想说什么，但没说出来。在他看来"端了别人的碗，就要服别人管"，你向荣在广西打了败仗才来到湖南，守长沙没出多少力，打郴州又推着不去，既然不再服从张亮基管理，哪有资格要粮要饷？按照大清国的规矩，官兵剿贼，剿到哪省，便由哪省协调调度，粮草也由哪省提供。江西巡抚罗绕典也是客军，但人家在湖南与太平军打了几仗，在守长沙时，人家一介文官也上城头搏杀，张亮基为罗绕典筹粮草是心甘情愿。

在左宗棠眼中，张亮基作为巡抚太好说话，有些偏软。但碍于有其他几个人在场，左宗棠不能将自己的观点讲出来，只得答应去湘阴催促粮草。

张亮基继续主持会议，请大家献言献策。

吵架

这时，鲍起豹突然冷笑几声，说："巡抚大人，我有一事如鲠在喉，不吐不快。"

张亮基一听，言语有些不对，忙说："鲍提督有何话语，或对时局有何看法，直讲无妨。"

鲍起豹站了起来，提高嗓音说："我想问一问巡抚大人，下官守卫长沙，有没有功劳？"

张亮基答:"如没有鲍提督和几位大人日夜巡视,奋勇杀敌,长沙早落入长毛之手。"

鲍起豹又冷笑一声,说:"那好,我要问问左师爷,你替巡抚大人写折子,为何把我漏掉?好像长沙城就没有我鲍起豹这个人。好像打了胜仗,全是你们这些人的功劳。"

鲍起豹突然说起此事,张亮基、左宗棠愣在那里,一时不知如何作答。

鲍起豹见他们二人不言语,更是得理不饶人,说:"巡抚大人,这种事情,如我不了解实情,绝不会在此提起。你左师爷开列功劳名单时忘了我,收复郴州时又记起我……"

在鲍起豹发牢骚的同时,张亮基的头脑也在飞速运转,通常情况下,他应该站起来,说上几声误会,用最高效的方法将事情抹平。可是,今天张亮基稳坐钓鱼台,一言不发,静观事态发展。

左宗棠坐不住了,呼地一下站起来,用粗嗓音打断鲍起豹的话:"提督大人,你说的没错,我在拟写奏折时,的确没把你列入有功人员名单,是巡抚大人审稿时,才把你的名字加上去。我认为,防守省城长沙,是你这个湖南提督该做的事情,没有必要列出你的功绩。"

鲍起豹以为,自己这事摆到明处,左宗棠肯定不敢承认,会不停地解释。他没想到,左宗棠承认这事,来了个硬碰硬。

鲍起豹气得浑身发抖,脸色有些发青,大声叫道:"巡抚大人,你听听,你请来的左师爷,说了些什么!如果今天不把话说清楚,我就到武昌找湖广总督打官司,收复郴州,就让左师爷去好了!"

张亮基仍不发言。

左宗棠干笑一声,用轻蔑的口吻说:"鲍提督,我就跟你讲讲,我为什么不把你列入功劳名单。第一,你是湖南提督,而不是长沙提督,你应该守卫的是全省,而不是长沙一座城,长毛从南向北,如入无人之境,将湖南烂透,你这个提督有没有责任？第二，此次防守长沙，你是出了力，但剿匪安民，是你的本职。第三，长沙被围这两个多月，如果没有巡抚大人协调指挥，如果没有罗巡抚、骆大人、江大人等官员日夜操劳，如果没有全城百姓的积极参与，单凭你鲍提督手下的几千人马，能守住长沙吗？第四，说句你不爱听的话，如果不是看在你守长沙有些苦劳的份上，就应该上一道奏折，将你这个不称职的提督革职问罪。还好，你遇见一个心怀仁慈的巡抚大人，把你加入了功劳名单，但你不知好歹，不但不来谢恩，反而来大闹，真是成何体统！"

左宗棠一席话，气得鲍起豹血往上涌，心口有疼痛的感觉。自从任了湖南提督，连巡抚对他都要礼让三分，哪里受过这种气。

鲍起豹左手按住胸口，右手指着左宗棠，两眼瞪得像圆球，想说的话千言万语，但就是一个字都说不出来。

"左师爷，你别太过分，鲍提督可是朝廷任命的二品武官。"张亮基终于说话了。

见鲍起豹一手按着胸，一手撑着腰，身体好像有些不稳，张亮基上前，扶着鲍起豹，劝道："鲍提督，你先下去歇会儿，这左师爷呀，一向口无遮拦，性格如此，他并不是成心气你，你也别气坏了身体。不管怎样，功劳名单上有你的大名，你就等着朝廷对你的奖赏吧。"

张亮基说完，朝王心柏递了个眼色，王心柏心领神会，上前将鲍起豹扶了出去。

品茶会出了这样一个插曲，再开下去也议不出什么结果，张亮基说今天就到这里，收复郴州之事改天再议。

左宗棠没向众人告别，气呼呼地出了门。

补短不是护短

过了两个时辰,左宗棠听见敲门声,开门看,是面带微笑的张亮基。

左宗棠没说话,转身回到床边,坐下,绷着脸。

张亮基走进来,笑着说:"季高,你在想什么?"

"我在想,我这样的性格,不适合当幕僚,该收拾东西,回白水洞去了。"

"哈哈哈!"张亮基轻笑几声,"我知道,方才当着众人的面,说了你一两句,你受不了,但你知道吗,如我不说你,别人就以为我在护短。如果你像诸葛亮气周瑜那样,把鲍起豹气死了,湖南官场,将怎样看待你左季高?我说你两句,也是让鲍起豹顺过气来,避免吐血而亡,这既是对你的爱护,也是补你的短。"

"这样说来,我还得谢谢你。"左宗棠语气不冷不热。

"不,应该我谢谢你才对,因为你帮了我一个大忙,我一介文官,打仗是外行,在湖南又没根基,鲍起豹哪把我看在眼里,你今天揭了他的老底,气得他要死不活,正好弥补了我性格过软的缺陷。"张亮基语重心长地说,"季高啊!你我文武搭配,一软一硬,互相补短,才能稳住湖南局面。"

左宗棠心里舒坦了许多,说:"我并非执意要离去,只是这衙门里,人员太杂,连誊抄奏折的师爷都被武官控制了,我这活还有法干吗?"

"我知道,我知道。"张亮基接过话,"这鲍玉升的确不像话,但现在还不能将他辞掉,下一步收复郴州,还要用鲍起豹打主力。"

左宗棠说:"以前鲍起豹在你面前张牙舞爪、指手画脚,经过今天这事,以后指挥他不就更困难了?"

张亮基胸有成竹地说:"没问题,你左季高今天揍了他一拳,今后他要乖得多。实不相瞒,刚才我找他谈了近两个时辰,最后他表态,今后不再对我当面顶撞,而且愿意带兵收复郴州。具体我对他怎么谈的,就不再细讲了。"

两人聊到这里，左宗棠脸上绷紧的肌肉松弛下来，有了一两分笑意，说："我猜猜，你肯定是先把我左季高骂了一顿，等他气消了一些，然后才断他的后路，说如果打不好仗，湖广的程矞采总督日子也不好过，保不了他，最后才讲出他以前的一些不足，指明了今后立功建业的方向。"

"哈哈！"张亮基大笑，说，"你这个'今亮'，把我猜得很准。不过，季高啊，你要理解我的难处，现在是多事之秋，我既要用你这样的能人，也要用鲍起豹、骆秉章等众人。只有想尽千方百计，把省内外各路英豪团结起来，才能打败长毛，保住三湘。"

> 护才不是护短，
> 而是补短；
> 用人不仅用能人，还要用众人。

鲶鱼的作用

张亮基利用左宗棠，给鲍起豹加了压力，使鲍起豹处于一种紧张状态，迫使他不断提高自己的工作效率，这种方法，现代的领导科学称为鲶鱼效应。

很久以前，挪威渔民开始出海捕捞沙丁鱼。活着的沙丁鱼与死了的沙丁鱼价格上有很大差别，渔民们千方百计想让沙丁鱼活着返港，但就是找不到好方法。

在这批渔民中，有一个人每次都能将活的沙丁鱼带回港。他的鱼卖得最快，价格也最高，收入自然比别的渔民高。大家一直都不知道他用的什么办法。

这个人在临死前，才向渔民们讲了谜底。原来，他捕到沙丁鱼后，在返港之前，每次都在鱼槽里放一条鲶鱼。

为什么要放鲶鱼呢？因为鲶鱼进入鱼槽后，由于处于陌生环境，本能地四处游动，并到处挑起摩擦。这时候，沙丁鱼发现多了一个"异己分子",就会紧张起来,加快游动速度,这样一来,沙丁鱼的潜能就被激活起来,它们就不会死了,一条条活蹦乱跳地返回渔港。

毫无疑问,如果说鲍起豹是沙丁鱼,那左宗棠就是鲶鱼。

张亮基是用才高手,他要用左宗棠这条大鲶鱼,来激活一群沙丁鱼。过几天,为了筹饷,他与左宗棠商量,在巡抚衙门里摆一次鸿门宴,再次运用鲶鱼效应。

商议借钱

长沙虽然保住了,但掩埋尸体、修补城墙、抚恤伤残这些善后工作都要钱。收复郴州,两三万人马,也要饷要粮。前些天守城时,为激励士气,在省库无钱时,向士兵和百姓打了不少白条,现在这些人拿着条子到巡抚衙门要求兑现。有些士兵言辞激烈,说再拿不到钱,如长毛打回来,就不上城墙了。

张亮基两次上奏朝廷,要求增拨军饷,但均被驳回。此时的大清朝,内忧外患,国库空虚,就算有点压库的家底,但从太平军起事后,也开销得差不多了。再说,太平军北上湖北,皇帝的眼光集中在武昌,在这种情况下,谁还管你湖南有无军饷。

面对巨大的经济压力,张亮基一筹莫展,只得找左宗棠商量。

左宗棠沉吟一会儿,说:"这是个大事情,这几天我也在反复考虑。向荣所部的粮饷,也没完全兑现,这老匹夫闹得很凶,如再不接济,说不定他要向皇上奏大人的本。再不去弄点钱,收复郴州,安顿湖南,就会成空话。现在看来,朝廷是指望不上了,我思来想去,只有向长沙几名巨商名绅借钱,以解燃眉之急。"

张亮基说:"我来长沙不久,谁家有钱,能拿出多少,我都不太熟悉。"

左宗棠说:"这好办,我在长沙教学几年,大体情况知道。长沙首富,可能要数普济药店的贺瑗，他是贺长龄的侄儿，贺熙龄的二公子。"

张亮基插话："没想到堂堂的贺家，还开药店。"

"这贺二公子读书不成器，科举这条路走不通，家里怕他学坏，就出钱让他当了一个少老板。其实，贺公子对药店也没投入太多精力，但贺家实力雄厚，官方行方便，商人来巴结，药店也赚了不少钱。就单说贺二公子的财产，可能不会低于六十万。"左宗棠接着说，"长沙城的次富，应该是黄冕，但这黄老先生在长沙保卫战中，不仅出了大力，而且还捐出不少钱，我估计，不下十万元，现在又找他借钱，有点说不出口。"

张亮基感叹："如果长沙城的大小绅士，均像黄老先生这样识大体、顾大局就好了。"

左宗棠接着介绍："长沙城的第三富，是开绸缎铺的老板孙观臣。他哥哥是侍读学士孙鼎臣，他倚仗哥哥势力，袭断了长沙的绸缎生意，一年下来，利润也有四五万。排名第四的，是十里香酱园的老板欧阳兆熊。此人是湘潭人，二十年前到长沙经商，因头脑灵光，挣出今天这份家业。如果这四个人，每人借出五六万，有二十万银两，勉强可维持当前开销。"

张亮基说："商人可是逐利的，我又不可能付他们利息，他们又怕我有借不还。如果他们不借，我总不能以巡抚之名强行摊派吧。"

左宗棠笑吟吟，说："巡抚大人尽管宽心，你明日中午在衙门内安排一桌丰盛酒席，请他们赴宴，并请骆秉章、罗绕典两位大人作陪，其余的事情就由我来处理。"

张亮基知道左宗棠点子多，没问具细，就依计做准备。

当晚，左宗棠拜访了黄冕，两人关起门谈了一个时辰。

鸿门宴

次日,快到中午,左宗棠见宴席准备好了,就在张亮基耳边小声说了一通,张亮基边听边点头。

出席宴会,待作陪人员到齐,酒过三巡,张亮基起身,说:"几位是湖南贤达,商界巨子,亮基理应早日拜访,无奈战事吃紧,今日略有闲暇,备薄酒一杯,结识各位,实乃平生之幸。"

巡抚礼遇如此周到,说话如此低调,几位商人有些感动。

欧阳兆熊起身,说:"张巡抚受命于危难之际,率领全城军民打败长毛,我等敬重佩服,万分感谢!"

"多谢各位厚爱。亮基奉旨巡抚湖南,保一方平安,使百姓少受惊扰,乃分内之事。"这时,张亮基对几个商人抱拳施礼,"前日守城,如没有诸位和全城百姓相助,亮基哪里还能在此喝酒。"

在长沙保卫战中,黄冕出力不少,但其他三个商人,基本上是大门紧闭,埋藏细软,静观战事发展。他们听张亮基如此说,感到不好意思,连忙搜肠刮肚,说些奉承张亮基的话。

张亮基听了几句,突然长叹一声,说:"诸位有所不知,长沙之围虽然暂时解了,但亮基一天也不敢睡安稳觉。一来长毛主力虽然北上,那是因为他们粮草不济,说不定长毛在别的地方抢到粮草,又回来围长沙了。二来在郴州地区,还有部分长毛,需要派兵征剿。三来各地会党,也有蠢蠢欲动之势,如与长毛联手,那就麻烦了。这三件事情,犹如千斤重担,使我吃不好睡不香,今日请来各位,就是讨教共渡危局之良策。"

这几个商人,如说赚钱之道,腹中奇思妙想无数;如说打仗守城,顿时成了哑巴。

见这几人不说话,骆秉章叫众人边喝边想。罗绕典附和,在劝酒后说,几位是长沙名人，一定胸藏奇策、腹有良谋。

这时，左宗棠瞟了黄冕一眼。黄冕会意，说："我等四人，虽不能上马作战，但也愿为保家卫国尽一份力，如巡抚大人有事要我等办理，请尽管吩咐。"

张亮基见时机到了，说出主题："今日有一大事，要请在座诸位帮忙。你们知道的，长毛围城八十一天，为激励士兵和百姓守城，每天开销近万两。为解长沙之围，朝廷从各地抽调一万多人马到长沙，这些军队也要本府供应。省库的银子早用完，前段时间还打了不少白条，现在又要对郴州用兵，没有钱不行啊。亮基无计可施，忧心如焚。诸位是长沙巨富，又心怀忠义，所以将你们请来，暂借几十万两银子救急，等渡过难关，一定连本带息偿还。"

张亮基要借钱！几个商人傻了眼，才明白巡抚大人的酒不好喝，人家一开口，便是几十万两银子。酒席的气氛冷了下来，菜也没人夹了。

骆秉章打圆场，说："各位别担心，借条上有巡抚的印章，是以官府的名义借的，今后一定偿还。"

罗绕典接过话，说："各位想想，如北上的长毛返回来，与郴州长毛一道再次合围长沙，假设城破，你们的财产尽成长毛的战利品，那就不是几十万两了。张巡抚借军费，先收复郴州，再北拒洪贼，力图长沙永固，这也是在保卫各位财产。"

说到钱，便不亲热，众人都不吭声。

左宗棠突然站起来，桌子一拍，说："前段时间守城，普通百姓都上了城墙，你们中，除了黄老先生出钱出力，其余三人不见影子。俗话说'国难当头，匹夫有责'，现在军费吃紧，向你们借点银子，你们却一声不吭，莫非，你们盼望长毛早日进城？"

孙观臣坐不住了，说："几位大人息怒，按理说，借些军饷，我等不能推辞。但，我手头的确紧呀，各位大人想想，兵荒马乱的，大家都为保命，谁还来买绸缎，说不定过不了多久，我的铺子都要关门了。"

贺瑗、欧阳兆熊也接着诉苦。

张亮基见他们不肯借钱，有些着急，瞅了左宗棠一眼，左宗棠一边听他们诉苦，一边喝酒吃菜。

见他们把苦诉得差不多了，左宗棠把筷子重重一放，说："大家都是土生土长的湖南人，谁不知道谁的家底，这几个月受长毛影响，生意萧条些，但瘦死的骆驼比马大，这点银子你们是拿得出的。"左宗棠看着黄冕，"黄老先生，前段时间，您老花了不少银两，今日您表态，如确实拿不出了，我想几位大人不会为难您。"

黄冕喝了一口酒，说："几位大人为保长沙，费尽苦心，令我等感动。我年过花甲，是明白事理之人，有国才有家，如国之不存，我们这份家产也守不住，我虽然家底薄，这几个月又让长毛闹得生意清淡，但我还是愿借出十万两银子，以解张巡抚燃眉之急。"

张亮基大喜，忙说："等平定长毛，亮基一定上书皇上，为黄老先生请封赏。"

黄冕的表态并没引起连锁反应，其余三名富商看着空空的酒杯，既不喝酒，又不说话。

左宗棠看这情形，站了起来，端起酒壶走到黄冕身边，满上一杯酒，动情地说："老先生侠义举动，不愧是官府之良民、商界之楷模，宗棠佩服，敬酒一杯。"

黄冕连忙站起来，端着酒杯说："不敢当，不敢当！"然后两人同饮。

左宗棠走到另三个巨商处，为他们斟满了酒。他们见左宗棠这副模样，知道来者不善。这两个多月来，他们或多或少地听说张巡抚身边的左师爷是一个厉害角色，此时心里有些发怵，只好老老实实坐着。

左宗棠侃侃而谈："左某世代耕读，不过举人一个，如不是张巡抚邀我出山，我可以置身事外，就算湖南全省烂完，我隐居荒山野岭，长毛也不致来犯。

而在座各位，有的是官宦世家，有的是依靠官府发家致富。而现在国家有难，你们却袖手旁观，请问是何居心？黄老先生做出了表率，你们毫无表示，是不是想里应外合，等待长毛破城，在洪秀全那里捞个一官半职？前几日，有暗探报，城内有商人与长毛暗通情报，现在看来你们三人脱不了嫌疑。"

说到这里，左宗棠停下来，看他们的表情。孙观臣额头渗出了汗，拿出手绢来擦。贺瑗是阔少爷，没见过太多世面，怕被扣上通匪的帽子，结结巴巴地说愿意借出银两。欧阳兆熊是有一定阅历的人，知道今日之阵势，不借银两过不了关，于是说："张巡抚借钱，也是为三湘大地安稳，我等于情于理，都应鼎力相助。但我店小财薄，不能与黄老先生相比，我就借六万两吧。"

"对，对，我也借六万。"贺瑗说。

孙观臣又擦了一下汗，说："我借五……"

左宗棠听到"五"，鼻子"嗯"了一下，孙观臣忙改口，"我也借六万。"

张亮基听了表态，连忙抱拳答谢，说："多谢各位解囊相助，我代表朝廷，也代表三湘父老，给各位作揖。"说完，便弯下腰。几个富商见巡抚行了九十度的礼，也急忙站起来回礼。

几个人坐下后，左宗棠说："还有一事请几位帮忙。"

富商们你看看我，我看看你，心里七上八下。

"如今湖南，方方面面都需要钱，向各位借了二十几万两银子，远远不够开销，巡抚大人决定，明日上午召开一个募捐大会，请长沙城各商号老板参加，你们是商界带头人，自然不能缺席。"左宗棠看着几位商人狐疑的眼神，"放心，不是叫你们多出钱，今天说的银子是借的，今后巡抚衙门负责偿还。明日各位按今天的数额，到台上去认捐，走一个假过场，以带动其他商号捐些银两出来。"

黄冕说："好吧，好吧，帮忙帮到底，明日老夫第一个上台认捐。"

其余三个富商表情有些为难，甚至有些痛苦。但他们都是做生意的人，头脑反应快，心想，今天是借，明日是捐，今后巡抚会不会赖账？

张亮基看出了顾虑，说："各位贤达放心，亮基担保，一定偿还。"

骆秉章帮腔，说："担保人加上我一个。"

罗绕典明白张亮基请自己来，就是来砸场子的，于是说："我们三个巡抚，都是朝中的二品大员，难道还赖你们几万两银子？"

左宗棠见他们面带忧愁，知道他们内心斗争激烈，决定再加点力度。他对黄冕说："黄老先生，轿子在门外，您可以回去了。另外三位老板，要委屈一下，在这里想一想，现在长毛要打回来，你们是站在巡抚这边，还是站在长毛那边。"

黄冕走后，左宗棠叫来两个手拿大刀的亲兵，然后把门一关，两个亲兵立于门外。

三位富商面面相觑，一时吓得说不出话。

左宗棠说："今日之事，全是左某一人所为，与三位大人无关。如你们觉得有委屈，今后可以到朝廷告我的状。为了抗击长毛，本应该有钱出钱，有力出力，有智出智，必要时，有命还要出命。而你们呢，是长沙最有钱的人了，巡抚没叫你们出钱，而是向你们借钱，原准备每人借十万，你们只愿借六万，这十多万的差口，就只有组织募捐。我的意思是请你们当托，现场带个头，你们却不愿，我明天当着所有商号和官绅的面，宣告你们的态度，让长沙百姓来评评理。"

"别别别，明天募捐会上，我们一定按左师爷安排的办。"孙观臣知道入了鸿门宴，如不配合，后果严重。

"左师爷别把话说得如此难听，我也是识大体的。以前守长沙我没出钱，是我不知道巡抚差钱。我听说，几位巡抚大人是文官，在守城关键时刻，都拿刀上城墙拼杀，我们做生意的，出点钱算什么。我决定，这六万两银子，明天正式捐出，不要巡抚衙门的借条。"欧阳兆熊毕竟老练，为商的怎么能与官斗，见左宗棠横下一条心筹军饷，就来了一百八十度大转弯。

贺瑗是富二代，钱来得容易，心想，不过几万两银子嘛，何必那么较真，再说，下午三姨太约打牌，不能在这里耽误太多时间，于是学着欧阳兆熊的口吻，高风亮节起来。

孙观臣见两人都表态认捐，心中纵有一千个不愿，口里也只得说："认捐，认捐！"

张亮基补充一句："拜托明日各位把戏演好，你们的钱算借的，今后巡抚衙门有钱，一定偿还。"

认捐大会开得很成功，长沙城的大小官员，包括武将鲍起豹都到场站台，二三百商号、官绅、社会名流参加。先是官员们轮流动员，然后是黄冕等四个富商带头，其他人员纷纷解囊，不到两个时辰，捐款已达到四十三万两。

境界

会后，左宗棠随张亮基来到黄冕家中，一是道谢，二是退回银票八万两，因为按左宗棠与他的约定，鉴于他前段时间出钱太多，此次捐出两万两就行了。没想到这黄冕是仗义忠胆之人，说是这十万两银子勉强还拿得出，捐了就捐了，决不收回。

左宗棠有些不好意思，说："黄老先生的好意，巡抚与宗棠铭记在心。这八万两银子，您还是收回吧，为子孙多积点财。"

黄冕淡淡一笑："季高此话差矣，为子孙积财，不如为子孙积德。再说，我那三个儿子，都师承于你，在你的教导下，他们知书识礼，诚恳本分，我还怕他们饿肚子吗？"

黄冕此番言论，其思想境界，张、左两个读书人都自愧不如。在讲了一大箩筐谢话后，两人走出黄家。

回去路上，张亮基拉着左宗棠的手，说："两天时间，你略施小计就筹集了四十三万，解决了我最棘手的粮饷问题，你真是我的诸葛亮。"

见别人说自己是诸葛亮，左宗棠心里甜滋滋的，说："就算我是诸葛亮，如不是你这个当今的刘玄德，我还不是在白水洞种菜。"

"我才不当刘玄德，我只想把这湖南巡抚当下去，保住湖南，以谢皇恩。"

两人又开了几句玩笑，回到巡抚衙门，又去研究其他事宜了。

几个月后，张亮基奏请朝廷，请皇上写了"功德碑"三字，叫人铸成铜碑，碑背面写上捐款人的姓名，立于闹市区八角亭旁。孙臣观、贺瑗、欧阳兆熊每次经过，都要向路人讲当时如何自觉捐款、保卫长沙云云。

在此事例中，左宗棠是鲶鱼，孙、贺、欧阳都是沙丁鱼。

湖南巡抚张亮基，用好一个"参谋长"，走活满盘棋。同样是太平军大军压境，湖北巡抚常大淳，因不会用人，综合能力不够，其结局大相径庭。

贰 反面教材

从金田起义开始，洪秀全的发展模式与黄巢、李自成差不多，打一枪换一个地方，当流寇。

流动作战的好处，就是灵活性强，不易被围歼；坏处是没有稳固的根据地，粮草供应是大问题。围攻长沙不到三个月，太平军开始缺粮少盐，只得退兵。

下一个目标是哪里？洪秀全最先圈定湖南北部城市常德。但打常德，先要取岳州。

岳州守将是湖北提督双福，此刻的他不是积极备战，而是坐在城里喝闷酒、发牢骚，大骂他的顶头上司，湖北巡抚常大淳。

常大淳是明朝开国名将常遇春之后，但传到他这里，会打仗的基因完全消失，常大淳是纯粹的文人，书法文章双绝，被圈子内称为"衡阳才子"。

前不久曾国藩回家奔丧，路过武昌时，常大淳给他写了副挽联：

星使从柴桑归来，闻兹母一笑登天，想岳轴千寻，魂依苍昊；
皇浩自阙前颁下，忆家门屡蒙异数，怅烟云万里，望断青山。

这副对联用苍劲魏碑体写成，墨色光润，笔力饱满，其意境妥切、大气，有张力，令曾国藩连声说好，自愧不如。

熟悉曾国藩的人都知道，他在京城时，最喜欢帮忙写挽联，以此展露才华。常大淳写的挽联连曾国藩都佩服，说明这位常巡抚确有文才。

可惜，常大淳只有文才，并无乱世为官之才。面对太平军攻势，他一系列应对，可归纳为"四无"。

第一，无预见能力。

凡事预则立，不预则废。作为一个领导者，就是要比别人站得高，看得远。

本书开头写道，当太平军从广西进入湖南，时任云贵总督的张亮基紧密关注时局发展，并召集幕僚开会，研究对策。

而同一时间，湖北巡抚常大淳正热衷于迎来送往，比如给路过的曾国藩接风洗尘、送挽联之类的。一句话，他在思想和行动上均没认真做战争准备。当军机处发来通报战况的公文，他将文件一转，要求各州县加强防范，并没有提出针对性的应对措施。到了咸丰年间，清政府官吏整体腐败无能，当巡抚的不备战，当知府、县令的也就更加敷衍了事。

太平军围攻长沙，朝廷要湖北派兵增援，常大淳随便安排一个总兵，领着一千绿营兵磨磨蹭蹭向南行军。至于是否能赶到战场，战果如何，他常巡抚可不关心。

前面提过，湖广总督与湖南巡抚同驻武昌，而督抚不和，是清朝官场的顽疾。

湖广总督程矞采与湖北巡抚常大淳共事以来，两人扯皮不断，刚开始打肚皮官司，桌上喝酒、桌下踢脚，后来发展到"你支持的，我就反对；你反对的，我就支持"这种地步。

按理说，两人都饱读圣贤书，应懂得"兄弟阋于墙，外御其侮"的道理，在太平军起事、大敌当前的背景下，应当携起手来，共渡难关。也许他们没有预见这场战争的深度、广度和破坏性，也许他们没认识到斗则两败、和则双赢的道理。总之，在战事日益迫近的情况下，他们还在互相攻击。

常大淳上奏皇上，说程矞采作为湖广总督，指挥无力，调度无方，缺乏把控全局能力，对湖南战事要负主要责任。

程矞采也写奏折，说长沙被围期间，常大淳隔岸观火，有幸灾乐祸的心理。当太平军撤离长沙北上时，程矞采又奏了常大淳一本，说他不做御敌准备，而是成天吟诗作乐。

咸丰皇帝看着两人的奏折，不知该相信谁，督抚不和，相互攻击的折子，咸丰皇帝早就见怪不怪了，但太平军都要打到家门口了，两人还在那里吵架，真让人生气！

这时，常大淳的奏折又来了，开篇说自己如何动员，如何练兵，如何确保湖北无忧，接着话锋一转，说自己干这些工作时，被程矞采拖了后腿。

咸丰皇帝明白，这两人不能在同一省城共事了。他召开军机大臣会议，讨论此事。讨论的结果，是将程矞采革职，其职位由两广总督徐广缙接任。

在咸丰皇帝看来，我不看谁的奏折文辞优美，而看结果。太平军横穿湖南全境，你程矞采作为湖广总督，负有不可推卸的责任。而太平军还没有进入湖北，常大淳像一个刚上拳击台还没开始比赛的拳击手，应保留他的参赛资格。

圣旨到总督府，程矞采像霜打的茄子——蔫了。在宣旨官的催促下，很不情愿地摘掉顶戴花翎。

圣旨到巡抚衙门，通报了总督更换之事，并要求常大淳勤于防务，围堵并剿灭太平军。常大淳听后，向北方叩首，大喊谢主隆恩。他高兴啊，终于扳倒了政敌。徐广缙从广州到武昌，至少也是两三个月以后的事，这段时间，湖北大小事都是自己说了算。那时的他，还没预见到，自己的结局，将比程矞采悲惨得多。

第二，无用才能力。

当张亮基得知自己要到战火纷飞的湖南任职，首先想到的，是寻找一个能干的"参谋长"。而常大淳呢，压根没这种想法，在他看来，自己读了这么多书，能统筹全局，也能运筹帷幄，制胜千里。

常大淳没有认真搞调研，也不知道用间谍打听军情，太平军有多少人马，战斗力如何，一概不知。在此情况下，他拍脑门决策，制定了一个"拒敌于境外，围歼于湘北"的作战计划。

该计划的核心是湖北提督双福驻守岳州（今湖南岳阳），同时飞马奏请朝廷，请向云带兵从长沙北上攻击。在常大淳看来，向云久经战阵，与太平军多次交手，是最能打的将军了。

常大淳没想到，他向双福交代任务时，遭到了强烈反对。

"什么？仅叫我带两千人守岳州。"双福有些吃惊，说，"据我所知，岳州城内兵力只有一千多，而且没什么战斗力。前段时间在长沙，有三个巡抚、三个提督，好几万人马，才勉强守住城。三千多人守岳州，根本不可能。"

双福所讲，句句实情，毕竟武将对战场的敏感度比他这个文官要灵敏。可是常大淳听不进去，在他看来，不是自己决策有误，而是双福故意与自己抬扛，因为双福是程矞采提拔起来的。

常大淳冷冷一笑,说:"原准备在你出发之前,给你一个锦囊妙计,见你如此怯战,我现在就告诉你。你到岳州后,紧闭四门,高挂免战牌,不论长毛如何挑逗,都不应战,你要像《三国演义》中的司马懿一样,就算别人送女人衣帽给你,你也要沉得住气。只要坚持一个月左右,向荣率大军到岳州城下,到时,你再视情与向荣配合,全歼长毛。"

"巡抚大人,打仗不是唱戏,不是想象中的那样简单……"

"什么!唱戏?本巡抚下的是军令,不是唱戏。"常大淳打断双福的话,有些怒不可遏,"程矞采与本巡抚作对,已被革职,下一步到了京城,是否交刑部治罪,还很难说。你呀,好自为之!"

双福知道,岳州是非去不可了,他又婉转提出,可否领五千兵马前去。

常大淳说:"武昌、汉口、汉阳三镇兵马,加起来才八九千人,你一下带走一半多,叫我喝西北风呀。"

双福反驳说:"岳州是通往武昌的必经之路,只要岳州不丢,武昌就安全。岳州城墙高厚,我带五千兵马去,也许还能抵挡一阵子。兵力过于分散,让敌逐个攻破,乃用兵之大忌。"

双福讲的本来有几分道理,但常大淳以为双福讽刺自己是文官,不懂得用兵,心里恼火异常,冷冷地说:"本巡抚主意已定,你按计行事,否则,军法论处。"

双福很无奈,施礼后退下。

常大淳拨给他的两千人马,是战斗力最差的绿林兵。

出发前,双福将一家老小安排回老家居住。

当太平军打到岳州时,双福自知此城难守,象征性抵抗两天,便不知去向。

这么轻松便拿下了战略要地岳州,还缴获了几百艘船,洪秀全高兴万分,还以为拜上帝教的天父帮了忙。他哪里知道,其实"天父"便是不会用人的常大淳。

如张亮基请不到左宗棠，他一定会重用鲍起豹。而常大淳压根没想去寻找左宗棠这样的人才，又废了像双福这样的现役军官，哪有不败之理。

第三，无实用能力。

读书有两种结局，一种是将书读活，将书本知识转化为实用能力；另一种是将书读死，不接地气，遇见事情"照葫芦画瓢"，弄得"百无一用是书生"的结局。

谁说书生不会打仗，湘军系列的重要将帅，比如曾国藩、左宗棠、罗泽南、李续宾、王珍等，都是书生，但他们是将书读活的书生；而常大淳则是将书读死的书生，看看他的表现吧。

太平军打下岳州后，得到几百艘船，洪秀全下令设立特种部队——水营，并任命湖南祁阳人唐正财为典水匠（水师将军。）

有了水营作前锋，几万太平军坐着征集到的商船，挺进湖北监利县。此处从水路到省城已无险可守，武昌的战争警报拉响了。

向荣倒还尽职尽责，接到命令后，率部迅速北上。太平军主力已走，向荣所部只杀掉一些掉队的散兵。

沿途的船均被太平军控制，向荣所部无船坐，只得步行沿河岸追击，其结果是与太平军的距离越拉越远。

太平军步步逼近，常大淳有些慌了，他做出的第一个决定——撤军。

蒲圻县原有一千四百名官兵防守，常大淳一纸命令，调回一千一，城内剩下三百官兵，在太平军的冲击下，根本无法抵御。

江夏县城守兵不多，恰好从陕西增援的三千官兵到达这里，如果迅速修建水陆工事，还可抵挡一阵，但常巡抚想到自己身边兵不多，心里虚，一纸调令，便把这三千陕西兵调武昌。这里距武昌只有六十里，只需几个时辰，太平军的船只就会出现在武昌江面上。

武昌位于长江与汉水的交汇处，江对面有汉口、汉阳两镇。从地理上看，武汉三镇本可互为依托。但这时的常大淳做出了一个超乎寻常的决定，将汉口、汉阳的兵撤回武昌。

洪秀全不用吹灰之力便占领两个重镇，心里一阵狂喜，大张旗鼓宣传天父在帮自己打仗，太平军士气高涨。

武昌自古位于交通要道，西濒长江天险，城墙有二十余里长，墙基厚二十米，高十八米，用砖石砌成，较为结实。

城西对面的蛇山，是军事制高点，如在此修筑工事，炮火可以打到城墙边。城东城南，城北外是丘陵，这些不太高的山岭，如利用好了，均可起到防守作用。城外水路，有汉关、金沙、白沙三处关隘，如在关隘架炮，并用铁链锁江，可阻止水师进攻。

从城墙看，武昌比长沙坚固；从地形看，武昌易守难攻。可惜，此时武昌无善守之人。

在常大淳撤军思想指导下，城外的制高点、水路的关隘全部都让给了太平军。武昌成为彻头彻尾的孤城。

撤军后果很快显现出来。

其一，人心乱了。不战而退，影响士气，基层官员和士兵对能否守住武昌不抱信心，纷纷准备便服，以便在破城时装成百姓逃跑。太平军转瞬之间就打到眼前，过惯太平日子的百姓心惊胆战、人心惶惶。

其二，粮路断了。武昌城内食物和日用品全靠汉口店铺及水路供应，现在汉口被占，水路全是太平军水师，就算朝廷从外省运粮，也运不进来。没粮食，武昌能守多久？

其三，时间没了。常大淳认为，长沙的兵力与武昌差不多。长沙在一座孤城的情况下，八十一天没被长毛攻破。武昌城墙比长沙坚固，守三个月不成问题。有三个月的时间,朝廷征剿大军必然到来。看来,常巡抚是机械系毕业的,想死搬硬套长沙守城经验。如果他灵活一点,利用沿途城镇和水陆关隘来阻挡太平军进攻,也许还能获得两三个月时间,但现在,晚了。

看见太平军从水陆两路铺天盖地而来,常大淳做出第二个决定——放火。

汉口繁华,商铺众多,物资丰富,不烧掉就会资敌。太平军还没进城,大火燃起,绵延十里,烧了五天五夜,许多商家几代积累,瞬间化为灰烬。

武昌城外有村舍和民房,如不烧掉,就会成为太平军进攻的隐蔽工事,常大淳决定烧掉。几百名百姓到巡抚衙门求情,说家没搬完,要求宽限三日,常大淳满口答应。但就在当天,太平军从汉阳搭了一座浮桥,通到武昌汉阳门外。常大淳慌了,下令连夜烧房。在百姓看来,这是官府背信弃义,没有财产,如何生活?有的百姓投江而亡;有的为了几个小钱,就给太平军当间谍;有的百姓一无所有,干脆主动加入太平军,混口饭吃。

武昌城内有五六千官兵,加上各地撤到武昌的人马,共有一万多,但武昌城较大,分散到各处,就显得有些稀疏。常大淳再次照搬长沙经验,做出第三个决定,拿出省库银子,明码实价地激励。

"来呀,巡抚大人有令,不论军民,捣毁敌军浮桥一座,赏银两万两;击毁敌船一艘,赏银五千两;杀一长毛,赏银五十两……"

常大淳以为,重赏之下必有勇夫,但,不论军民,应召者极少。也许大家会这样想,如果这钱好挣,你常巡抚自己就去挣了,能想到我们吗?此等时刻,还是保命要紧。

常大淳想不通,我出的价格比张亮基高,为什么长沙军民争先恐后去挣钱,此办法拿到武昌,就无人理睬了?

第四，无决断能力。

太平军开始攻城，炮声隆隆。常大淳一介书生，没见过刀光剑影，他开始失眠。睡不着时，他也许在想，自己逼走程矞采也许是一个错误，丢掉武昌的责任，要自己一个人来扛。多么希望新总督徐广缙快点进城，给自己分担一些压力，但这徐广缙也是老江湖，明知武昌是个火坑，所以在路上走走停停，至今没到岳州。

向荣所部打到武昌附近，击破了太平军一些外围营垒。他发现其他官兵，要么龟缩在武昌城内，要么远远观望，仅凭本部人马，不可能聚歼长毛。

向荣秘密派人进城，约常大淳出兵夹击。常大淳接到信，非常犹豫。如果派兵出去接应，城墙上的士兵就会减少，有没有破城之忧？再说城内人心不稳，派兵出城，会不会被认为是逃跑举动？会不会动摇军心？他思来想去，还是等一等，待向荣攻到城下再说吧。

常大淳给向荣回了封信，请向荣"拉兄弟一把"，带兵进城。

这时，向荣抓住一个太平军下级军官，经审问，得知太平军出动土营，在炮声的掩护下开始挖地道。

不行，必须将此消息告诉常大淳。向荣写了信，介绍了长沙对付地道的经验，并约定自己后日晚上从正西门进攻，叫常大淳做好准备。

常大淳将信看了几遍，决定"听地法"和"切地法"并用，以对付太平军地道。他派人去抓瞎子，可瞎子听说要把自己埋在地下，吓得连连摆手。硬抓去的，也趁官兵不注意时溜之大吉。为了使用切地法，他安排士兵挖壕，可士兵们身揣准备逃跑的便服，对守城没信心，出工不出力，再加上几乎没官员监管巡视，其结果可想而知。

二日后的晚上，寒风凛冽，大雨倾盆，正是偷袭的好时机。向荣带领全部人马，向正西门外的太平军进攻，太平军伤亡惨重，尸横遍野。

距城墙只有三里了，向荣派人向城内喊话，请常大淳派兵出城夹击。

常大淳在仆人搀扶下登上正西门城头，见下面枪声、喊杀声、惨叫声不断，究竟哪方占了上风，看不清晰。

守城门的军官提醒，说向提督已经三次派人喊话了。

仆人看不过去了，焦急地说道："老爷，当断要断呀！如今日不把援军接进城，恐怕今后再没机会。"

"你懂什么！别多嘴。"常大淳吼了仆人，然后自言自语，"再等等吧，等向荣把下面的长毛消灭干净，我再打开城门迎接。"

在常大淳犹豫不决中，太平军林凤祥带三千增援部队赶到，打破了战场的平衡。向荣望着雨幕中的城墙，连连摇头叹息，随后下令撤军。

机不可失，失不再来。正如仆人所说，常大淳再也没有和援军会合的机会，破城就在情理之中了。

这几日大雨不断，雨声为太平军挖地道提供了天然掩护，土营头目报告，地道已挖到文昌门下方，洪秀全下令炸墙攻城。为避免炸药被雨水淋湿，土营将炸药放入三口棺材中，然后抬着这些"棺材炸弹"进入地道。

清晨时分，太平军引爆炸药，轰隆一声巨响，城墙倒塌，守军顿时溃散。武昌城内，没有鲍起豹、邓绍良那样敢于堵缺口的武将，五六千太平军很快从缺口冲进城中。

见太平军进城，各处官兵脱下军装，丢下武器，穿上便服各自逃生去了。太平军几乎没遇到抵抗，便占领武昌全城。

常大淳自知死期来临，逼着十几个家人投井自尽，然后自己上吊自杀。

湖北布政史梁星源、湖北按察使瑞元被太平军抓住，当众斩杀。

湖北学政冯培元，化妆逃跑被认出，在关押期间自杀。

郧阳镇总兵王绵乡骑马逃跑，被太平军击毙。

常大淳虽然以身殉职，却成了无能官员的典型。后来人们谈起武昌战事，常拿他和张亮基相比较，说他如果能用一个像左宗棠那样的人，也许武昌就守住了。

乱世为官，用才为要，此话不假。

叁 马太效应

《圣经》马太福音说：凡是少的，就连他所拥有的，也要夺过来；凡是多的，还要给他，叫他多多益善。

后来人们根据这一段话发明了著名的马太效应。

马太效应运用在人才学领域，就是要支持有才干的小人物成长，早日发现人才，高效率起用人才，帮助其打穿阻碍人才成长的"死墙"。用本书的概念来说，那就是领导要懂得护才。

张亮基护才，有三招。

第一招，建班子。

长沙解围后，安抚民众之类的工作基本理顺，收复郴州的事，由鲍起豹牵头，也在有条不紊地做准备。张亮基有了空闲时间，泡上一杯云南普洱茶，在后花园细品起来。

左宗棠来了，先说了一些工作上的事，然后两人聊起了书法。

左宗棠说："巡抚大人，听说你从昆明出发，就一路上打听三湘才俊，不知你听说过杨昌浚没有？"

"杨昌浚？"张亮基想了想，"这名字有点熟悉，好像有人提起过，但印象不深，季高，这杨昌浚有何能耐，能入你的法眼？"

"杨昌浚是湘乡一名秀才，熟读兵书，擅长书法，写一手清秀小楷，在湖南书法界很有影响。"左宗棠看了一眼张亮基,放慢语速,"如果让杨昌浚当誊写师爷,不知比鲍玉升强多少倍。"

"季高,你绕来绕去,是想把鲍玉升撵走。"张亮基苦笑,"其实我知道,这玉升嘛,屁股坐在鲍起豹那边,不坐在我这个巡抚这边,确实不适合当誊写师爷,但你想过没有,先不提鲍起豹与程矞采的关系,就算收复郴州,也要他这个提督唱主角,此时动了他侄儿的位子,不利于团结共事。俗话说,'小不忍则乱大谋',誊写师爷的事先放一放,今后再说吧。"

张亮基的话有理,左宗棠不好再说什么。两人聊了几句闲话,左宗棠正要告辞,一名差官到来,将一份军机处公文交到张亮基手中。

张亮基看完,脸阴沉下来,说:"长毛进军神速,攻破武昌,巡抚常大淳下落不明,估计凶多吉少。"

"那湖广总督程矞采呢?"左宗棠问。

"在破城之前,朝廷已降旨,革了他总督之职,押送进京交刑部论处。湖广总督一职,由两广总督徐广缙接任。"张亮基又看了看公文,说,"不对呀,如此人事调整的大事,朝廷应当专题通报,而此公文只是顺带提及,从行文来看,好像我们知晓此事。"

左宗棠想了想,说:"从京城到湖南的公文,必经湖北。可能是送公文的差官没料到长毛进军如此之快,仍走老路,不知回避,被长毛抓俘。"

"嗯,可能是这样。"张亮基若有所思,"季高,你想想,长毛打下武昌后,下一步如何行动,会不会调过头来,再来夺我长沙?"

左宗棠分析:"长毛打下武昌后,走到一个十字路口,向东南西北都有可能。向东,可顺江而下,取江南富庶之地;向南,乘攻取武昌之势夺取长沙,将整个湖广抓在手里,建成赋税基地;向西,逆江而上,夺取四川,建天府之国,割据一方;向北,取河南到京都,直接威胁朝廷。总之,往哪个方向都有道理,就看洪秀全的脑袋如何拍了。"

"无论怎么说,我们都要做好再次守长沙的准备。"张亮基问道,"季高,当前局面如何应对?"

左宗棠摸了摸胡须,说:"当前,有四步棋可走。第一,长毛打下武昌后,不论下一步如何打算,都会在城里修整一个月左右,我们利用这段时间,快速收复郴州,扫清身后之敌,避免两线作战。第二,叫各县抓紧办团练,修缮城墙,如长毛果真南下,各县要组织力量就地阻击,为朝廷援军到来争取时间。第三,有粮在手心不慌,湖南经此一闹,有的县田税收不上来,可派人到外省采购。如长毛再围长沙,城内的粮要供官兵半年所用。第四,鲍起豹虽然勇猛,但谋略不足,对付郴州之敌尚可,如与杨秀清、石达开对起阵来,有较大差距。如果巡抚大人上报朝廷,将贵州的胡林翼调来,可确保长沙不失。"

"季高啊,你的前三步棋,我认为走得很好。第四步也是好棋,但很难实现。我在昆明知道调任湖南,想到的第一个人才就是胡林翼,但朝廷不同意放人,胡林翼才推荐你这个'今亮'。"

左宗棠说:"此一时,彼一时,那时长毛刚进湖南,有可能向贵州逃窜,朝廷不同意将胡林翼调离,是有道理的。而如今呢,整个湖广都烂了,长毛占领武昌,下一步不论朝哪方向走,都不可能主动跑到贵州那穷山沟里去。我估计这几天,皇上心急如焚,各军机大臣眉头紧锁,只要在奏折中将利弊分析清楚,说不定上头就准了。"

"有理,比我想得深。如果有你和胡林翼辅佐,不论长毛如何凶悍,我湖南也会安然无恙。"张亮基边说边点头,"季高,调胡林翼的奏折,还是由你来执笔。对了,你顺便给湘乡的杨昌浚写封信,我请他当誊稿师爷。"

"什么?请杨昌浚当誊稿师爷!"左宗棠笑了起来,"巡抚大人,鲍玉升是鲍起豹的侄儿,现在还指望人家出力收复郴州呢。"

张亮基也笑道:"用你的话说,叫此一时、彼一时,鲍起豹这人城府不深,他在本巡抚面前有些放肆,是占着有程矞采这个后台,如今他的后台垮了,必然有所收敛。从你写信开始，到杨昌浚到来，估计要十天半月，这段时间，郴州的战事估计结束了。再说，我对鲍玉升并非简单敷衍了事，而是安排他筹集军粮，用常规的眼光看，那可是个肥差。"

"大人考虑得真周到，不过还有一点没说出来，那就是如调胡林翼成功，鲍起豹可用也可不用。"

"每个人都有其用处，胡林翼可大用，鲍起豹可小用，多一个推着你跑的朋友，总比多一个扯后腿的人要强。"张亮基抿了一口茶，话题一转，"季高，这段时间你挺辛劳，我想请你物色两三个人，协助你做事。"

"是啊！前段时间忙于打仗，好多事情耽误下来，现在要理顺各方面关系，我一个人，的确有些忙不过来。"左宗棠略为思考，"我推荐两个人，一个是黄冕老先生的儿子黄明海，此人是我学生，思路较清晰，有历练的潜力；另一人是欧阳兆熊的儿子欧阳达强，前年考上秀才，能写诗作文。用这两人，既解决了幕僚不足的问题，又不要你发薪水，还争取了长沙富商对巡抚衙门的支持。"

"知我者，季高也！你知道我不贪不占，拿不出多少钱请幕僚。"张亮基笑眯眯地说，"你一个人在长沙，生活无人照顾，晚上回去连一个端洗脚水的人都没有，要不这样，巡抚衙门还有几间房，你回去把小妾接来。"

"谢谢大人关心！现在正逢乱世，事多繁杂，没有家眷在身边，做事还利索些。你巡抚大人的家眷仍然在昆明。你一人能过，我也能过。季高出山，是为了保家卫国，辅助大人战胜长毛，不太讲究个人享受。"左宗棠讲完这通道理后，放慢语速说，"出来这么久，枪林弹雨的，家里人也担心，恰当时也该回去看看。"

"再等等吧，等有些事情理出头绪，我准你半月假。"张亮基估计，有一道关于左宗棠的圣旨可能快来了。此事现在不给左宗棠讲，是想给他一个惊喜。

张亮基是用才高手，不仅要为左宗棠建工作班子，而且还要让他风光回家有面子。

第二招：给位子。

鲍起豹、邓绍良率绿营兵四千五百人，乘夜出发，向郴州行军。

原以为要鲍起豹、向荣、江忠源等合力才能收复郴州，现在为何鲍起豹单支军马独行？原来，郴州城的敌情发生了变化。

太平军郴州守将叫吕万财，衡州（今湖南衡阳）人，是会党一炷香会的首领。当太平军进入湖南境内，他积极响应，被洪秀全封为师帅。洪秀全北上后，想到吕万财熟悉地形，在群众中有一定号召力，就安排他留守郴州。但吕万财手下的三千多人，都是由会党改编过来，战斗力不强。洪秀全安排韦昌辉的族弟韦俊当副将，率两千多老广西协助守郴州。

洪秀全离开后，吕万财与韦俊矛盾不断，难以相处，双方手下甚至发生了小规模火拼。韦俊见郴州不能留，便率本部人马不辞而别，北上找韦昌辉去了。

郴州城内没有"老广西"，战斗力大减，绿营兵完全能应对。

鲍起豹刚走，张亮基叫来鲍玉升，说："收复郴州粮草不够，需派一名得力人员去外省购粮，你当誊写师爷也没什么前途，不如就你去吧，如干出了成绩，我再向皇上保举你。"

鲍玉升挺高兴，他早就腻了每天抄抄写写的生活，去外省办采购，那可是名利双收。

过几天，杨昌浚到长沙，张亮基叫来左宗棠、杨昌浚、王心柏、黄明海、欧阳达强等幕僚，讲了一通话，其核心意思是现在幕僚多了，需一个人统率，这人非左宗棠莫属。

想到王心柏资格老，张亮基专门把他留下，旁敲侧击一番。王心柏是明事理的人，说自己才智与左宗棠相差甚远，今后愿服从左宗棠调遣，并助其树立威信。

"参谋不带长,放屁都不响。"经王心柏在各级官员面前宣传,湖南官场都知道左宗棠不是普通师爷,而是"幕僚长"。

一日,左宗棠从暗探口中得知,太平军一支几百人的军队向郴州押运粮草,于是向张亮基提出劫粮建议。

按左宗棠的计划,是派人通知鲍起豹,令邓绍良带两营兵去劫粮。张亮基否决该计划,他要左宗棠亲自带三营长沙兵去劫粮。

左宗棠说:"从地形看,长沙派兵要多走八十多里,但也无妨劫粮。如巡抚大人安排我去,我带两营即可,无须三营。他邓绍良能完成的,我左季高也能完成。"

"那好吧,这可是与长毛真刀真枪地干,一定要小心。"张亮基千叮万嘱,并亲自为左宗棠挑选两营精兵。

左宗棠率军经过三天三夜的急行军,与太平军的粮草车队相逢于一小山坡。

左宗棠命令士兵占领有利地形,瞬间发动攻击。太平军没有防备,死伤大半,丢下粮车跑了。

这是左宗棠出山以来首次亲自领兵打战,大胜而归。摇鹅毛扇的师爷也能带兵冲锋,长沙军民无不称奇。

左宗棠回城当晚,张亮基连夜上奏朝廷,为此战人员请功,并保举左宗棠。

在等待皇上批复期间,张亮基安排左宗棠去了一趟湘乡,劝说在家丁忧的侍郎曾国藩主持湖南团练。

太平军起事以来,搅得整个南方不安宁,大大动摇了清政府的统治根基。从整体上看,八旗军不复当年之勇,绿营军更是难当重任,朝廷在无可奈何的情况下,只得命令各地办团练,并任命一批团练大臣,曾国藩是其中之一。

曾国藩比左宗棠大一岁,道光年间的进士,官运亨通。左宗棠还没出山,他就官至礼部侍郎，相当于今天教育部的副部长。

当时的官员，父母死了，回家丁忧时间通常为三年。在此期间，朝廷要叫丁忧官员出来做事，称为"夺情"。

如在平时，一纸圣旨，叫你曾国藩上刀山下火海，你不敢不去。但在丁忧时，曾国藩可以选择，如不奉诏，拒绝"夺情"，在以孝治天下的文化背景下，朝廷也不好来硬的。

接到诏书后，曾国藩心想，自己一介文官，从未带兵打过仗，对办团练缺乏信心，就以孝为大，拒不奉诏。

当时的湖南，有罗泽南、王鑫等人在湘乡、湘阳办团练，但张亮基认为，这些团练零散分布，难成气候，需要一个领军人物将各地团练捏成团。罗泽南虽有办团练的经验，但资历不够；左宗棠虽是大才，但自己离不开他。曾国藩是最适合的，但他又不出山。

张亮基将自己的烦恼告诉左宗棠，左宗棠想了想，说自己与曾国藩有些交情，去劝说也许能起到一定效果，但并无把握。如要将此事办成，还需在家丁忧的翰林郭嵩焘相助。张亮基随即向郭嵩焘去信，并委托左宗棠办理。

从湘乡回来，圣旨来了，张亮基所奏，左宗棠防守长沙有功，又率兵劫匪粮草，赏七品知县顶戴，并恩加同知衔。

其实在长沙保卫战结束后，张亮基就密奏皇上，为左宗棠请赏七品官衔，咸丰皇帝认为，幕僚并没上一线杀敌，左宗棠无直接军功，所以没准，这次劫粮，张亮基有意让左宗棠带队，是要在他的功劳簿上增添分量。

左宗棠听完圣旨，向北谢恩后，礼节性地向张亮基表示感谢。

张亮基也没计较，平心而论，左宗棠是靠真才实学挣得的官衔，自己与左宗棠的关系，就像鱼和水，谁也离不开谁。

张亮基心想，左宗棠心气高，但毕竟是凡人，都讲究面子，"取得功名不还乡，如锦衣夜行"，于是说："季高，你出来半年了，全家人都牵挂，我准你半月假，回去看看一家老小。"

当晚，左宗棠换上便装，带着仆人刘德悄悄离开长沙。听说左宗棠回来，夫人周诒端喜出望外，跑出门相迎。小妾张氏嚷着："老爷升了官，要赏钱，要赏钱！"仆人们都乐呵呵，准备酒席去了。

左宗棠说："我这个七品知县，还是候补的，芝麻大个官，算什么呀！等下郭嵩焘要来，我要好好与他喝几杯，顺便商量军国大事。"

郭嵩焘来后，与左宗棠交流了对时局的看法，谈论练兵、制械、外交等事宜。

郭嵩焘在白水洞住了几天，就回曾国藩大营了。顺便讲一下，当时左、郭去劝曾国藩出山主持团练，曾国藩提了一个条件，就是要郭嵩焘主持募饷筹粮，郭嵩焘只得答应。

在张亮基的用才理念中，用人不仅用能人，还要用众人。他在给左宗棠位子的同时，也没忘记给骆秉章要回位子。

经调查，张亮基了解到，骆秉章不是能力不行，而是运气太差。他刚进长沙，拿到巡抚大印，还没来得及调兵遣将，太平军就进入湖南，采取闪电战术攻破道州。咸丰皇帝盛怒，将其革职，由张亮基取代。

张亮基将此经过奏上去，咸丰皇帝读完后，觉得骆秉章是有些冤，于是下旨"赏骆秉章二品顶戴帮办湖南军务"，后来武昌城破，巡抚常大淳自杀，张亮基上奏，说骆秉章有能力挑起湖北重任。咸丰皇帝准了，授骆秉章为湖北巡抚，立即上任。

赠人玫瑰，手留余香。骆秉章要去武昌了，张亮基来送行。骆秉章握着张亮基的手，说："大恩不言谢，尽在不言中！"

张亮基微笑道："世道艰辛，宦海艰难，你我互相提携。"

第三招，搭台子。

军机处转下来一份奏折，张亮基看完，闭目沉思起来。

奏折上说：浏阳东乡人周国虞以抗匪为名，召集乡民，成立征义堂，练习刀矛，制造枪炮，形成自己的势力。太平军刚进湖南，就派人跟周国虞联系，请他在恰当时起兵配合。太平军包围长沙时，曾派密使给周国虞写信，说已到起兵响应的时刻。不知道什么原因，此信落到浏阳县团总王应苹手里，征义堂怕他向官府告发，便将王应苹杀人灭口。朝廷要张亮基调查此事，如周国虞确有不轨之心，便派兵征剿，以绝后患。

湖南刚刚经历战火，处处是伤痕，一桩杀人案在张亮基眼里算不上什么。但这又不是一般的杀人案，如处理不当，逼反了征义堂，那就非同小可。现在征义堂虽然包藏祸心，但毕竟没有公开造反。如此事压着不办，朝廷追问下来，又如何交差？

张亮基给浏阳赵知县去信，询问征义堂情况。他在信中，并没提杀王应苹之案，因为他知道，当地官员与会党头目，也许有说不清楚的关系。赵知县回信说，征义堂是有一些武装，但性质与团练差不多，是保家卫乡，并无异心，不会造反。

赵知县的回信并没打消张亮基的犹豫，作为一位历练丰富的大员，凭感觉，他认为此事应该慎重对待。于是张亮基叫来左宗棠。

"季高，这是军机处的公文，你先看看。"左宗棠看完后，张亮基又递上赵知县的信。

左宗棠看完信，说："浏阳征义堂势力大，历任县令担心闹事，不敢过问，这封信并不能说明问题。"

张亮基点点头，说："叫你过来，就是请你拿个主意。"

左宗棠说："我认为该调查一下，把事情搞清楚，再决定下一步如何行动。"

"这些会党，集中可闹事，举旗可造反。不集中时，就是百姓，如贸然派兵征剿，有可能影子都找不到。如处置不当，还有可能逼几万人造反。后果严重啊。"张亮基用期望的眼神看着左宗棠，"季高，此事我想交给你处理，你派人调查后，提个处置思路。"

左宗棠回去后，决定由杨昌浚、孔昭文、诸殿元三人组成调查组。杨昌浚虽是誊写师爷，但做事稳重，能准确把握上级意图。孔昭文是典狱，有查办案件的经验。诸殿元是武举人，能在关键时刻保证调查组成员的安全。

左宗棠把三人叫来，交代一番，你们去浏阳暗访征义堂，穿百姓服装，不惊动官府，别打草惊蛇。要查清王应苹之死的原因，征义堂是否会造反？他们的根据地在哪里？以及重要头目姓名住址等情况。

十天后，调查组回来，向左宗棠汇报：周国虞手下有两万多会众，时不时干一些黑道的勾当。长毛进入湖南后，与他们有书信来往。估计是周国虞为人谨慎，见太平军没攻下长沙，就没轻举妄动。有一次，周国虞的信使被浏阳团总王应苹的手下捕获，王应苹将此事报告官府。周国虞派手下头目曾世珍、邓万发率三百多人到王应苹家中寻衅闹事，想造成双方有仇、王应苹写信栽诬征义堂的假象。没想到曾、邓二人行事莽撞，没把握好度，把王应苹打死了，还抢了王家财物。王应苹是团总，家中有一定势力，其家人集中各乡团勇向征义堂进攻。征义堂战斗力不强，只得退守穴山坪、宝盖洞等根据地扼险自守。赵知县认为，乡勇不会造反，而征义堂随时都有可能响应长毛，他怕事情闹大，自己官位不保，便对王应苹一案压着不办。王家见知县靠不住，就找关系把此事捅到了朝中。

建班子
给位子
搭台子

第四章 护才

127

左宗棠将调查结果向张亮基报告。

张亮基沉吟半晌，说："一个县会党竟有两万多人，说不定县衙里也有征义堂成员，如发兵攻打，牵涉面广，能否速战速决？现如今郴州战事刚告一段落，长毛在湖北势力很大，我们要防长毛南下，有没有时间和精力去征剿征义堂？"

"大人，调一支一千人的部队与我，我保证半个月解决问题。"

"半个月，一千人？"张亮基半信半疑，在他看来，解决征义堂，起码要四五千精兵压境，武力震慑的同时，再来政策攻心，瓦解外围后再惩首恶，如此这般，没半年时间哪够。

"大人，我敢立军令状。"左宗棠语气坚定，"不过，这一千人的部队，不是鲍起豹的绿营，而是江忠源的楚勇。而且，处置此事的真实意图，只能由你、我和江忠源三人知道。"

"看来你对此事有把握。"张亮基说，"季高，我原准备明天召开文武官员议事，将此事委任于你，现在你却要保密，看来明天的议事得取消。"

"我知道，巡抚大人是想给我搭个舞台，让我展示一下能力。感谢大人栽培！不过呢……"左宗棠摸了摸胡须，突然眉头一皱，计上心来，"大人，我的确需要一个戏台子，还要请您帮着唱这出戏。"左宗棠放低声调，在张亮基耳边说了自己的计谋，张亮基听得直点头。

第二天议事，来了七八十人，长沙城内七品以上文官、千总以上武官均参加。张亮基先安排了几项工作，然后才说征义堂的事情，并把典吏孔昭文叫到会场，要他介绍调查的情况。

孔昭文说："浏阳一带土匪猖獗，东乡人周国虞召集乡民，成立征义堂以抗匪，逐渐有些势力。一山不容二虎，征义堂与团练发生矛盾，在械斗中，团总王应苹被打死。其家人不服，说征义堂勾结长毛，证据被王应苹掌握，才将王应苹杀人灭口。我反复问浏阳赵知县，他说征义堂没有勾结长毛，也不会造反。"

张亮基问，如何处理此事？

张亮基为官，注重发扬民主，喜欢开这种大型"诸葛亮"会。但在封建官场，等级观念重，这种场合级别低的官员通常不敢发言。

级别高的官员各抒己见，有人主张抚，有人主张剿，有人说不用管。

等大家说得差不多了，张亮基说："左师爷，谈谈你的看法。"

左宗棠说："此事应当奏明皇上，这只是一起刑事案件，责令浏阳知县查处就行了，没有必要大动干戈。其理由有五条：第一，长毛在武昌闹得正凶，我省军力有限，不能分兵征剿征义堂；第二，征义堂是否与长毛有联系，不能只听王应苹家人一面之词；第三，长毛过境湖南时，征义堂没造反，这是不能否认的事实；第四，如派兵征剿，逼着征义堂揭竿而起，到时我们就要背上官逼民反的罪名；第五，征义堂会员有两万余人，又分散居住，官兵去了，他们化整为零，不可能在短期内一网打尽。"

左宗棠说得有理有据，其观点得到了大多数参会人员的认可。张亮基拍板："此事就按左师爷的意见办。给军机处回复的公文，也由左师爷撰写。同时巡抚衙门给浏阳赵知县行文，要他妥善调查处理王应苹被杀之事，化解团练与征义堂的纠纷，不得扩大事态。"

长沙有个级别较低的官员，长期收受周国虞的钱财，出了会场后，连忙向周国虞报喜。周国虞出了一口长气，心想这个关口总算过去了。赵知县来调查，哼，走过场而已。

第三天，江忠源率一千楚勇来到浏阳，在县城郊外驻扎下来。他想向当地民众打听一些情况，但当地人人人自危，无人敢提征义堂的事。好不容易碰见一个过路商人，在打消其顾虑后，商人才说在洪秀全攻打长沙期间，征义堂趁乱焚掠淫杀，无恶不作。江忠源心想，左宗棠说得对，如不及时铲除征义堂，真是后患无穷。

赵知县听到消息，连忙去拜见江忠源。他不知道江忠源领兵来此的真实目的，莫非是来镇压征义堂？

赵知县问："江大人，贵军将进军何处？"

江忠源答："奉巡抚大人之命到江西打长毛，等长沙运来粮草军械，部队就开拔。"

赵知县放心了，说了些愿提供方便之类的客气话。

江忠源提出，说想宴请征义堂头领周国虞。

赵知县吃了一惊，刚放下的心又悬了起来。

江忠源解释："我率的军虽然号称楚勇，与长毛打过几战，但依然是团练性质，朝廷支持很有限。如今令我到江西进攻长毛，我现在人少兵弱，心里没底呀，所以我想和征义堂的首领见面，商谈一下联合剿匪之事。"

看见赵知县满脸狐疑，江忠源说："联合剿匪的意思，并不是叫他们出钱出力，而是请他们帮忙购买军火。朝廷拨下来的军火，好的给了八旗、绿营，拨给我团练的，都是三流装备，上了战场不好使。朝廷禁止军火买卖，而征义堂不是官府的人，路子要野一些。我刚来贵地，与周国虞不熟，所以想请你这个父母官牵牵线。"

"哦，原来这样。这是小事一桩，我跟周国虞说说，至于生意成不成，就看你们谈得怎样。"赵知县满口答应，心想，此事成了，自己还能得一笔佣金，何乐而不为。

回到县衙，赵知县立即差人去请周国虞。

就在这几天，王应苹的家人到长沙巡抚衙门喊冤，张亮基不理，并驱散了喊冤者。征义堂在省城的探子看见，立即向周国虞进行汇报。

周国虞以为王应苹之事已过关，于是放松了警惕。当赵知县说江忠源要他走私军火时，他满口答应。

周国虞来到江忠源军营，江忠源带他参观营区。他见楚勇衣冠不整，如同乞丐，大多数骨瘦如柴，像没吃饱的样子。武器装备更是简陋，多数人拿的是大刀长矛，火枪都很少，更别说火炮了。

回到大帐，江忠源说："惭愧呀！我楚勇号称千人，实则不到六百，更要命的是，手里没军火，怎么与长毛打仗？从长沙出发时，巡抚大人给我交了底，省城能接济粮草，军火得自己解决。好在去年我收复道州时，偶得二十根金条，我想请周壮士帮忙采购一批军火。"

江忠源从行军袋中拿出金条，摆在桌子上，说："钱有的是，价格不是问题，但我要求速度要快，最好三天内将军火送到营区。"

"三天内？"赵知县纳闷，走私军火从联系到购买，没十天半月哪成。

"江大人，我有一个朋友，手里有二十门大炮，五十杆洋枪，两千斤火药，如你需要，两天就能送来。"周国虞说话时，眼睛看着桌上的金条。

"这批军火质量怎样？"江忠源问。

"江大人一百个放心，枪炮全是洋货，火药质量上乘。只是价格……"

"周壮士，就你刚才说的这些数目，我估计值十根金条。如果能弄来三十门火炮，七十杆洋枪，二千五百斤火药，这二十根金条全是你的。"

周国虞没表态，眼睛放光，盯着金条。江忠源知道他动心了，于是拿出一根金条摆在他面前，说是定金。

赵知县见交易金额大，自己佣金多，也极力促成此事。

双方约定，三日后将军火送到军营，一手交钱，一手交货。

周国虞回到老剿，将分散在几个根据地的军火集中起来，准备送往楚军营地，有手下劝告，说这是征义堂全部家底，万一有个闪失……

周国虞大大咧咧地说："楚勇的情况我看到了，他们的确差军火；再说，还有赵知县在场作证，不会有诈。"

手下又说："这些军火，十根金条就能买到，为什么人家要出二十根？"

周国虞有些不耐烦,说:"军情紧急嘛,朝廷催他上战场,他们手中没枪炮,拿什么去拼命。"

三天后的清晨,周国虞带了四五十人,推着七八车军火,来到江忠源军营。江忠源验完货后,把周国虞请进大帐,将一个行军袋放在他面前。

周国虞以为里面装的金条,便伸手去拿。但,他拿出的不是黄金,而是一份份公文。

公文上写道,楚勇奉巡抚衙门之命取缔征义堂,只抓几名首恶,其余人员只要不再追随,领取良民证后不予追究。

周国虞知道上当,正要摸枪反抗,旁边几个楚勇一拥而上,将他按倒在地。

周国虞被五花大绑,押出大帐。随同他来的四五十人已被控制,有两人想反抗,当即被砍了头,其余人员跪满一地。

江忠源亲自训话,讲了道理,并每人发一张公文,要他们出去后给征义堂其他成员带话,说明日开始在县衙或楚军驻地发放良民证,愿领取并不参加征义堂活动的一概不追究。这几十人当场表示,愿意当良民,并愿意带话。江忠源将这几十人登记造册,然后释放。

周国虞喊叫道要见赵知县。江忠源说:"好,我带你去见。"

江忠源带着两百楚勇,绑着周国虞来到县衙。赵知县傻眼了,不知唱的哪出戏。

江忠源将县衙所有人员集中起来,拿出公文,宣布巡抚大人命令:征义堂勾结长毛,杀死团总王应苹,赵知县负有不可推卸的责任,从即日起革职,其职责由江忠源代理。

县衙的师爷、衙吏均是见风使舵的角色,当场表示支持巡抚大人的决定,并与赵知县划清界限。

在江忠源的安排下,县城和各乡镇到处贴上巡抚衙门公文。

征义堂的外围成员,见势不对,纷纷躲了起来。有的人受蛊惑较深,想与江忠源对抗,但苦于精良的武器均已送入楚营。

骨干分子邓万发和曾世珍不甘心就此覆灭,说楚勇只有几百人,且长期没吃饱饭,虽有些武器,但战斗力并不强,我们人多势众,可以一举拿下楚营,救出堂主。

经过反复鼓动,有三千多征义堂成员愿意前往。

其实,江忠源带到浏阳的部队是一千精兵,洋枪数量也多。那天请周国虞参观营地,胖的、壮的带着好武器隐藏于山后,周国虞只看见瘦小的几百楚勇。

邓、曾虽然带着几千征义堂成员,但这是一群没经过训练,又没精良武器的乌合之众,而江忠源手下的一千人,是与太平军打过硬仗的。接下来的战斗,胜负已无悬念。

征义堂的部队还没有走到楚勇营地,便遭到埋伏,被斩杀六七百人。其大部分人员或降或散,只有几十名强硬分子,在邓、曾的带领下逃回根据地。

江忠源命副将率三百楚勇乘胜追击,将他们围困于一洞穴之中。经几天围攻,邓万发被击毙,曾世珍负伤潜逃,两天后被抓获斩首。

后来几天,征义堂成员纷纷去领取良民牌,保证洗心革面,不再参加会党。

至此,征义堂被连根拔起,隐患清除。

张亮基请奏,赵知县革职充军,其职务由典吏孔昭文担任。

消息传到长沙,文武官员纷纷到巡抚衙门向张亮基贺喜。张亮基逢人便说,这一切都是左师爷策划和指挥的,我只是配合表演一下而已。

在张亮基眼中,左宗棠既能谋划全局,又能出谋划策,还能亲自带兵打仗,这样的人才是很难遇到的。为了让左宗棠进一步展现才能,张亮基决定搭建更大的舞台，让其组建湖南水师。

左宗棠也乐于当水师统帅，因为鲍起豹收复郴州回来，骄傲得不得了，走起路来昂首挺胸，尾巴都翘到天上去了。如果自己能练就一支水军，并打上几个漂亮仗，也许过不了多久，就能同鲍起豹平起平坐了。左宗棠出山是为了一展平生所学，当幕僚并非他的追求。

但水师还没开始组建，圣旨就来了：徐广缙指挥调度不力，革职，押解到京问罪；湖广总督由张亮基担任，湖南巡抚暂由布政使潘铎代理；准张亮基所奏，胡林翼带兵到湖广，听从调遣；圣旨最后令张亮基会同各文武官员，荡平境内长毛。

洪秀全指挥太平军打入武昌后，没待到一个月，便顺流而下，率军向南京进发。

张亮基带着左宗棠来到武昌。湖北经战争创伤，到处伤痕累累。两人会同早到一步的骆秉章日夜操劳，力争早日恢复秩序，组建水师之事就只得暂时放下了。

湖北的事刚有起色，坏消息传来，南京（当时称江宁）失陷。面对严峻局面，咸丰皇帝作了番人事调整，也许是考虑到潘铎能力不够，叫骆秉章回任湖南巡抚；湖北巡抚由两摊盐运使崇纶担任。

崇纶是满族正白旗人，自认为有些本事，一向瞧不起汉官。很多同僚都让着他，因为他不仅在朝廷有关系，而且与满族带兵大员胜保是儿女亲家。

崇纶到武昌与骆秉章做了交接，便开始大规模提拔、撤换省内官员。

总督与巡抚同城办公，大家都有管理官吏的权力，矛盾在所难免。

刚开始，张亮基以大局为重，处处忍让，但在黄州（今湖北黄冈）知府徐玉丰的问题上，两人矛盾公开化，有水火不容之势。

崇纶来湖北后，徐玉丰没有积极巴结。崇纶又打听到徐玉丰是张亮基的老朋友，于是设计陷害，说徐玉丰阻击长毛出工不出力。

张亮基向皇上奏明实情，说当时徐玉丰手里仅一千人马，要想抵御洪贼数十万大军，无异于痴人说梦。

咸丰皇帝看着两份不同的奏折，当起和事佬，将徐玉丰平职调离湖北。

嵩纶气不过，决心赶走张亮基，于是向亲家胜保求助。

此时太平天国定都天京，派林凤祥、李开芳北伐。胜保是阻击太平军北进的主要将领，他向皇上谏言，山东是北京门户，不可丢失，张亮基有守长沙的经验，可调任山东巡抚。咸丰皇帝政治智慧一般般，见胜保说得有理，就批了"准奏"二字。湖广总督之职，由云贵总督吴文镕接任。

"季高，湖南水师没建成，我本想在武昌给你搭一个更大的台子，让你筹建湖广水师，把长江与湘江都管起来，但，现在也泡汤了。"张亮基将人事调整说了一遍。

湖广局面稍好转，张亮基就被调至山东，这变化太快，左宗棠愣住了。

"季高，随我到山东吧！"

左宗棠叹了一口气，说："山东离家太远，我不可能把全家十几口人全部接去。我再湘阴有十几亩田，养家度日还可以。"

张亮基挽留一阵，见左宗棠态度坚决，也不好再劝。再说山东情况怎样，自己的仕途是否会平坦，自己究竟能给左宗棠多大的舞台，这些都不好说。虽然舍不得左宗棠，但强扭的瓜不会甜，人生有聚就有散，不如摆酒席饯行。

张亮基说："如你愿到吴文镕或骆秉章处当幕僚，我极力推荐；如不愿去，在吴文镕到武昌前你就回乡，我给你饯行。"

左宗棠选择回乡。

张亮基征求其他幕僚的意见，王心柏愿跟随，杨昌浚、黄明海、欧阳达强等湖南籍幕僚均不愿去山东。

饯完行后，左宗棠给曾国藩、郭嵩焘、江忠源写信，通报回乡的情况，然后就悄悄回到湘阴白水洞。虽然回乡务农，但他依然关注时局的发展。

几天后，张亮基与吴文镕交完印，带着王心柏回昆明接家眷，然后去山东赴任。

在船上，张亮基看着渐行渐远、越来越模糊的武昌，想着一年多的经历，心中颇有感慨。自己起用左宗棠，完成皇上赋予的职责，湖广任职总的来说是成功的。但左宗棠、杨昌浚都不愿追随自己，一个没有大批追随者的领导，不会建立不朽功勋，也许自己就是一个官场泥水匠，只适合缝缝补补。

这时的张亮基，只知道左宗棠是人才，应该有所发展，如果他知道日后左宗棠会拜相封侯，会在中国历史上写下浓墨重彩的一笔，他就会为自己感到自豪，因为自己是左宗棠的第一任领导。

像左宗棠这样的人才，不是谁都能驾驭的。假设一下，如果洪秀全成为左宗棠的领导，中国历史也许会改写。可惜，洪秀全没有领导左宗棠的能力，请看下一章"弃才"。

第五章 弃才

壹 道路不同

左宗棠有才华有名声,洪秀全是否想拉他入伙,为自己服务?答案是肯定的。历史上两军交战,特别是争夺天下时,首先要争夺军事和谋略人才,《三国演义》中的例子很多,刘邦、朱元璋也为洪秀全做出了榜样。

某电视剧有这样的情节,左宗棠到石达开军营,以"左季高"之名,为石达开写了"身无半亩,心忧天下;读书万卷,神交古人"这副对联。电视剧播出后,有学者在报纸上发表文章,说左宗棠怀才不遇,郁郁不得志,投奔太平军寻求出路,符合他的心理状态。

其实,对左宗棠稍有了解的人,都能看出电视剧中的戏说成分。"身无半亩"这副对联,是左宗棠二十四岁所写,是挂在家里自勉,并非送给石达开的。

为什么有此戏说?长久以来,民间便流传一种观点,左宗棠曾经面见过洪秀全。有的野史,还将此过程记载得有板有眼。

1853年年底的某一天,石达开正在大营中处理公务,突然间兵卒相告:"禀翼王,辕门外有一人求见。"

"什么人?"

"那人说他叫左宗棠。"

谁能领导 左宗棠

"左宗棠？"石达开不禁一愣，"就是随张亮基镇守长沙的左季高？"

"是的，他说曾经击败过……"

"哈哈，有请，快快有请！"石达开打断士卒的话，连忙出去迎候左宗棠。

左宗棠进到大帐后，与石达开交谈甚欢。石达开说："左先生来此的用意我已经明了，我明日护送先生前往天王处。先生所说真是至理名言，我想天王和东王一定会接受您的意见。清妖荡平之功，必有先生的一份呀！"

"多谢翼王，宗棠还有一语，儒教乃我国立国之根本，万万不可毁弃。若想得天下，必以此为根本。"石达开听闻，面露难色，"先生，时机未到，到天王处切勿提此言。"

左宗棠在石达开军卒护送下，面见天王洪秀全和东王杨秀清。

左宗棠说："天王、东王，现在太平军宜速战，在长江一带恒守，恐怕对时局不利。"

杨秀清说："先生所言极是，我们正在积极准备进攻北京。"

洪秀全说："为了号令天下汉人，在进攻北京之前，我们先占领南京并建都。"

左宗棠听闻，连忙说："天王，南京霸气不足，万不可定都于此。"

洪秀全哈哈大笑，说："我们有天父天兄相助，不论走到哪里，都有霸气。"

左宗棠性子直，忘记了石达开的叮嘱，说："天王，中国人怎么能信外教？请天王改奉儒教。"

"胡说！"天王厉声怒道。

杨秀清一见，笑着解围，说："左先生一路风尘，肯定是累了才说些昏话。来人呀，送左先生去驿馆休息。"

左宗棠一看便知自己无法说服他们，心中颇为懊悔，便悻悻然跟着兵卒前往驿馆休息，就在这时，一名兵卒偷偷来到左宗棠面前。

兵卒说："左先生，也许您不认识我了。可我还记得您。那年大旱，您在柳家庄设粥厂接济灾民，我就是您的粥救活的。后来太平军来了，我便参加了太平军。刚才您走后，我听见帐内有人说，是您帮张亮基镇守长沙，西王才被炸死，有人嚷着说，要天王杀你祭天，为西王报仇。我听到这里，就赶快来报信。先生您快逃吧！"

左宗棠听罢，连夜逃出。

石达开听说左宗棠逃走，大惊失色，然后说："左宗棠是人才，我有心将他收入帐下。如此人不被我所用，就应当杀了。若此人为清廷所用，会成为我太平军一大劲敌。"

其后，石达开亲自部署，三十多名太平军骑兵到左宗棠所居的白水洞搜寻。哪知，左宗棠意识到白水洞不安全，先一步带着家人投奔了湖南巡抚骆秉章。

以上这段故事，先见于野史，后得到一些正史专家认同，但笔者认为，杜撰的成分很大。

左宗棠是否见洪秀全，除当事人外，其他人都说不清楚，但有一点是清楚的，在太平天国的阵营里，没有左宗棠这样能扭转乾坤的超级人才。为什么左宗棠的第一任领导是张亮基，而不是洪秀全，这还要从洪秀全的经历讲起。

小升初

洪秀全是广东花县人，家境一般，父亲节衣缩食，才把他送到村上读私塾。像很多家庭一样，父母希望洪秀全发奋读书，科举扬名，光耀门庭。

据说，洪秀全小时读书认真，悟性也高，十二三岁便熟读"四书五经"。父母见他是只潜力股，农活不让他干，叫他一心一意读书。但，希望越大，失望就越大。

十六岁，洪秀全以童生身份参加院试，落榜。

二十三岁，院试落榜，还是童生。

二十四岁，院试再次落榜。唉！有点气，苦读十几年，连秀才都不是。

三十岁，院试再次落榜，洪秀全拖着孤独的身影，踯躅于广州街头，内心抑郁而惆怅。

中国实行义务制教育以前，广大农村的文化程度普遍较低。20世纪80年代，农村有人考上大学，全村人都敲锣打鼓来祝贺。当时城乡差别巨大，考上大学，跳出农门，在农民眼中是中了状元。

按当时的标准，简单对照一下：

童生——小学生。

秀才——初中生。

举人——高中生。

进士——大学生。

左宗棠是三次"高考"落榜，洪秀全呢，四次卡在"小升初"。

左宗棠"高考"落榜的原因，前面作了分析。洪秀全"小升初"都考不上，只能说明他不是读书的料。

后来，洪秀全在南京称王，占了半壁江山，弄得清廷君臣很郁闷。有大臣说，如当时广东的考官放一马，给他一个秀才，也许他就不造反了。另一大臣附言，对，应该查一下他的考官是谁，是不是洪秀全没行贿，就不让人家通过，咸丰皇帝手一挥，说："你们别乱扯了，洪秀全写的诗我看过，考官没冤枉他。"

洪秀全学历不高，但很喜欢写打油诗，并出版名为《天父集》的诗集。在此，随便摘录两首，共同欣赏。

眼邪变妖眼该挖，不挖妖眼永受罚。

挖去妖眼得升天，上帝怜尔眼无瞎。

只有媳错无爷错，只有婶错无哥错。

只有人错无天错，只有臣错无主错。

你看看，洪秀全的文学水平，与"读书万卷，神交古人"的左宗棠有法比吗？

第四次"小升初"失败后，洪秀全自尊心和自信心受到残酷的打击。他昏倒在秀才榜前，高烧不退，几个参考的同乡把他送回家。

这时的洪秀全，开始思考人生之路，是继续考下去，考到胡子发白仍当老童生，还是就此放弃，另谋出路。

经过思考，洪秀全认为自己不是读书的料，不应该在举场上浪费时间。据说他有一次发牢骚，表示再也不考清朝科举，将来自己开科取士。

也许就在这个时候，洪秀全的思想里就植入了造反的种子。

人生的选择

人可以不当官，但不能不吃饭。洪秀全家底本来就薄，三十岁的人，不读书，再啃老不好意思。洪秀全来到表兄家，想到村上私塾当小学教师。他连秀才身份都没有，当教师不够格。书没教成，表兄留他多住几天。闲来无事，洪秀全顺手拿起一本书翻看。就是这本书，改变了洪秀全的思想、命运，乃至中国的近代史。这本书名叫《劝世良言》。

这本书的作者叫梁发，原信佛教，一个偶然机会接触了英国传教士，接受了基督教思想，并从事了传教工作。他摘录了《圣经新约》和《旧约》中若干章节，并加入了自己的感悟和评论，使这本书成为中国化的基督教教材。

思想的阵地，科举不去占领，其他的东西就会占领。

左宗棠不再参加科举，地理、水利、农业等实用科学占领大脑；洪秀全科举失意，大脑就被基督思想占领了。

左宗棠与洪秀全，在科举失败后，看的书不同，接受的思想不同，他们的道路和人生际遇也就不同了。

交往的人不同。左宗棠与陶澍、林则徐、胡林翼、贺长龄、黄冕等官员和儒生交往的时候，洪秀全正忙着发展下线，他成立了拜上帝教，拉老同学冯云山和族弟洪仁玕入伙。

写的文章不同。前面讲过，鸦片战争时，左宗棠正在写《料敌》等军事论文的时候，洪秀全也在埋头苦干，加班加点，谱写《原道救世歌》《原道醒世训》《原道觉世训》等洪氏教义，这些文章后来成了太平天国最基础、最核心的立国理论。

这些不同，决定了左宗棠与洪秀全思想观念不同。价值观差异，决定了他们很难在一起共事。

太平天国起事的时候，左宗棠没有像江忠源、罗泽南那样办团练，而是躲在山里观望与等待，当他看到洪秀全的所作所为，特别是砸了孔家店，全面推翻传统儒教后，才决定站在清廷一边。清朝皇帝虽是满人，但尊儒教啊！在中国前朝，不尊敬孔子，到头来少有好下场，因为传统文化是不能割弃的。

在湖南，在人生的十字路口，左宗棠与洪秀全如两颗流星，擦肩而过后，朝着不同的方向飞去了。他们是否见面，也显得不再重要，也没必要去考证了。

贰　胸怀不宽

洪秀全没用成左宗棠的原因，可以作多种解读，而另外一个人，知识结构与左宗棠相似，又主动投奔太平军，洪秀全仍不能用，那就是他的过错了。

焦亮，湖南与宁人，生于1823年，比左宗棠小十一岁。

与左宗棠、洪秀全一样，焦亮也是一个科举的失意者。他的科举成绩介于左宗棠、洪秀全之间，寒窗十年，饱读诗书，考上了秀才，却考不上举人。

对于有些人来说，今年考不上，明年可以再考。对于焦亮来说，科举是一锤子买卖，因为家里太穷了，饭都吃不饱，哪有精力去读圣贤书。

焦亮务过农、打过工、做过小生意，混得不怎么样。现实残忍，发牢骚也无用。焦亮心想，自己烂命一条，于是把心一横，加入了名为招山堂的反政府组织。

由于焦亮是秀才，在文盲堆里，可谓鹤立群鸡，没过多久，他成为招山堂军师。

焦亮加入招山堂后，解决了吃饭问题，较安稳的生活，使他有时间重新拿起书本。但他现在看的书不是"四书五经"，而是兵书战策、谋略之道。

腹有诗书气自华。几年下来，焦亮出口成章、指点江山、胸有大志，佩服的只有诸葛亮一人。

太平军在广西起事后。焦亮关注时局发展。当洪秀全永安封王后，他向招山堂首领提出，将人马带到广西，投奔太平军，共同打天下。

招山堂是天地会的分支，成立于康熙年间，政治口号"反清复明"，到了清朝末年，反清的政治信仰逐渐被关公所取代，招山堂蜕变为地方黑社会组织。

招山堂首领胸无大志，满足于小打小闹，游走于官府与民间，弄点钱财，于是拒绝了焦亮的建议。

良禽择木而栖。焦亮离开了招山堂，离开了家乡，他要去广西，去寻找实现自己人生价值的舞台。

建议提反了

永安封王后，"革命"形势一片大好，来投奔的人很多，十多天过去，焦亮仍没得到洪秀全的接见。

有人通知，天王要接见了，焦亮早想好类似于《隆中对》的文章，只等接见时献与天王。可是洪秀全，对来投奔的人，是一批一批地接见。十多个人一起进去，洪秀全说了一些表欢迎之类的话，就宣布解散。

焦亮没当成太平天国的军师，成了一名管理圣库、登记粮草物资的书记官。

这时的焦亮，心态比较好，心想，是块黄金总会闪光的，既然参加了"革命"工作，也不在乎从基层干起。

焦亮给洪秀全上书，提出了练兵、政务、后勤等一系列建议。

这些建议，也许洪秀全看到了，还采纳了一部分。但，焦亮一直没等到洪秀全的单独召见。

可能是洪秀全太忙，白天要处理政务、军务，晚上要摆平新封的王娘，没时间没精力与焦亮谈心。

焦亮分析，可能是自己提的建议分量不够，没有切中要害，不能打动洪秀全。他不气馁，在做好本职工作的同时，对太平天国的方方面面进行了深入细致的调研，力争找到能指引太平天国走向成功的根本大计。

给洪秀全上书，要经过中间环节，也许这些中间人不识才，把好建议漏掉了。这次，焦亮决定采取直接闯入的方式。

有一天下午，洪秀全、杨秀清等人正在议事，焦亮站在门外叫嚷，说有一妙计要献。洪秀全只得叫他进来。

焦亮还没把话说完，洪秀全大喝："一派胡言！"

原来焦亮提出的建议是尊重社会各阶层的信仰自由，尊重孔子，保护儒家经典，用推翻清廷、建立汉人政权来凝聚人心。

焦亮见天王发火，解释道："我并没有反对拜上帝教，只是提出不反孔子，不烧儒家经典。"

洪秀全再次打断焦亮的话，把他大骂一通，并打了二十军棍。

公正地讲，焦亮的建议是条好计，一个政治集团，要想走向兴旺，必须要有统领思想的东西，洪秀全选择了拜上帝教。拜上帝教是舶来品，在中国的根基并不牢固。如果只信奉上帝，而排斥并打压儒教、道教、佛教、关公、妈祖等信仰，不利于建立全国统一战线。特别是打压儒教，会引起读书人的反感，太平天国就会成为没有文化的军队。而焦亮提出以排除清朝、恢复汉人江山作为思想引领，不论你信什么教，凡是对现实不满的，均可以参加。焦亮的政治主张，有点类似于后来孙中山提出的"驱除鞑虏，恢复中华"。

夜深了，焦亮摸着肿痛的屁股，毫无睡意，道不同，不相为谋，既然洪秀全不用我，我还是走吧。

清晨，第一缕阳光射进屋内，焦亮收拾随身物品，一瘸一拐地离开了永安城。

出城后，焦亮向着北方，漫无目的地行走。两天后，走在一个叫龙寮岭的地方，误入了太平军与清廷钦差赛尚阿的战场。他被太平军哨兵抓住，简单审问后，将其软禁，同时飞马报洪秀全。洪秀全听说焦亮不辞而别，大怒，将其定性为清妖间谍，暂时关押，在战事稍缓时押往永安，斩首示众。

一天晚上，赛尚阿派乌兰泰偷袭太平军，焦亮又成了清军俘虏。

幽默是一种境界

焦亮毕竟参加过太平军，现在就是有十张嘴，也解释不清楚。而清军没有优待俘虏的政策，抓住太平军，一般是杀头，既然难逃一死，焦亮想在被杀之前，幽默一把。

焦亮写了一份供书，自称叫洪大全，是天王洪秀全的弟弟，被封为天德王，太平天国将士称他为九千岁。

抓住如此"大鱼"，乌兰泰赶紧将其押往上司赛尚阿处。

洪大全，洪秀全的弟弟，太平天国二号人物，抓了如此贼首，也是大功一件，被战事搞得焦头烂额的赛尚阿一阵惊喜。他派人将洪大全押往北京，向皇帝请赏。

通常情况下，到北京应走陆路。而赛尚阿怕出意外，决定走水路，外松内紧，日夜不停，专船押送。

押送队由一个叫联芳的步兵统领负责，队员都是经过千挑万选。为保险起见，洪大全，也就是焦亮被关在内舱，好酒好菜招待，焦亮说坐船闷，联芳立即找来一部《通鉴纲目》，让其打发时光。

焦亮如果不幽默一把，他永远都到不了富丽堂皇的北京。经刑部审讯几月，最后得出了查无此人的结论。

焦亮被凌迟处死，年仅二十九岁。

焦亮的一生，是一场悲剧，但在这场剧中，我们看到了一个风采卓然的奇男子。他能找出太平天国最大的隐患（打压儒教），可见他有才华；他被俘虏后，没有乞降求生，可见他有气节；在押往北京途中，他一边读书，一边等死，可见他有高雅的情志。

历史，或者说洪秀全，并没有给焦亮施展才干的机会，如果不是幽默一把，自称为洪大全，也许史书不会记载他的只言片语。

洪秀全这人，对待不同理念者，没有宽广的心胸，不懂得"忠言逆耳利于行"的道理，当人才离去时，又没有放才的雅量。

洪秀全错过了左宗棠，又放弃了送上门的焦亮，为自己不善纳才而致失败埋下了伏笔。

叁 能力不足

一流的领导，用老师。通常情况下是老师带着学生打拼，如果学生当了上级，把老师指挥得团团转，这需要高超的领导技巧，刘备用诸葛亮，是用老师的典范。张亮基，以及后来的骆秉章用左宗棠，也基本上是在用老师。

二流的领导，用朋友。朋友之间是平等的，但一旦成为上下级关系，就不平等了。作为上级，如何用好当下级的朋友，是对领导能力的考验。

三流的领导，用下级。上级指挥下级理所当然，如果连下级都用不好，还当什么领导，话说回来，如果只会用下级，一切事情公事公办，这样的领导，也只能算三流。

四流的领导，用奴才。历史上的亡国之君，通常只用奴才。随便举一例，北宋的宋徽帝，用的就是蔡京、高俅、童贯等人。

五流的领导，无人可用。领导当到这份上，光杆司令一个，你这领导也当到头了。如果你是皇帝，众叛亲离时，恐怕你的生命也快结束了。

我们对照下，看看洪秀全用的什么人，想一想他应该是几流领导。

姓名：杨秀清

职务：东王，正军师，中军主将

排位：二把手，九千岁

文化程度：文盲

以前职业：在广西桂平紫荆山烧炭

成长经历：五岁父亲去世，九岁母亲病死，孤苦伶仃，靠伯父拉扯成人。冯云山到紫荆山传播拜上帝教，杨秀清毅然参加，刚开始是普通成员，后来凭着智慧与勇敢，进入了领导层。

与洪秀全的关系：上下级

说明：洪秀全怎么用杨秀清，后面要重点写到。

姓名：萧朝贵

职务：西王，正军师，前军主将

排位：三把手，八千岁

文化程度：无记载

以前职业：同杨秀清一起，在紫荆山烧炭。

成长经历：萧朝贵与杨秀清是铁哥们，两人均成功表演天父、天兄下凡，取得了宗教地位。他本人武艺超群，胆识过人，立有战功，在排位时挤进前三。

与洪秀全的关系：上下级

姓名：冯云山

职务：南王、副军师、后军主将

排位：四把手，七千岁

文化程度：童生（参加秀才考试，多次落榜）

以前职业：长期处于失业状态

成长经历：冯云山是洪秀全成立拜上帝教后发展的第一个下线。他创建了紫荆山根据地，为拜上帝教挖到了第一桶金。他的资历，比杨秀清、萧朝贵老得多。排在第四位，是他顾全大局、高风亮节的表现。可惜，他死得过早，不然太平天国的历史可能会改写。

与洪秀全的关系：同窗，朋友

姓名：韦昌辉

职务：北王，副军师，后军主将

排位：五把手，六千岁

文化程度：童生，和洪秀全一样，考到二十几岁，秀才没考上。

以前职业：地主

成长经历：韦家家财万贯，但有钱无势，常受豪强地主欺压和官府勒索。由于在现实生活中过得不如意，在冯云山的游说下，他献金数万，举家入伙，为金田起义立下了大功。

与洪秀全的关系：上下级

姓名：石达开

职务：翼王，左军主将

排位：六把手，五千岁

文化程度：读过书，未参加科举考试

以前职业：农民

成长经历：石达开为人豪爽仗义，有一定的知名度，洪秀全、冯云山慕名拜访，结为兄弟。他倾尽家产，加入拜上帝教，还在周围发动了四千多人入教。

与洪秀全的关系：上下级

在永安封的五个王，南王战死蓑衣渡，西王殒命长沙城，东王和北王在争权夺利中死于自家兄弟之手，翼王在天京事变后负气出走。高层领导流失殆尽，洪秀全在无人辅政的情况下，提拔了英王陈玉成和忠王李秀成。

陈玉成贫农出身，幼时父母双亡，依靠叔父生活。十四岁时，随叔父参加金田起义。他在童子军中表现出色，苦练一身好枪法，不久便当上了童子军首领。从他的经历看，应该没读过书。

李秀成家里也十分贫寒，父母帮别人垦山种植，寻食度日。李秀成舅父是村上私塾教师，八岁那年，把他带去读了两年书，十岁时，家里生活太苦不能再读下去，李秀成回家务农。后来，李秀成在舅父的帮助下，到私塾帮工。他一边帮工，一边自学，算初通文墨。最后他被清兵活捉，就义前写下了总结太平天国成败教训的文章。

纵观洪秀全用的这些人，除冯云山是朋友外，其余全是部下，像左宗棠这样可作老师的人，他用不上。可见他在用人方面的领导能力，介于二三流之间。

从能力结构上看，洪秀全用的人，不是文盲就是"学渣"，没有一个像样的知识分子，石达开、李秀成勉强能读书写字，就被称为"文武双全"。

要建立政权，特别要巩固政权，需要"士"，也就是知识分子阶层的支持。刘邦身边有张良、陈平、萧和等人。赤贫出身的朱元璋在打江山过程中，也得到了刘伯温、李善长、杨宪等文化人的鼎力相助。

我们假设一下，如果洪秀全能向刘备学习，三顾茅庐请出"今亮"左宗棠，同时听从他的建议，调整一下宗教政策。在左宗棠的谋划和示范下，一批知识分子加入麾下，太平天国人力资源结构趋于优化，历史是否会改写？

可是历史是无情的，它不能假设。洪秀全唯一的、能掏心掏肺沟通的冯云山战死后，太平天国的领导班子便失去了稳定器，洪秀全与杨秀清的关系日渐微妙，最终上演那场血腥的，使太平天国由盛转衰的天京之变。

洪秀全之败，败在用人。他错过了左宗棠这样的，可以作帝师的人才，也没有用好像杨秀清那样的，虽是文盲，但可以攻城略地的人才。

在总结洪秀全用杨秀清有哪些失误之前，先看看杨秀清是在什么情况下，又是用什么方法进入领导班子的。

紫荆山那些事

成立拜上帝教后，洪秀全留在广东老家从事理论建设，冯云山前往广西桂平县的紫荆山发展信徒，从事组织建设。

紫荆山方圆数百里，崇山峻岭交错，与平南、武宣、象州相邻，是个"多不管"地区，清政府统治力量薄弱。

这里山多田少，又是少数民族聚居地区，经济文化不发达，百姓度日艰难。村民们只得靠山吃山，砍柴烧炭，换一点盐巴钱。

鸦片战争后，清政府为了筹集战争赔款，加大了搜刮老百姓的力度，在紫荆山收炭税，本来就穷苦的山民日子更是没法过了。

就在这时候，冯云山来了，他白天办私塾，教小孩识字；到了晚上，则手举火把，走村串户，向山民们诉说现实的黑暗，描绘拜上帝教的美好。

冯云山口才极好，讲道理深入浅出，形象生动。在不到三年的时间内，紫荆山便有数千人入教。这些人中，包括当时烧炭的杨秀清和萧朝贵。

冯云山在紫荆山挣到第一桶金，将此消息告诉了教主洪秀全。洪秀全大喜，匆匆赶来会合。在冯云山的介绍下，教徒们都知道这位远方来的洪教主。洪秀全看着这位既优秀、又忠心的冯云山，很是赞赏，非常高兴。

两人既分工，又合作，加班加点，不分昼夜地忙碌起来。

他们在发展教徒的同时，加强了组织建设，制定了拜上帝教的章程、制度、仪式和纪律，并四处张贴传单，宣传教义。

他们觉得时机成熟了，做了拜上帝教成立以来第一件大事——捣毁甘王庙。

当地传说，甘王是玉皇大帝派到人间的神仙，谁要冒犯，就会家破人亡。

砸了山民们心中的偶像，会不会引起民愤？

两人反复商量，洪秀全拍板——干！一来，如行动成功，甘王被拖下神坛，拜上帝教的信仰便会取而代之。二来，甘王的传说有漏洞，可利用。在民间传说中，甘王除了乐善好施、遥知凶吉、深谙法术外，还有无耻好色、杀死母亲等道德污点。找到了甘王死穴，洪、冯二人到处宣传，说甘王没有人性，丧尽天良，不能为神灵。

经过一段时间思想准备和舆论宣传，洪秀全、冯云山领着紫荆山的教徒，浩浩荡荡地来到位于象州的甘王总庙。砸，砸，砸，砸个稀巴烂。

他们行动成功了，洪秀全声誉大起，教徒数量迅速增加。

洪秀全再接再厉，安排冯云山趁热打铁，将紫荆山附近的各种神坛，通通砸毁。至此，拜上帝教在这一地区一统天下。

拜上帝教迅速传播，引起了当地官府和地主武装的警觉。

第五章 弃才

洪秀全在邻县宣传之时,团练袭击了拜上帝教总部,抓走冯云山并送交官府。

洪秀全闻讯后,匆忙赶回紫荆山,绞尽脑汁后,理出一个救人计划。

他听说两广总督耆英已奏请清王朝,申请批准中国人可以信奉和宣传基督教。他想去广州拿个"公民有宗教信仰自由"的指示,再回来要求当地官府放人。

洪秀全向广州进发,当时交通还不便,一个来回,需两三个月。

洪秀全一走,紫荆山教徒群龙无首,人心涣散。教徒们聚在一起研究对策,商量来商量去,却不得要领。于是有人提出,干脆散伙,别瞎折腾了!

对,散伙,散伙!有人附和。

抓住机会

眼看拜上帝教就要分崩离析了。突然,有一男子倒地,人事不省,口吐白沫。大家以为他得了急病,赶快实施抢救。

就在这时,昏迷中的这个人突然站起来,厉声对大家说:"你们听着,我乃天父也,今日下凡,托杨秀清来传圣旨。"

杨秀清,后来的东王,当时是普通信徒,冯云山被抓的危机,给了他第一次登台亮相的机遇。

杨秀清假借天父,大讲了一通道理,说天父无所不在,无所不能,法力无边,冯云山被抓的事情,之所以拖了这么久,是天父借机考验大家的忠诚。大家要坚定信心,齐心协力,别再说散伙之类的话了。

说完,杨秀清大叫"我回天也",然后扑通倒地,浑身乱抖。

过了一会儿,杨秀清苏醒,傻乎乎地问:"怎么回事?怎么回事?刚才我的灵魂被什么东西带走了。"

杨秀清的表演手法,叫神灵附体,是当地流传已久的封建迷信活动。这一招虽老套，但在这个关键时刻，收到奇效，稳定了人心。

人才，就是善于抓住机会的人。

杨秀清在挽救拜上帝教的同时，也成功推销了自己，使他由一个普通信徒，一跃成为领导人物。

接下来，杨秀清开始发号施令，组织大家营救冯云山。他的方法很简单——行贿，大家赶紧砍柴烧炭，凑份子钱。

清朝末年，官府腐败，当桂平知县拿着白花花的银子时，改口了，说，这冯云山，吃饱了没事干，无事生非，但并没触犯刑律，不必坐牢。

在拜上帝教的宗教理论中，洪秀全是上帝的次子。上帝的大儿子是耶稣。

冯云山从监狱里出来，满眼困惑地看着杨秀清——这家伙成了上帝，岂不成了洪秀全他爸了！

此事非同小可，冯云山不敢随意处理，只得等洪秀全回紫荆山再说。

洪秀全刚回紫荆山，还没见到冯云山，却见到另一件怪事：萧朝贵当洪秀全的面，表演一番天兄下凡。

洪秀全是上帝的次子，天兄就是耶稣。

这萧朝贵真会钻空子，太有才了！他和杨秀清关系不一般，是不是杨秀清为他出的主意？

洪秀全和冯云山，关起门来商量，如何处理如此棘手的事情。

两人认为，现在是拜上帝教发展初期，如不承认杨、萧二人的表演，就是互相拆台、不利于团结。目前最好的方法，承认他俩的表演是真的，但要重新排位。

洪秀全召集大会，宣布重要决定，奉上帝为天父，耶稣为天兄，洪秀全是天父第二子，冯云山是天父的第三子，杨秀清是天父的第四子，韦昌辉为天父第五子，萧朝贵为天父第六子，石达开为天父第七子。

这样排位的好处，你杨秀清虽为天父代言，但你并不是天父，从宗教地位来说，你的排位处于冯云山之后。但这样处理，留下一个遗患，如果杨秀清挟天父令诸子，如何办？

那时还处于革命初期，拜上帝教是否能成功，还是一个未知数。谁也没料到，紫荆山这伙人，几年之后可以定都天京。更没想到，多年以后，还有那场血腥的天京之变。当然，这是后话。

这时的杨秀清，有群众基础，有宗教地位，进入太平天国的行政领导班子，就顺理成章了。

用杨四误

杨秀清虽然能代天父下凡，为拜上帝教立过大功，但他只是一个"二把手"。在古代，宰相是"二把手"，可是皇帝掌握着包括对宰相在内的生杀权力，"一把手"皇帝的权力，要大于"二把手"和若干"把手"的总和。

那时的人，封建意识很浓，在正常情况下，杨秀清没有和洪秀全掰手腕的能力。

随便举个例。没过几年，咸丰皇帝病死在承德避暑山庄，慈禧太后联合恭亲王发动政变，夺取了帝国领导权。慈禧这一方，孤儿寡母，没什么力量，如没有恭亲王相助，政变不功。恭亲王在政变前是铁帽子王，政变后成了议政王。熟悉清末历史的人都知道，恭亲王敢想敢干、能力超群。那时的恭亲王是名副其实的"二把手"，其功劳、地位与才干，和太平天国的杨秀清有几分相似。但他们的上级不同，其结局天远之别。

慈禧太后对恭亲王想用就用，想贬就贬，时而叫他统揽全国政务，时而叫他坐冷板凳。到了后期，恭亲王在慈禧太后那里，连大气都不敢出。

在太平天国建立初期，杨秀清对洪秀全是尊敬的，对他的领导地位，也是充分认可的，即使表演天父下凡的把戏，也是号召教众们要听洪秀全的话。

到了后来，杨秀清觉得洪秀全这个带头大哥，能力不怎么样，就滋长出了野心。

可见，好部下是管出来的，坏部下是惯出来的。作为一个领导者，是否能管好人才，用好人才，不仅关系到一个集团的兴衰，而且还会决定领导者个人的人生际遇，乃至生死。

洪秀全用杨秀清，有四误。

第一误，过度授权。

洪秀全在武宣登基，宣布改朝换代，当起了"天王"。

新国家新气象，当了天王的洪秀全，册封太平天国班子成员和有功将士。封赏诏书中写道，"上帝第四子"、左辅正军师、中军主将杨秀清总摄全国政务，统帅天国全军，负责军事指挥。这样一来，杨秀清地位超过"上帝第三子"的冯云山，初步掌握了太平天国实际权力，位居万人之上，一人之下。尾大不掉的苗头，可以说在太平天国组建初期便出现了。

从金田起义开始，大半年的时间，太平天国将士都是在农村与清军周旋与打杀。打下永安县城后，太平军终于可以歇歇脚，休整一下了。

在永安城，洪秀全兑现承诺，论功行赏，下达了《谕兵将立志顶天真忠报国到底诏》，大规模封王封官。杨秀清被封东王，九千岁。

要说，封王是给班子成员一个说法，调动他们的工作积极性，无可厚非。可是洪秀全诏书写道，东王杨秀清节制西南北翼四王，这是明显授权过度。力学中，三角形、四边形才稳定，领导科学中，要讲权力的平衡与制衡。

第二误，过分依赖。

洪秀全作为一个想干大事的领导者，存在一个巨大的缺点——好色！

也许有人说，正常的男人都好色。说对吧，人从动物进化而来，在具备社会性的同时，也具备动物性；说不对吧，人有思维，心理可改变，生理可控制。

　　胡林翼年轻的时候，有好色嫖妓的恶习，但随着年龄增长，改了许多。

　　有一次，曾国藩参加宴会，见别人的小老婆漂亮，连声说别人艳福不浅，还忍不住上前逗几句。回到家后，曾国藩反省了内心，把自己狠狠骂了一通，从此，再无类似事情。

　　而洪认为，封王封官，让别人高兴的同时，自己则要享福享乐。

　　在"革命"初期，洪在紫荆地区，利用拜上帝教的影响，娶了十四名美貌少女为小妾。金田起义时，他过三十八岁生日，一口气又纳了二十一名新妃。到了永安，他更是变本加厉扩大美女队伍，大小老婆加在一起共有八十八名。

　　人的精力是有限的，在后宫佳丽上消耗太多体力，处理政务就会萎靡不振，力不从心，不得不依赖杨秀清了。

　　还有一种观点，说洪秀全知道自己的能力比不上杨秀清，如不倚重，成不了大业。

　　这种观点有一些道理，但不全面。作为最高领导者，关键是怎么用人，并非带队冲锋或出谋划策。刘备的能力，肯定比不上诸葛亮，但人家就能用好诸葛亮。刘邦自己讲，打仗我不如韩信，计谋我不如张良，后勤我不如萧何，但我能用好这些人。请注意，刘邦对这些人是倚重而非依赖，而洪秀全呢，将及时行乐放在第一位，将国家大事交杨秀清管理，就成依赖了。

　　对于洪秀全而言，过分依赖部下，等于将自己命运交给了别人。

　　失误之三，不能问责。

　　明朝的嘉靖皇帝，几十年不上朝，在后宫炼丹、吃春药，但人家皇权稳固。那些大臣，包括严嵩之类风光一时的大臣，在他面前也像龟孙子一样，害怕如果哪天得罪了嘉靖，轻则丢官，重则被廷杖，当场打死。

　　嘉靖皇帝虽然把国家大事交给大臣管理，但他保留了最后的问责权，即管理所有官员乌纱帽的权力。

洪秀全对杨秀清能问责吗？不能。刚开始，太平天国是独管企业，老板只有洪秀全一人。后来，洪秀全对杨秀清激励过度，太平天国成为洪、杨二人的合伙企业。表面上看，洪秀全是董事长，企业法人。实际上，总经理杨秀清的权力更大，太平天国的各种政令均出自东王府。

这种局面，导致太平天国的将领们有的效忠天王，有的效忠东王。更可怕的是，杨秀清还拥有编制之外的私人军队，比如保卫东王府的三千排刀手，从选人、训练到思想教育，均是杨秀清一手完成。如果杨秀清叫这三千人打到天王府，斩杀洪秀全，一点问题都没有。

到了这个时候，洪秀全对杨秀清，还能做到有效问责吗？

反过来，杨秀清随时可以表演天父下凡的把戏，把洪秀全招来责骂一番。

失误之四，难题未解。

在拜上帝教生死存亡的关键时刻，杨秀清假托天父下凡，凝聚了人心。在当时的情况下，洪秀全承认天父下凡的合法性，是顾全大局的考虑，是完全正确的。

但不知洪秀全想过没有，杨秀清假扮天父时，就可以对自己指手画脚，这犹如在自己的头上戴了一个紧箍咒。

如果洪秀全聪明，就应该在适当的时候，把这个紧箍咒扯来甩了，这既是对自己的保护，也是对人才的关爱。人们常说，上帝要叫谁灭亡，首先让他疯狂。杨秀清拿着天父下凡的紧箍咒，最后疯了，灭亡了。

也许有人会说，洪秀全承认了天父下凡的合法性，不好改口。

对，这是个难题。但洪秀全是太平天国的"一把手"，作为一个领导者，就要干一些非常规的，有难度的，具有挑战性的事情。如果你只会循规蹈矩，按常规思维做事，说明你只是一个管理者，而非领导者。

能完成任务的人,是将才;能整合人力资源,并把人才管住的人,才是帅才。

洪秀全读过二十几年的书,应该看过《水浒传》。

梁山的第二代的泊主晁盖,亲自带兵去攻打曾头市,被师爷史文恭的毒箭射伤,林冲派人将他送回梁山。

晁盖知道自己来日不多,于是立下政治遗嘱:谁亲手活捉史文恭,谁便是梁山之主。

宋江上梁山后,当了"二把手",抢了实权,准备推行一条接受朝政招安的政策。晁盖与宋江生活经历不同,观点差异较大,反对招安的政治路线。所以晁盖在死之前,要留下这条遗嘱,阻止宋江登上泊山之位。史文恭武功高强,宋江是文面小史,不会武功。要叫宋江去亲手活捉史文恭,这种可能几乎为零。

宋江功夫不行,但头脑行,晁盖出的难题,他会做。他先当代理泊主,然后弄来一个没有根基的卢俊义,当卢俊义活捉了史文恭,却不敢坐泊主之位。这时,替补方案出现了,宋江、卢俊义各带兵打一个城,谁先打下来,谁当泊主,最后的结果,明眼人都看得出来,就没必要再讲了。

运作到替补方案这个环节,实际上已经悄然改变了晁盖遗嘱,戴在宋江头上的紧箍咒已经被扯下了。

随便多说几句,宋江这人很复杂,很多人对他印象不好。但有一个不争的事实,梁山一〇八将,个个有性格有脾气,只有宋江才能把他们管得住。

再观洪秀全,一个杨秀清,顺其自然就把他架空了;一个天父下凡的紧箍咒,就弄得他束手无策。这是能力问题。

> 过度授权
> 过分依赖
> 不能问责
> 难题未解

没有金刚钻，别揽瓷器活。管不住人才，就别当"一把手"。

能力不足，后果十分严重，中国有句古话，可以同苦但不可同甘。在"革命"之初，两人互相补场，配合还可以。在定都天京以后，两人矛盾开始显现。

有一次，杨秀清不跟洪秀全商量，就下令杀了一位重要大臣。洪秀全知道后非常生气，对杨秀清说，杀这个级别的大臣，好歹还是和我商量一下。

面对质疑，杨秀清嬉皮笑脸，说："天父看你太累，怕你生病，这些小事情，天父要我来处理，你何必大惊小怪。"

杨秀清的回答，气得洪秀全直瞪眼。

天上不可能产生两个太阳，一个国家不可能有两个君主。洪秀全和杨秀清，注定要一决雌雄。

皇权的诱惑力太大，当矛盾到了不可调和的地步，一场血雨腥风即将到来。

杨秀清先出招，上演了一场天父下凡附体、逼封万岁的戏。

有一天，杨秀清派人来请洪秀全，说天父下凡，要洪秀全到东王府听训示。

有人在洪秀全耳边说道："东王图谋不轨，东王府养有死士，还是不去为妙。"

洪秀全短暂思考，天父下凡是天国头等大事，如自己不去，在宗教层面不好交代，同时和杨秀清就会立马摊牌，自己并无胜算。

为预防万一，洪秀全带了二十个保镖，将最近从西洋购买的短枪藏于袍内。

洪秀全到东王府，见杨秀清满脸严肃地站在大门口，两边除了东王府的人还有一些其他官员。

杨秀清开始全身颤抖，天父下凡了。他朝洪秀全大声吼道："天国打下的江山，谁的功劳最大？"

洪秀全心知肚明，马上跪下说："如没东王，哪有今天。东王功劳最大。"

杨秀清说："既然东王功劳最大，为什么你是万岁，东王是九千岁？"

第五章 弃才

洪秀全心里一愣，但马上反应过来，立即回答："东王也应该是万岁。"

杨秀清大喜，说："东王是万岁，那么东王的世子呢？"

洪秀全答："东王是万岁，东王的子子孙孙都是万岁。"

杨秀清满意了，说："这样最好，天王东王同为万岁，共掌天国，造福万代。"

这个事情后，洪秀全明白，自己和杨秀清之间，已到了"图穷匕见"的地步，你不杀他，他就会杀你。

在杨秀清眼里，洪秀全是汉献帝，自己可以"挟天子以令诸侯"。据暗探报，在逼封万岁后，洪秀全回到他的宫里，继续扎入女人堆寻欢作乐。天国的大事小事，全由杨秀清一人说了算。

天下之大，唯我独尊；东王之势，谁敢争锋。北王韦昌辉，燕王秦日纲，翼王石达开的岳父，均被杨秀清打了屁股。

杨秀清如此飞扬跋扈，激起太平天国官员众怒，他们或明或暗向洪秀全告状，说杨秀清结党营私、排除异己、收受贿赂、图谋不轨。

洪秀全这人，用才能力不够，但善于隐忍。他对大家的告状不理不睬，甚至旁敲侧击地将有人告状之事透露给杨秀清。

我东王也是万岁，居然还有人敢对我不满，告我的状。告状的人是谁，不知道。派人去问洪秀全，洪秀全支支吾吾，不说。

杨秀清根据自己的猜测，抓了一批官员，进行拷打审讯，弄出一批冤假错案。

见杨秀清的对立面越来越多，洪秀全认为时机到了，密令在苏南战场的韦昌辉、在江西战场的石达开、在湖北战场的秦日纲回京，铲除东王杨秀清。

韦昌辉、秦日纲欣然受命，他们早就想报屁股被打之仇了。石达开选择了观望，虽然他对杨秀清有诸多不满，但这样自相残杀，会大大削弱太平天国的实力。再说，他也不想成为洪秀全借刀杀人的刀。

韦昌辉、秦日纲悄悄领精兵入城，杀入东王府，正在睡觉的杨秀清听到喊杀声，正要拿火枪反击，韦昌辉一脚踹开门，进来就是一刀，将杨秀清砍成两半。

韦昌辉怕遭杨秀清部属报复，来个斩草除根，凡是与杨秀清有牵连的，包括东王府的清洁工，统统杀光。

这场屠杀持续一个月，前后杀了四万多人。天京城里的每一条街道，都弥漫着死亡的气息。

石达开回到天京，指责韦昌辉的暴行。韦昌辉杀红了眼，心想，你石达开碍事，我连你一起杀。

石达开不是一般人，他手里有兵。韦昌辉决定晚上动手，搞突袭。

傍晚对分，韦昌辉召集一千人马，并进行了战斗动员。

这一千人中，有个叫梁成的"老广西"，石达开曾救过他的命。梁成假装内急，从厕所里翻窗逃出，跑到翼王府报信。

石达开一听大惊，自己在城里，就一两百卫士，哪抵挡得了一千精兵进攻！石达开赶紧化装，逃离天京。

石达开逃走时没带家属，一来时间不允许；二来想到自己是统兵大员，韦昌辉不敢对自己家人下手。

但石达开错了，韦昌辉见没抓到石达开，气得又拍胸又跺脚，盛怒之下，叫来秦日纲，将石达开全家男女老幼，以及翼王府众仆全部杀尽。

赶走了石达开，整个太平天国没有人敢指责韦昌辉了。

杀人，也会上瘾。韦昌辉杀顺了手，一时停不下来。如不杀人，心里觉得空荡荡的。他骑马来到天王府外，见天王府大门紧闭，心想，那不理朝政，醉生梦死的天王，此刻也许还在酒池肉林中享乐。

凭什么呀？江山是共同打的，凭什么他该当天王！突然间，韦昌辉有了异样的感觉，一种叫欲望的东西冲进头脑，产生了"只有我韦昌辉，才有实力领导这个国家"的想法。

天王府有一千多人的卫队，装备精良。此外，还有三千多宫女，如被武装起来，也可以上战场。再说，天王府院墙较高，上面架有大炮。要一举拿下天王府，得有一些准备才行。

韦昌辉叫来秦日纲，讲了想法。秦日纲表示愿当前锋。两人约定，各出三千兵马，明早动手，速战速胜。

当晚，韦昌辉正在做君临天下的黄粱美梦，突然有人带兵杀进来。这些兵冲进北王府，见人就杀，鸡犬不留。

韦昌辉以为是洪秀全杀来了，向身边人大叫："快去通知燕王来救！"

"不用通知，我来了。"秦日纲出现在韦昌辉面前，用火枪抵着他的头。

韦昌辉正想说什么，秦日纲却扣动了扳机。

天王府里，洪秀全笑了。

韦昌辉做梦也没有想到，洪秀全离间收买了秦日纲。

秦日纲立了大功，他在等待天王的奖赏，洪秀全也大方，说要封他为九千岁。秦日纲大喜。

封九千岁的仪式在天王府举行，秦日纲在去接受封赏的路上，准备好了谢恩台词，到时会说自己绝不学杨秀清，不会"逼封万岁"，请天王一万个放心。

秦日纲走进天王府内院，没见到洪秀全，却被十几个卫士按在地，秦日纲大叫："我要见天王！"

秦日纲还没叫第二声，一把钢刀从背后插进了他的心脏。

杀秦日纲，是洪秀全与石达开做的一笔交易。除掉杨秀清与韦昌辉后，洪秀全想让石达开回朝辅政。石达开说，韦昌辉与秦日纲杀了我全家，不看见他俩人头，一切免谈。

杨秀清、韦昌辉、秦日纲，是太平天国一流的人才，他们几万自相残杀的部属，也是冲锋陷阵的精英。

你看看，洪秀全这人，用才的能力不怎么样，杀才的能力却一流。

天京之变，是太平天国由盛转衰的关键，影响深远。

当时在江西战场，石达开逼得曾国藩写好了遗书，准备学史可法、文天祥了。

如不是石达开为处理天京之变，主动撤军，曾国藩性命难保。如曾国藩一死，湘军树倒猢狲散，谁来保卫清王朝？

如洪秀全能力强一些，善于团结人才，使用人才，清末那段历史，也许就会改写。可惜，历史不允许假设。

杀了东王、北王和燕王，洪秀全放眼一看，天国可倚重的人才，就只有石达开了。他能用好石达开吗？请接着看。

肆　授权不真

石达开回到天京后，洪秀全召集满朝文武，当场宣布："大小诸事当决翼王。"

得到授权后，石达开立马进入工作状态，他首先要面对的，是如何消除天京事变影响，稳定人心。

石达开是个人才，他对杨秀清等三王的追随者不但不追究，反而还重用。举个例子，韦昌辉的弟弟韦俊在湖北带兵，听说韦昌辉被杀后，惶惶不可终日。石达开亲写书信，晓以大义，好言安抚，并继续让他统兵独当一面，终于打消了他的顾虑。

从金田起义开始，石达开就是太平天国优秀的将领，在靖港之战中，逼得曾国藩跳河；在九江之战中，弄得曾国藩写遗书；在打破江南，江北大营之战中大获全胜，逼得清军老将向荣自杀谢罪。

在太平天国，石达开本来就魅力十足，现在又总辅朝政，有了更广阔的舞台大显身手，其人气日渐攀升，连洋人都知道，天国的翼王不简单。

石达开刚回来时，洪秀全见他把朝政打理得井井有条，心里高兴。但到现在，洪秀全坐不住了，在石达开身上，仿佛又看到了杨秀清的影子。

洪秀全的猜疑，并非全无道理。

与杨秀清、萧朝贵这些烧炭人不同，石达开家庭富裕，不参加太平天国，日子也过得下去。他造反的动机，确实有些可疑。

石达开对拜上帝教这套宗教，既不支持，也不反对。洪秀全看得出来，石达开的内心，对自己那套宗教理论不屑一顾，甚至嗤之以鼻。

洪秀全开始痛苦了，他反复思考，石达开跟着自己混，到底图什么？难道，他参加"革命"的目的，仅仅是看不惯腐败不堪的清王朝？会不会有一天，他大权在握后，连自己都看不惯？自己以前对杨秀清授权过度，铸成大错，而今对石达开，是否在重复以前的错误？

不行，我得想办法，控制石达开。洪秀全在心里说。

书房内，石达开正在看地图。他妹妹进来，说："哥，听说天王要封新王了。"

"哦！"石达开答应一句，没有抬头，继续看地图。

"你就不问问封的是谁？"妹妹说道。

石达开的妹妹是女中豪杰，能上阵打仗，一直随石达开在军中。

"让我猜猜。"石达开放下地图，站了起来，"如果是年轻的，应该是陈玉成、李秀成，如果是年老的，应该是罗大纲。"

"猜错了！"

"那还会封谁为王？"石达开问。

"天王要封他那两个哥哥为王。"

石达开一怔，放下地图，走在窗边，看着远方，不再言语了。

妹妹见状，知道他在思考问题，不便再打扰，悄悄离去。

果不其然，几天后，洪秀全封他的长兄洪仁发为安王，次兄洪仁达为福王。

在封王仪式上，洪秀全讲了三层意思。一是石达开一人理政，太累，为了翼王的身体健康，本天王决定加强领导班子建设，特提拔安王与福王，与翼王一起共理朝政。二是石达开是武将，我的两个哥哥是文官，这样文武搭配，有利于优化领导班子结构。三是虽然是三个王共同辅政，但是以石达开为主，我那两个哥哥，只是协助。

不论洪秀全讲多少理由，他的意思，连傻子都能看得出来。

洪秀全的两个哥哥，是太平天国出了名的草包，他们对朝政、对军事一窍不通，却喜欢指手画脚。石达开说左，他们就要说右，以显示自己的存在。

有一次，石达开与他们发生了争执。

安王洪仁发说："我们就是来为天王看住江山的。"

福王洪仁达说得更露骨："天王说过，江山是洪家的，你一个外人，谁知道你长没长反骨。"

石达开一言不发。不争执，不表示他已经屈服，而表示他的心已经冷了。

没过多久，年轻气盛的石达开率十万精兵，离开天京，彻底出走。虽然，他还打着太平天国的旗号，虽然他还自称翼王，但洪秀全已经不能指挥他了。两人从此分道扬镳。

就这样，因洪秀全疑心过重，授权不慎，致使他失去了石达开这个太平天国最优秀的人才。

三流领导，自己打拼。洪秀全无才可用，只得自理朝政。

后来，洪秀全提拔了英王陈玉成和忠王李秀成这两个年轻将领。

既用又疑

洪秀全用才能力，不怎么样，识才能力还是有的。陈玉成和李秀成虽然年轻，但的确能独当一面。

陈玉成、李秀成不负众望，再破江南大营，取得了三河大捷，稳定了战局。

陈玉成在太平天国诸王中评价是最好的，他没有杨秀清的恃势骄横，没有萧朝贵的粗犷少谋，没有韦昌辉的狡诈残忍，也没有石达开的锋芒外露。他受命于危难之际，用自己单纯的内心，极力支撑着天国的大厦。

但生性多疑的洪秀全，并非完全相信陈玉成。1861年，他和李秀成相约在安庆对决曾国藩，李秀成因故没有按期到达，致使安庆失守。洪秀全将责任全部算在陈玉成头上，将其革职。不久，天王又命令他去执行新任务。他二话没说，欣然从命。

到这时，洪秀全昏头了，大规模封王，管理一片混乱。陈玉成的手下被封为王以后，虽然这些王级别比他低，但他指挥不动了。

陈玉成只好带着本部人马，在安徽与清军周旋。在战局不利时，他接受地方团练苗沛霖的邀请，前往寿州（今安徽寿县）。

在那里，陈玉成被诱捕，次月，被清廷凌迟处死。

陈玉成死后，天国之柱只剩下一个李秀成。

李秀成带着一大群洪秀全所封、不大听自己招呼的王，在天京附近打补丁。天国的陨落，为期不远了。

洪秀全后期封的王，你猜有多少？说出来吓你一跳：两千七百个。他为什么要大规模封王？有人说他感到来日不多，想过过皇帝的瘾；有人说他对陈玉成、李秀成不放心，怕他们成为下一个石达开，所以多封一些王，互相牵制。

王封多了，除了造成军事管理上的混乱，还造成了经济上的负担。你想想，每个王均要建王府、纳王妃、讲排场，这都需要钱。

明眼人都看得出，洪秀全的日子不多了。

天京被围，洪秀全下令诸王回援。结果，只有李秀成带回几万人马。新封的两千多个王，大部分逃了、散了、降了，不知去向了。

内忧外患，洪秀全病了。病榻上，洪秀全向李秀成授权，叫他全权负责天京防卫。

俗话说，用人不疑，疑人不用。洪秀全既用李秀成，又怀疑他；既全权叫他负责，又将各城门的钥匙收来，让洪家的人保管。

在湘军还没完全合围时，李秀成向洪秀全提出建议，及时突围，回到广西，以图东山再起。

此建议合情合理，当时的情况，如困守天京，破城只是时间问题。

洪秀全的反应，是半天不说话，然后突然间质问："你李秀成叫我离开天国，有何居心？"

忠心的李秀成，选择了与天京、与天国共存亡。洪秀全死了，他立幼主洪天贵福为帝。

坚守一年多后，天京城破。李秀成为了让幼主逃命，竟将自己的将马换给他骑。李秀成骑普通马，速度不快，被捕了，被杀了。

太平天国失败的原因有许多，但洪秀全不会用人，错过了左宗棠、焦亮，也没用好杨秀清、石达开、李秀成等人才，是失败的原因之一吧。

用才问题，对领导来讲，说到底是能力问题。而心胸宽广、容得下人才，是领导者的核心能力。有一个人的心胸，洪秀全没法比拟，连张亮基都要差一截，这人是谁呢？请看下一章。

第五章 弃才

第六章 容才

壹 容才之傲

前面讲到，湖南巡抚崇纶运用权术挤走了张亮基。在这个有些萧瑟，落叶开始飘零的初秋，张亮基的继任者吴文镕从昆明来武昌，接了湖广总督的大印。

吴文镕是江苏人，进士出身，仕途前期在翰林院工作，给皇帝当秘书，后来取得皇帝信任，当上了福建巡抚。三年后，朝廷组织官员交流，吴文镕到昆明任云贵总督。

吴文镕接到转任湖广总督的圣旨，心里一点都不高兴，云贵虽偏远，但相对平稳，自己作诗填词，乐在其中；湖广虽富庶，但烽火四起，打仗治乱，自己是外行。

皇命难违，吴文镕收拾行李，带上众仆，坐上轿子上路了。一路上，他不是像张亮基那样寻找人才，而是照旧写诗作词。

张亮基本是基层干部，凭政绩得到提升，抓得住问题的关键，知道自己打仗不行，就去寻找一个像左宗棠这样的"参谋长"。

吴文镕是下派干部，一步到位任督抚，没基层工作经验，思考问题不接地气，只是在诗词中偶尔表现对湖广局势的担心，并没有寻才访贤等应对之策。

吴文镕是"秀才"，崇纶是武人，秀才遇到兵，有理说不清，再加上督抚之间固有的体制性矛盾，从吴文镕到武昌那天起，两人就开始扯皮。

崇纶向皇帝上书，说吴文镕贪生怕死，不敢出城作战。

咸丰皇帝严厉批评吴文镕。

吴文镕不但不懂军事，也不懂权术，他想上书反驳，但想到崇纶是满人，朝中又有后台，自己斗不过，只得硬着头皮带兵出城。

太平天国定都天京后，派出西征军向湖北杀来。吴文镕走到黄州，便遇上了太平军先头部队，太平军四处放火，到处摇旗，高声呐喊，吴文镕方寸大乱，不知该如何下达战斗命令，结果兵败如山倒。

出武昌时，吴文镕带着三千人，突围出来，身边连三十个人都没有。吴文镕心想，皇上怪罪下来，撤职充军少不了，如此没尊严地活着，还不如自我了断。路过一个水塘时，他"扑通"跳下去。身边那二十来个残兵败将，也并非他的班底，也没什么交情，所以没一个跳下去救。

顺便说一下，崇纶死守武昌半年，城破，他只身逃往陕西，后被皇上通缉，服毒自杀。

决定请左宗棠

湖南巡抚骆秉章密切关注武昌发生的一切，他分析，吴文镕、常大淳生逢乱世，不会带兵打仗，又不会用人，其结局早注定。而张亮基同样是文官，用了一个左宗棠，情况就不大一样，看来督抚级别的官员，应当将识才、容才和用才放在首位。

骆秉章到处打听，得到左宗棠没有随张亮基去山东，而是回到了湘阳白水洞的消息。

这左宗棠呀，就是傲气，并非不想出来做事，他是在白水洞再次当"诸葛亮"，等吴文镕去"三顾茅庐"。吴文镕是死脑筋，放不下这个面子，但我骆秉章放得下面子。我耻学张亮基做当代的刘备，请他左宗棠出山。

左宗棠给张亮基当了一年幕僚，工作业绩在那里摆着，现在去请他，难度比张亮基更大，得动点脑筋才行。

走程序——礼请

第一次，骆秉章派了一个姓郑的司马带着书信、礼物和钱财来到白水洞，左宗棠收下书信，退回钱财和礼物，并请郑司马转达谢意，请骆巡抚多多包涵。

第二次，骆秉章与布政史联名，派湖南学政带重金去聘请。左宗棠说："在张亮基幕府这一年，已耗尽了我的心血，我决心藏于深山，隐姓埋名，不与世人来往。"

为表明心迹，左宗棠当着学政的面，书写陶渊明的"结庐在人境，而无车马喧，问君何能尔，心远地自偏"，请他带与骆秉章。

骆秉章看着左宗棠的书法作品，笑着说："他左季高隐居白水洞'路狭不容车马到'，我却要'只骑黄犊访烟霞'。"

以左宗棠之狂傲，仅靠礼金肯定请不出，走完这个程序，骆秉章决定亲自出马。

动感情——戏请

一日黄昏，太阳完全落山，天暗了下来。鸟鸣山静的白水洞来了个骑毛驴的老者，这人衣衫陈旧，不修边幅，面容清瘦，背有点驼。

左宗棠的仆人刘德见有人来，上前查看。

老者跳下毛驴，说道："远上寒山石径斜，白云生处有人家。原来这里就是卧龙冈，真是风水宝地呀！"

这人的打扮，既像化缘道士，又像游学先生，奇怪的是跑到深山老林干什么？刘德赶快向左宗棠通报。

左宗棠在后山喂鸡,听说有人化缘,停下手中的活,摸出三五文钱,叫刘德去打发。当听说这老者下了毛驴就背诗,感觉此人有些不同寻常,决定亲自去看看。

走近时,天基本上黑了,看不清老者的面容,但凭感觉,这老者是读书人。于是左宗棠又拿出几文钱,摸着数了数,一共十二文,然后上前说:"一年十二个月,一日十二时辰,凡游士给钱十二。"

游士听后,马上对:"孔子三千弟子,孟子三千门徒,请先生再赏三千。"

行家一开口,便知有没有,左宗棠知道这老者并非等闲之辈。这老者口音有些耳熟,难道我认识他?这位不速之客,并非是来要几个小钱,左宗棠将手中的钱收回,请老者到屋里上坐。

进了客厅,刘德点上灯。老者没有立即坐下,他打量了一下摆设后,便将目光停留在"苟利国家生死以,岂因祸福避趋之"这副对联上。

左宗棠见老者手里还拿着碗,于是轻声说:"老先生进山,还未吃饭吧,我叫下人备点酒菜。"

老者摇摇头,不理会左宗棠,继续看对联,若有所思。

一会儿,老者说:"林则徐看上的人,应该是何等人才?可惜呀!林公,这个人你看错了。"

这个老者是谁,上山干什么?左宗棠心里有数了,笑说:"你说林公看错一人,是谁呀?"

"这人口里说'身无半亩,心忧天下',读了些书,有些本事,被人誉为'今亮',其实,他与真正的诸葛亮差远了。"老者打开话匣子,滔滔不绝地讲起来,"当年刘皇叔三顾茅庐,说先生不出山,天下苍生如何办?诸葛亮深受感动,欣然应命。而这个'今亮'呢,面对长毛作乱、湖湘危急、哀鸿遍野的时局,却稳坐深山，无动于衷，看来他的心忧天下只是嘴里讲讲、手上写写而已。"

老者转过身，看着左宗棠继续说："左先生，我说林公看错了人，并非胡言乱语吧？"

"巡抚大人，别再兜圈子了，你这打扮，就像演戏一样。"左宗棠扭头向刘德说，"快备酒菜，招待巡抚大人光临寒舍。"

两人坐定后，骆秉章说："我化了装，拿着碗，装着要饭的样子。其实这一半是演戏，一半是真的。季高，你该出山，从大说，为了天下苍生，为了林公的嘱托；从中说，为了三湘大地，为了保卫桑梓；从小处说，你就帮帮我吧！我拿着这个碗，是朝廷给我的饭碗，如长毛多占几个湖南州县，我这个饭碗就砸了。"

左宗棠见骆秉章说得诚恳，不好一口回绝，谈了些隐居的客观原因，说自己再考虑考虑。

骆秉章回去半个月了，仍等不到左宗棠的到来。这时，太平军准备攻打湖南北部州县，局势日渐紧张。环顾四周，湖南官员没有一个挑得起大梁，而自己已是年近六十的老人，体力、精力不济，再说，自己的长处是治民治吏，并非治乱治军。骆秉章深深感到，自己必须得到左宗棠的辅佐，但左宗棠傲气十足，自己化装入山去请，其心诚的程度，并不比当年刘备三顾茅庐，在雪中等待两个时辰差多少，想了两天，骆秉章决定来点重口味，既迎合他的傲气，又使他没退路。

出怪招——计请

一日，左宗棠从菜地里劳作回来，刚换了衣服，夫人来说，长沙陶公馆叫人送来一封信。

左宗棠接过信，见信封上写"父母亲大人来启"，右上角还有一个加了圈的"急"字。这是大女儿左孝瑜的笔迹。

女儿在信中写道，兵荒马乱之时，灾祸降临，衙门为了筹饷，搞起了摊派，说陶家是官宦大户，三日内要捐出十万两银子。陶府向来清廉，陶澍虽然官至总督，但留下的遗产并不多。面对如此巨额的摊派，全家一筹莫展。第四日上午，衙门公差来公馆，不分青红皂白，就将陶恍抓走，如今安危不明。女儿心急如焚，以泪洗面，想来想去，只有恳请父亲大人想法营救。

"啪！"左宗棠信还没读完，桌子一拍，怒吼道："混账透顶，欺人太甚！"

夫人身体一向不好，见左宗棠冒这样的怒火，吓得脸色惨白，小声问："季高，出了什么事？"

"这巡抚骆秉章真是昏头了！"左宗棠将信拿在手中边抖动边说，"长毛压境，兵饷匮乏，骆秉章居然摊派敲诈，陶家拿不出钱，就将陶恍绑架走了。"

夫人也着急了，气喘吁吁地说："这如何是好，如何是好？"

"有理走遍天下，无礼寸步难行。朝野上下谁不知晓，陶澍为官清廉，哪里拿得出十万两银子，这分明就是敲竹杠！"左宗棠越说越气，叫一声，"备马，我要到长沙找骆秉章论理！陶澍不在了，陶恍还小，但有我左宗棠，天还塌不下来。"

一路上，左宗棠心想，我去年帮张亮基筹饷，虽耍了些手段，但找那几个人，都是知根知底的大商号，这骆秉章真糊涂，如此低劣地勒索，最终会把百姓推到长毛那边。再说，不看僧面看佛面，就算不看我的面子，总该看看已故的陶澍的面子。

左宗棠越想越气，扬鞭疾走，入长沙城后，就直奔陶公馆。

女儿左孝瑜抱着外孙，坐在门口嘤嘤哭泣，左宗棠有些心酸，

礼请
计请
戏请

说,"女儿别急,我马上去巡抚衙门。"

左宗棠来到巡抚衙门,没经通报,就怒气冲冲往里闯,可能是看门的人认识他,也有可能是有人打过招呼,守门人没阻拦左宗棠。

左宗棠来到大厅,正寻思骆秉章在哪里,这时签押房内走出个背脊略驼的老者,边走边拱手说:"季高先生终于光临,骆秉章在此恭候多时了。"

"那时在山上,我给十二文钱你不要,现在竟绑架我女婿,勒索十万两银子,我大清朝还有没有王法?"左宗棠发怒时声音洪亮,说话像放连珠炮,"请巡抚大人立即释放陶恍,有什么事情,冲着我左宗棠来,不要为难他。"

"哈哈哈!"骆秉章大笑后,说:"季高先生莫怒。当今我朝,谁有熊心豹子胆,敢动陶澍之子、你左季高之婿一根毫毛,释放之说,何从谈起?我请陶公子到府上住了一晚,是要与他研讨诗文,谈天说地。昨夜,我听陶公子讲了陶澍大人和季高先生的一些往事,更是钦佩。我见陶公子豪放倜傥,是可塑之才,于是将祖传的《华南经》拿给他阅读,其中有几句难解经文,还想与公子探讨。此刻公子正在书房读书。"

左宗棠听说并非敲诈勒索,气消了一大半。

骆秉章说:"我们先到签押房喝茶,等会儿我叫人去请陶公子出来见面。"

坐下后,左宗棠生了一天的气,又说了一大通话,此时口干舌燥,端起茶就喝。

骆秉章赔着笑脸,说:"季高,我知道陶澍为官清廉,陶府并没有多少家财,今日之事……"

说到这里,签押房进来两个人,左宗棠一看,前面一个是曾国藩,后面一个是江忠源。

"你们二位怎么在这里?"左宗棠感到诧异,站了起来。

"我听巡抚说你左季高要来,特地过来相见。"曾国藩用爽朗的语气说,

"也不知今天吹的什么风,把你从白水洞吹进了巡抚衙门。"

左宗棠板着脸说:"我是为陶恍的事而来。陶家虽然名声在外,实际家境清贫,骆大人索要十万两银子充军饷,陶家倾家荡产也拿不出。"

江忠源笑了起来,说:"季高,你错怪骆大人了,他多次礼请你出山,还亲顾了茅庐,但就请不出你这个'今亮'。骆大人找到我和涤生(曾国藩号涤生),我俩一合计,定下此计谋,骆大人欣然采用,看来还比较灵验。"

曾国藩也笑着说:"这一计叫'引凤归巢',《三十六计》中没有,算是三十七计。"

"原来是你们两个一肚子坏水,出的馊主意。"左宗棠这时气消得差不多了,"你们呀,不该搞这种恶作剧,我骑马而来,奔波劳累不说,惹得我夫人、女儿担惊受怕,此刻还在家里哭。"

曾国藩说:"季高,你家人受了些惊吓,是我等过错,改日我到府上赔罪请安。至于你嘛,不该久居深山。倒是骑马疆场,一展风流,才显男儿本色。"

江忠源接过话:"你怎么怪我们都行,但不用此计,怎么能把你这个'今亮'请到长沙,共商大计。"

这时陶恍出来,向各位一一施礼,然后在下首位坐下。

骆秉章见左宗棠心情完全平静,说:"我是大旱盼甘霖,希望季高先生早日出山,助我保卫三湘,造福万民。"

这些话,左宗棠听了心里很舒服,但嘴上说:"长沙城内,谋士如雨,战将如云,哪容得上我插手。"

"左先生乃旷世逸才,曾得到陶澍、林则徐两位大人的高度认可,后来又得到胡林翼鼎力推荐,加上前一段时间,我与先生短暂共事,对先生的智慧与谋略十分钦佩。"骆秉章继续戴高帽,说:"湖南巡抚衙门幕僚不少,但没有一人能与先生相提并论。"

骆秉章话刚落,曾国藩接口说:"你左季高的名气不仅威震湖广,连京城的皇上都有所耳闻。据朝中的朋友讲,说有一次皇上提起你,问不出来做事,是何居心?好在几位湖南籍的要员为你说话,皇帝才没有起疑心。"

"什么?皇上提起我,不可能吧。"

"有什么不可能,以前张亮基上奏,说你左季高是绝世人才,后来武昌城破,吴文镕自杀,皇帝就问,左宗棠不是当今诸葛亮吗,他干什么去了?国难思良将,当今是用人之际,你却回山归隐,皇上当然要怀疑你如何站队。"曾国藩说,"季高,别再犹豫了,不论为朝廷,为家乡,还是为自己,你都该出山了。"

"咱们都是读书人。因时势所迫,我们几个都开始领兵作战。你季高老兄可不能在山里享清闲。"江忠源敲起了边鼓。

骆秉章的高帽迎合了左宗棠的傲气。曾国藩的话又断了他的后路,再加上江忠源的撺掇,左宗棠不好再推辞,只得同意出山入幕。

同上次入张亮基幕府一样,左宗棠首先要解决的,是授权问题。他对骆秉章说:"我这人呀,脾气不好,遇事爱专断,不喜欢受人肘掣,恐怕日后与其他人相处不愉快。"

"左先生请一百个放心,巡抚衙门虽有一群幕僚,但以你为首。我将大小事均交你处理,决不干扰你的决心。"

"这样最好,我既然出来做事,就想甩开膀子,干出点名堂。"左宗棠话锋一转,说,"有一点我要事先说清楚,我是湘阳一农人,有可能不习惯官场生活,此遭虽入幕,但我不拿任何薪水,如与大人或其他同僚相处不好,随时可以挂印而去。"

给你打工,却不要工钱,还表态要干出一番成就,这就是性格孤傲的左宗棠。

骆秉章哈哈大笑,满口答应,然后立即吩咐摆酒席,为左宗棠接风。

当时的左宗棠心想,这只是临时打工,如不顺利,随时拍屁股走人。他没想到这一干就是六年多,而且成就不凡。

骆秉章有何妙招,能领导左宗棠六年多?

贰　容才之法

领导非常之才,要有非常之法,一般的人,不能领导左宗棠,连林则徐、洪秀全这样历史上响当当的人物,也没有成为左宗棠的上级。张亮基以领导艺术见长,左宗棠也只为他打了一年的工,在骆秉章这里打工,刚开始是"不得已",凑合应对,但后来干了六年多,而且相处愉快,两人分开后,左宗棠常感慨,骆秉章是个好老板。

骆秉章的方法,归纳起来有三点。

其一,眼睛要"瞎"

左宗棠虽然进了骆秉章幕府,但"一颗红心,两手准备",随时都有可能萌生去意,骆秉章要做的,就是留住左宗棠的心。

刚开始,骆秉章像张亮基那样,对左宗棠言听计从,对其军事策划一概赞同,对其拟稿的文书,只是匆匆浏览后马上盖印。在骆秉章看来,该托付的托付了,该信任的地方都信任了,该做到的地方全做到了。

但左宗棠并不这样看。

有一次,左宗棠拿文书来盖章。骆秉章在浏览的同时,用余光看了一眼左宗棠,见他脸色有些低沉,心里不太愉快,和以前一样,骆秉章什么都没说,浏览完后马上盖印。

送走了左宗棠,骆秉章关起门独自思考,如果按现在的模式走下去,左宗棠说不定哪一天就封金挂印,拜拜而去,如果自己把眼睛闭起,对他做的任何事情，包括对朝廷的行文都不再把关，这能换来左宗棠的全心全意，但这样做也有风险，万一出了什么纰漏，皇上的板子首先打在我这个巡抚身上。

领导工作的核心是决策，而决策往往是两难。一名优秀的领导者，就是要用自己的知识与智慧，在两难中做出正确的选择。

用人不疑，疑人不用，既然我用你就完全相信你，千方百计容纳你，你左宗棠才高八斗，傲气十足，想叫我当"瞎子"，我就当吧。

两人心知肚明，相互磨合，逐步默契起来。一年后，骆秉章眼睛完全"瞎了"，全省的事情让左宗棠去安排，自己不看不问。

多本书上记载着这么一个故事：有一日，骆秉章听见辕门外放炮，问手下人是何事？手下人答，是左师爷报奏折。清朝有规定，凡是向朝廷报折子，都要放炮。手下说，我去将折子拿过来，由大人检校。骆秉章摆摆手，说不必了，手下有些不甘心，说这左师爷连起码的规矩都不懂。骆秉章脸一沉，说："我眼不瞎，看得清楚。"说完，就气冲冲地走了。望着骆秉章的背影，手下人说："你骆大人不仅眼瞎了，连耳朵也聋了，你知不知道，别人暗地里给左宗棠取了个绰号——左都御史。"

按清朝官制，巡抚兼着右都御史，中国人思维习惯中，左比右大，恰好左宗棠姓左，别人暗地称他为左都御史，说明他的实际权力比骆秉章大，可见他专权之深。

手下人没说错，骆秉章耳朵也"聋"了，但他是故意"聋"的。

其二，耳朵要"聋"

湖南官场的一些官员，对左宗棠大权独断的现象十分不满，议论纷纷。

左宗棠认为"不受天磨非好汉，不遭人妒是庸才"，别人怎样嫉妒我、谈论我，我都假装不知道，我觉得该怎么做，还怎么做。

压力最大的是骆秉章，很多人背后说他庸碌无能，又贪恋权力，当个傀儡巡抚。有个跟了他几十年的仆人看不过去了，对他说："大人，现在好多人对左师爷有意见，说什么'幕友当权，捐班用命'，我听见了心里怪不好受。"

这哪里是对左宗棠有意见，明明是对我骆秉章有意见，说我这个巡抚当得窝囊，以往别人是背后说，骆秉章装聋作哑，假装没听见，这次仆人把话说明了，骆秉章多少有些尴尬。

骆秉章没有生气，没有反驳，也没给仆人讲道理，只是哈哈一笑，说："今后呀，这样的话要少听，跟着我，要学会当聋子。有些人心怀不满，又不敢在我面前说，讲给你听，是让你给我带话，千万不能上当。"

骆秉章"耳聋"，不仅是听闲言碎语，还体现在协调左宗棠与其他官员的关系上。

藩台徐有壬主管全省财政，是朝廷任命的正三品官员，从左宗棠入幕那天起，因拨款等事宜，两人矛盾不断。

骆秉章虽偏向左宗棠，但又不好明讲，因为官当到藩台这个级别，不是一个巡抚说撤就能撤的，再说，现在正逢乱世，他接受张亮基"既要用能人，也要用众人"的观念，所以只能在两人之间和稀泥、打太极。

有一次，骆秉章刚走到议事厅大门，就听见左、徐两人高声争执，他站在门后，听出了事情原委。

张亮基任湖广总督时，听从左宗棠建议，奏请胡林翼到湖北助战，皇帝同意了。没想到胡林翼还没到，张亮基就调任山东巡抚。走前，张亮基将胡林翼之事向继任总督吴文镕作了交代。前面讲到，吴文镕非常无能，很快便丢了武昌，投水自杀。胡林翼带着六百贵州兵赶往武昌，在途中与太平军相遇，打了一仗，人员损失倒不大，但粮草丢了。从俘虏口中，他得知武昌已失，自己手下兵不多，不能与太平军硬碰硬。胡林翼昼伏夜行，将人马带到湖南。

当联系到左宗棠时，胡林翼已经饿了一整天。左宗棠马上赶往曾国藩团练总部，要了十石米和四捆菜，亲自送到胡林翼军营。

临时问题解决了，但对于这六百多人的后勤供应，左宗棠与徐有壬观点不一致。

徐有壬认为，胡林翼带的贵州兵，又是湖广总督请调到湖北作战，目前到湖南只是避难，只能发半饷，让他们饿不死就行了。

当左宗棠要徐有壬拨全饷时，徐有壬以各种理由搪塞。

左宗棠火了，提高嗓门说："这全饷，你想拨也得拨，不想拨，也得拨，湖南的大小事，我说了算。"

"什么？湖南的事你说了算！你真把自己当成左都御史了？我马上去找巡抚，让他评评理。"

听到这里，骆秉章知道再不出面，事情就不好收拾，于是"嗯嗯"两声，走了进来。

徐有壬见骆秉章，忙说："巡抚大人，刚才左师爷说的话您听见了吧？"

"我近日耳朵有点背，你们两人说些什么，我都没听清楚。"骆秉章用这话回答了徐有壬，然后对左宗棠说，"昨日曾国藩遇见我，说皇上命他收复武昌，他提出调塔齐布和胡林翼同行。"

"那你是怎么回答他的？"左宗棠问。

"我说此等事情，你直接去找季高商量。他说了声好，然后又说军营事急，让我转告你。"骆秉章说，"你考虑一下，然后跟曾国藩回个话。"

"不用考虑了，一个好汉三个帮，曾国藩正是用人之际，理应全力支持。再说，胡林翼只有六百人，自成一军，也干不成什么事。"左宗棠侧了一下身，对徐有壬说，"徐藩台，我们没必要争了，现在胡林翼并入曾国藩部，粮饷按标准拨发就得了。"

一场风波平息，但，没过多久，两人又为拨款的事闹了起来。

曾国藩靖港兵败，水师被毁，回到长沙后，他在湖南高级官员会议上提出重建水师。

曾国藩前脚一走，徐有壬就发起了牢骚："他曾侍郎说得轻巧，重建水师需要七八十万两银子，我到哪里去凑？"

左宗棠冷冷一笑，说："七八十万两银哪里够，依我看，至少一百万两！不过目前这阵势，没水师就不能战胜长毛，湖南省库就算勒紧裤带，也要拿出这笔钱。"

"左师爷，你说话倒容易，我却要拿出真金白银。"徐有壬心里盘算了一下，说，"省库能拿出三十万两银子，就很不错了。"

"五十万两，应该拿得出吧！"左宗棠说，"省库的状况我是知道的，困难的确不少，但五十万两你徐藩台拿得出来。"

"你左师爷要钱，我怎么敢不给，但这个数字的确太大。你想想吧，打仗要钱，官员发饷要钱，湘南遭灾要钱……"

正在徐有壬倒苦水之际，骆秉章坐在太师椅上睡着了，还轻声打着鼾。

徐、左二人你一言我一语，争执渐激烈。

徐有壬说："就算省库拿出五十万，那另外五十万呢？"

"另外五十万由我负责筹集。"左宗棠说话喉大声粗，此时更像在吵架。

"季高，军中无戏言，你真筹集五十万？"骆秉章突然醒了，发问。

"我左老三如不能在一月内筹集五十万两银子，就卷铺走人，从此不踏入官场半步。"

"徐藩台，左师爷能筹五十万两，你想想办法，省库一个月内拿出五十万两，没问题吧？"骆秉章打了个哈欠，喝了一口茶，然后看着徐有壬，等他表态。

人家左宗棠凭一己之力，一月内都能筹五十万两，我是一省藩台，能说拿不出吗？但，开始我找出若干条理由，说只能拿出三十万两，现在马上改口说拿得出五十万两，这多掉价呀！于是徐有壬说："巡抚大人，你不知道刚才师爷说话有多难听。"

"刚才我睡着了，左师爷说了什么，我不知道。"骆秉章捋了捋胡须，说，"季高这人，大家都是了解的，性子是急了点，但心是好的。"

见徐有壬仍不表态，骆秉章说："大家在一起共事，有意见分歧很正常，但我们都想早日打败长毛，就要求同存异。徐藩台，你再仔细盘算一下，勒紧裤带，一个月内能否拿得出五十万两银子。"

徐有壬在官场混了二十几年，见骆秉章把"梯子"搭起来了，如自己再不顺势下台，就太不识趣了。再说，五十万两不是小数字，他左宗棠一个月内筹得齐吗？

徐有壬表态，说："左师爷筹得齐，我省库就拿得出。"

左宗棠问："如一个月到了，你拿不出五十万两银子，如何处理？"

徐有壬答："如我筹不齐，我这个藩台，让你来当。"

左宗棠笑了几声，说："你可是朝廷正三品大员，除了皇帝，谁都免不了你的职。你这个位子，不是谁想当就能当的。算了，斗气的话都不说了，筹齐银两，重建水师，打败长毛，才是正事。"

不等徐有壬说话，左宗棠站了起来，说："巡抚大人，我去筹款了。"突然，左宗棠一愣，原来骆秉章又睡着了。

表面窝囊废
实则大智慧

左宗棠回屋里，苦坐床边，考虑如何筹款。

刘德来报，曾国藩来了。

左宗棠与徐有壬在会上吵架、打赌的事，好几个官员在场。

散会后，这个特大新闻迅速传开。曾国藩耳目多，很快便知道了。为重建水师，左宗棠把前程都赌上了，他又到哪里去弄这五十万两银子？不行，得去看看他，一起想办法。

曾国藩进屋，拉着左宗棠的手，说："季高，你又犯脾气了，为了我曾国藩，没必要和徐藩台结怨。他是湖南财神爷，湘军打仗离不开他的支持，所以我也要礼让他几分。"

"不是我说你，徐有壬就是被你这种人惯坏了。湘军在前方打仗，命都不要了，他作为一省藩台，提供财力支持是天经地义。他徐有壬一个月后拿不出五十万两银子，或者他今后再卡湘军脖子，我就要想办法让他从湖南官场滚蛋。"左宗棠看了曾国藩一眼，说，"我与徐有壬赌这一把，不是为了你曾涤生，我是为了国家，为我大清国的江山。长毛有水师，而我们没有，这仗怎么打？"

曾国藩知道左宗棠说话一向直来直去，也不和他计较，而是担心地说："季高，五十万两银子如何筹，想好了吗？"

"凭我一个人的力量，当然不行。我要把整个湘军，以及湖南的乡绅、官绅都发动起来。"左宗棠反问曾国藩，"湘军组建之初，你向户部申请了一千张空白捐纳的执照，你手里还有多少张？"

曾国藩答："上头准了一千张，但三百张是江西省的，这些年为了筹款，以及为阵亡将士抚恤，用了近两百张，现在手里，还有五百多张。"

"那就好办了，你把这五百张都给我，按规定每张四百两，我一个月劝捐完毕，就是二十万。"左宗棠信心满满地说，"黄冕的儿子黄明海，欧阳兆熊的儿子欧阳达强，在张亮基时我就推荐入幕，现在又随我在骆秉章幕府历练，我以巡抚名义，保举他们为七品候补知县，他们两家，出十万两银子没问题。我再叫他们两家带头，为湘军水师专门募捐，估计也能捐出七八万两。此外，我叫罗泽南、王鑫陪同，到湘阴、湘乡等地，劝乡绅大户捐款。如此算来，五十万两银子筹得齐。"

"那好，我就把五百张，不，五百多张捐纳执照交给你，我零头都不留。"曾国藩笑着说，"季高啊，你这人是死脑筋，却能干成事，咱们大清国，缺的就是你这种人才。"

一个月期限刚到，满脸疲惫的左宗棠当着骆秉章的面，将一张五十万两的银票交给徐有壬。

徐有壬接过银票，翻来翻去地看了又看，自己掌握行政资源，为筹五十万两银子，都费了不少周折，左宗棠仅是一个师爷，凭赤手空拳，像变戏法一样拿出了五十万两银子。如果他坐在我这位子上，用行政资源去筹款，恐怕就不止五十万两了，看来此人的能力远超自己，怪不得骆秉章如此信任他，这样的人，也许前途无量，还是不得罪为妙。

徐有壬抱拳行礼，向左宗棠说道："左师爷辛苦，下官真是佩服，以前有得罪的地方，还望海涵。"

左宗棠见徐有壬口气软了下来，对他的意见也消除大半，说："徐藩台客气了，为了大清朝江山社稷，我们辛苦一点，是应该的。"

骆秉章见二人有握手言欢的意思，马上加一把火，说："你们两人是我的左右二臂，今后要沟通交流，携手共进。"

左宗棠说："我这人脾气不好，说话太直，徐藩台别见怪。"

"哪里，哪里。左师爷乃当今奇才，既能运筹帷幄，又能带兵作战。"徐有壬站起来说，"当着巡抚大人的面，我表个态，今后左师爷有何吩咐，下官一定尽力去办，绝不推诿。"

就这样，骆秉章时而装聋作哑，时而精明万分，调解了下属矛盾，激发了他们的工作热情，也开创了自己与左宗棠独特的合作模式。

这种模式可归纳为：巡抚为虚官，师爷掌实权，才能任发挥，效率最大化。

此模式是领导艺术中的上乘功夫,要顶级用才高手才能掌握。因为一般的官员,对别人含沙射影的挖苦讽刺,尚能假装耳聋,但对于重用之人言语不敬,就"耳聋"不下去了。可是,骆秉章非一般的人,请看一个故事。

有一次,不知左宗棠是有意还是无意,开骆秉章的玩笑,说:"巡抚大人,在我看来,你就是一个傀儡,不是我拿线牵着你,你就不知该怎么动了。"

封建社会是官大一级压死人,此等言语,严重挑战上级底线,如果一般的人,肯定大发脾气,叫左宗棠滚蛋。但骆秉章不是普通的人,他不管左宗棠心理动机如何,哈哈笑了几声,事情就过去了。

任何污秽进入海洋,都会被稀释、分解,消逝得无影无踪。骆秉章的心胸就像海洋一样广阔,能容纳左宗棠的任何污点。

如果说骆秉章是后台老板,当甩手掌柜,他笑呵呵地接受,但"大权旁落"到一个小事情都做不了主的时候,骆秉章还能继续容才吗?请接着往下看。

其三,腰杆能"弯"

骆秉章小老婆的弟弟来到湖南,想向骆秉章求个差事,刚开始骆秉章没同意,后来经不住小老婆多次求情,说:"等左师爷高兴的时候,我找机会与他说说,看是否能办成。"

"你堂堂巡抚大人,这么小的一个事情,还要去看师爷的脸色?我不信!"小老婆以为骆秉章在故意推诿,把头扭过去,背对骆秉章，一半是生气，一半是撒娇。

"我岂止是看脸色，而是弯着腰去求他。"骆秉章笑着说，"这左季高非一般的师爷，他说不能办的事，我真没办法。"

有一天，骆秉章到左宗棠的房间，两人喝茶聊天，相谈甚欢，骆秉章乘机说道："我府中有个打杂的，赋闲已久，你能否酌情安排一份差事？"

左宗棠沉默不语。

沉默是种态度。骆秉章见状，说："实不相瞒，此人是我小妾的弟弟。小妾多次恳求，纠缠得我没办法，所以今天才向你开口。据我所知，此人虽无大才，但为人谨慎，安排一份差事，应该不会坏事。"

过一会儿，左宗棠才笑着回答："巡抚大人，今天天气不错，我也很高兴，我们去喝点酒吧！"

骆秉章以为左宗棠同意了，高高兴兴地安排酒菜，并为其斟酒。

左宗棠连喝三杯后，起身对骆秉章作了个长揖，彬彬有礼地说："喝完三杯离别酒，左某就此告辞。"言毕，就催促刘德收拾行李，马上回湘阴老家。

骆秉章吃惊不小，急忙问为什么。

左宗棠说："意见不合，便当割席。君子之交，不出恶声，何必多言。"

骆秉章顿悟，马上承认错误，说道："刚才所讲的小妾弟弟之事，只是顺口提提，如不行，就不再考虑，我骆某人倾心你的才华，将湖南诸事委托与你，千万别因这等小事产生误会。"

左宗棠不为所动，收拾好东西就要走，骆秉章一把抓住他的胳膊说："季高，今后一切倚重于你，骆某再不干涉。"

骆秉章的话语中，也有几分哀求的口气。如果说为小妾说事，骆秉章的腰弯到六十度，现在挽留左宗棠，他的腰已弯到九十度。

左宗棠慷慨陈词："当今世道，大乱初兴，军事倥偬，若要维系人心，必须整顿吏治。如果在用人上徇私，就会误了大局，大人小妾的弟弟如确有才德，可在外省谋个差事，如在湖南，就不能安排位子，因为万一出了差错，别人就会认为你我徇私情。此消息传出去后，钻营之徒会奔走相告，能人志士则灰心丧气。如此一来，以后做事一无所成。所以左某想告别而去，不想看到失败之时。"

"听君一席话，胜读十年书。季高之言，骆某受益匪浅。"被教训一顿后的骆秉章，强行取下左宗棠手中的行李，然后对仆人叫道，"把菜热一下，我还要与左师爷畅饮。"

也许有人认为，骆秉章在左宗棠面前眼瞎、耳聋、腰杆弯，真是太软了。其实容才不是性格软硬问题，而是领导者的本事问题。其间的道理，请往下看。

叁　容才之道

刘备是公认的用才高手，在认识诸葛亮以前，就有关羽、张飞、赵云等铁杆追随者。但一个打江山的团队，仅有猛将是不够的，还需要一个目光如炬、统筹全局的"参谋长"。

刘备听说诸葛亮有此才能，就三顾茅庐，仅凭一篇《隆中对》，便圈定了人才。

说实话，介于当时形势，刘备用诸葛亮，与张亮基用左宗棠一样，都具有一定的冒险性，因为在诸葛、左二人出山之前，没有工作经历与工作业绩。骆秉章就不一样了，左宗棠在张亮基幕府干了一年，业绩摆在那里，能力显而易见，不用担心他只会纸上谈兵。

前面讲到，刘备刚请出诸葛亮，曹操的人马就杀来了。刘备叫诸葛亮马上进入"参谋长"角色，立即调兵遣将。关羽、张飞这些"革命"元老，哪把诸葛亮这个年仅二十七岁的白面书生看在眼里，碍于刘备的面子，嘴上没说，但身体语言已表明，不服从诸葛亮安排。刘备解下佩剑，交到诸葛亮手中，以此表明授权的决心，才镇住了关、张二将。

在诸葛亮的指挥下，火烧博望坡，以小博大，以弱胜强，打得曹军丢盔弃甲。

以上案例，刘备是立即授权，有赌一把的心态。设想一下，如果诸葛亮指挥失误，这一仗打败了，刘备在关、张、赵等人面前的威信会直线下降，更甚者，仅有的兵力丧失殆尽，所有的本钱全部输光。

而骆秉章呢，虽对左宗棠的能力充分了解，但他还是"草鞋打样，边打边看"，一点一点地逐步放权。磨合一年后，骆秉章才把军政大权完全委托左宗棠，从而将用才的风险降到最低，可谓老练持重。

也许你会说，刘备在博望坡打仗时，兵少将寡，而曹军有好几十万，多危急啊！在此情况下，只有赌一把。

> 充分了解，
> 逐步放权，
> 管控用才风险。

其实，骆秉章任湖南巡抚之初，情形照样危急，太平军定都天京后，兵力曾扩张到七十万，西征进攻湖北的部队也有十万之多，如在第二次占领武昌后，这十万人迅速南下，乘势在短期内扫平湖南也并非不可能。

在太平天国起事的前两三年，像吴文镕那样自杀或战死的督抚级官员，可以拉出一长串名单。

骆秉章不想步吴文镕的后尘，也不愿照搬张亮基模式，他与左宗棠的合作，可以分为两个阶段。第一阶段，左宗棠出谋划策，充当"参谋长"，骆秉章最后拍板。第二阶段，左宗棠全权代理，处理湖南一切军政事务，骆秉章只看最终效果。

也许有朋友会问，骆秉章连给小妾的弟弟安排一个工作，左宗棠不点头,就办不成,骆秉章这巡抚,不是傀儡吗?

骆秉章不是傀儡。表面上看,他将大权小权都交出来了,实际上他保留了最终的问责权,也就是保留随时撤换左宗棠的权力。

> 交出指挥权,
> 保留问责权。

有些书写到,骆秉章将指挥权交付左宗棠后,就去提笼架鸟、吃喝玩乐,其实际情形并非这样,骆秉章虽退到幕后,但并非没有作为。

见左宗棠一人在长沙,生活无人照顾,骆秉章想买一处住房送给左宗棠,使他能把家小接来。但左宗棠这人,当幕僚白干活,连工资都不要,他能接受住房吗?于是骆秉章去找胡林翼商量。

胡林翼说:"买房的钱,你我各出一半,然后我去湘阴把他家小接来,弄成既定事实,他就无拒绝之理。"

骆秉章、胡林翼各出五百两银子,在长沙司马桥买了一处庭院。左宗棠虽然表面上有点生气,说事前没与他商量,但从他内心来说,却对骆、胡二人充满感激。

顺便说一下,胡林翼立了几次战功,在骆秉章、曾国藩的保举下,升任湖北巡抚。

诸葛亮加入刘备阵营后,与关羽、张飞相处不是很融洽。刘备在调解他们的关系上没有太多办法,只得将他们分开,诸葛亮在成都,关羽在荆州,张飞在阆中。

骆秉章在处理左宗棠与徐有壬的矛盾时,则显得老练得多。此事例前面讲过,在此不重复。

在骆秉章的理念中,自己是园丁,人才则是花草,为人才浇水、施肥、杀虫,呵护人才成长,是应该做的事情。

> 关爱人才,
> 减少内耗,
> 呵护人才成长。

从另一角度看,骆秉章知道,处理具体事务的能力,左宗棠在自己之上。对左宗棠大胆放权,言听计从,体现了骆秉章高超

189

的用才能力。

刘备虽然请出了诸葛亮，也倚重诸葛亮，但在重大决策上，并没有真正放权。比如关羽被杀，刘备集全国之兵攻打东吴，事前并没征求诸葛亮的意见。此举破坏了联吴抗曹的大策略。诸葛亮想去劝刘备冷静，但他知道劝而无效，就只得顺其自然。结果刘备被东吴小将陆逊火烧连营，大败之后，才被迫上演白帝城托孤那一幕。

刘备是公认的用才高手，用他与骆秉章相比较，并不是要区分他俩谁优谁劣，而是要说明骆秉章在识才用才方面确有独到见解，并非一位素餐的庸员。

骆秉章在湖南那几年，依靠左宗棠为他打拼。在他几十年的为官生涯中，大多数时候没有左宗棠，他也干得不错。

我们暂时把骆秉章放一放，去看看左宗棠这几年幕府生涯，交出了怎样的成绩单。

幕僚业绩

其一，扳倒湖广总督杨霈。

太平天国闹了起来，清政府才发觉八旗、绿营根本不顶用，不得已，才命令以曾国藩为代表的一批汉族文人办团练，来对抗太平军。

清朝从入关以来，对汉人防范一直很严，军权要由满人掌管。而现在不同了，湘军崛起，有取代正规军队之势。咸丰皇帝利用督抚制度玩平衡，汉人能干，会打战，那就当巡抚，而总督则由满人担任。

在此背景下，八旗子弟杨霈就任湖广总督。

杨霈这家伙庸碌无能，不懂军事，却喜欢踩着别人的肩膀往上爬。他让曾国藩、胡林翼在前面冲锋陷阵，自己却躲在后方。当湘军打下武昌，杨霈抢先报捷，得到皇帝奖赏。

曾国藩这人，向来善于隐忍，对杨霈抢功可以不计较，但皇帝奖赏的银两，你杨霈总要分一部分给我，湘军不可能饿着肚子打仗。

但是这次，曾国藩判断错了，杨霈除了打官腔，说到军饷，一个子都没有。湘军欠了一屁股账，士兵阵亡没钱抚恤，受伤没钱买药，真是流血又流泪。曾、胡二人气愤之极，却无计可施，因为人家杨霈是满人，皇帝派他做总督，就是让他来制约你们这些汉人将领。

胡林翼给左宗棠去了一封信，叫他想想办法。

左宗棠只是一个师爷，要扳倒杨霈，必须等待机会，并利用骆秉章的巡抚身份。

没过多久，机会来了。太平军第三次攻下武昌后，杨霈躲到湖北北部的德安（今湖北安陆），虽远离战火，但仍缺乏安全感，于是上奏朝廷，调驻军湖北南部的代理巡抚胡林翼带兵北上，在汉川设防。其实，他就是想让胡林翼给他当挡箭牌。

胡林翼的部队调往汉川，湖北南部空虚，太平军很容易进入湖南，于是朝廷就此事征求骆秉章的意见。

此时，骆秉章与左宗棠配合已进入第二阶段，左宗棠已全权行使巡抚职责。

左宗棠以骆秉章的口气写了折子，弹劾杨霈。此折较长，有三千多字，前半部分分析了战局，提出了建议，后半部分则指出杨霈的失职。

如是一般的奏折，比如向朝廷要钱要粮，或者知府、县令的升迁罢免，左宗棠拟好后，直接封发，并不拿给骆秉章过目。但弹劾杨霈的折子，关系到督抚之间的私人恩怨，左宗棠还是决定请骆秉章定夺。

骆秉章正在喝茶，左宗棠说明来意，骆秉章懒洋洋地说："你说弹劾，就弹劾吧！"

左宗棠说："杨霈树大根深，再加上在大清国，督抚扯皮太寻常，仅凭一封奏折，也许扳不倒他，说不定皇上还会怪罪你。"

"季高啊！你就别考虑我了。"骆秉章喝了一口茶，说，"你连奏折都写好了，说明弹劾杨霈很有必要，我怎么能患得患失？如皇上怪罪下来，一切由我负责。"

"我从策略上考虑，在奏折中说你与杨霈从未见面，没有恩怨，只是从大局考虑，非说不可。然后笔锋一转，说你老病复发，精力不济，本职工作都不能做好，怎么还敢侈谈大局？"左宗棠笑了笑，半开玩笑半当真地说，"我怕皇上以精力不济为由，顺水推舟，让你告老还乡。"

"哈哈哈！"骆秉章大笑，"真让我告老还乡就好了，这巡抚啊，是坐在火山口上。"

在此奏折中，"今亮"左宗棠的写作模仿"古亮"。诸葛亮在《后出师表》中用了"六个未解"，左宗棠的奏折中，用"五个未解"来指责杨霈，从文章的角度，力度是到位的。但正如左宗棠所料，此折并没起到应有的作用，咸丰皇帝只批了三个字——知道了！

皇上没有采纳"五个未解"的折子，显然屁股坐在杨霈那边。更为可气的是，皇上将奏折原封不动转给杨霈，叫他酌情处理。

这咸丰皇帝的领导艺术，是高还是低，懒得去评价。

杨霈看到转来的奏折，火冒三丈，当即给皇帝写报告，说骆秉章"无耻之极"。

督抚之间的矛盾公开化。

有些人处事，把你忽悠进来，然后就把你丢在沙滩上不管了。左宗棠为人坦荡，心想，我有能力挑起此事，就有能力摆平此事，不可能留下一个残局，让骆秉章来收拾。

在左宗棠的谋划下，胡林翼上书，向杨霈开了第二炮。过了几天，在江西作战的曾国藩上书，打响了第三炮。胡、曾两人上奏的内容，与左宗棠"五个未解"大同小异。

骆秉章、胡林翼、曾国藩或者是封疆大臣，或者手握重兵，在此多事之秋，大清朝的江山还要靠他们捍卫。

咸丰皇帝知道，杨霈与这三人难以共事，必须来做取舍决断。虽然从感情上说，杨霈与自己同族同根，但他能力不行，叫他制衡汉官，扯扯后脚之类的还可以，如叫他同太平军作战，哪里比得上骆、胡、曾等人。

权衡利弊后，咸丰皇帝对杨霈采取"组织措施"，将其革职。湖广总督一职，由同样为八旗子弟的荆州将军官文接任。

左宗棠没想到，咸丰皇帝继续玩制衡术。扳倒一个满人杨霈，又来一个满人官文，总之叫你们这些汉人官员没好日子过。他更没想到，这官文比杨霈更坏，自己差点就丧命在他手里。此情节今后要讲。

其二，内融外援。

"湖广熟，天下足。"湖南气候适宜，物产丰富，如在和平年代，老百姓日子好过，湘官相对好当，但太平天国起事后，太平军横贯全境，烽火不断。战争的创伤，本来需要一段时间愈合，可是，周边的环境，令左宗棠没有喘息之机。

太平军离开广西后，当地会党起义连绵不断，声势浩大，一度还围攻柳州。左宗棠认为，广西官兵没能力剿灭会党，其势坐大后，必然会影响湖南，必须援助广西，将会党连根拔起。于是，两千名湖南兵出发，用三个月的时间收复全州、兴平、平乐等地，并解了柳州之围。

广西的火刚灭，广东韶州（今广东韶关）乡民起义，一路攻城略地，逼近广州。贵州的苗民不满清廷和汉族地主的欺压，举行起义。这两省都向湖南告急，左宗棠以大局为重，派兵镇压，其饷械均由湖南供应。

帮助邻近省份要出兵，曾国藩的湘军要募勇，本省绿营也要征兵，左宗棠在骆秉章幕府那几年，湖南每年有十万军队在外省作战，阵亡的人数在一万之上。以一省之力外援几省，筹集军饷是头等大事，好在左宗棠是理财高手。

左宗棠理财，可归纳为"减""捐""收""要""废"五个字。

"减"，就是减轻普通老百姓的负担。

到了清朝末年，官场腐败，财政混乱，租税年年提高，老百姓承受能力到了极限。

有些豪强大户，同当地官员勾结，以各种借口不交租税，而普通百姓的摊派越来越多，贫富分化越来越严重。

治民先治吏，在暗中调查后，左宗棠撤换了一批贪腐官员，用了一批勤政廉洁之人。由于骆秉章充分放权，撤换大小官员均由左宗棠说了算。没过多久，湖南官场风气为之一变。

官员相对廉洁，少些"大斗进小斗出"，就变向减轻了百姓负担，从而调动了生产积极性。

等老百姓吃饱了肚子，左宗棠才开始进行思想引导和舆论宣传，讲忠君爱国，保境安民之类的，才有人愿听。

百姓明理后，征兵也就相对容易了。

"捐"，就是劝大户捐钱捐物作军饷。

有些豪强大户，前些年少交租税，现在又不愿送子参军。保家卫国人人有份，大户们，捐些钱出来总可以吧？

左宗棠劝捐因人而异，时软时硬，既确保了效果，又没引起不良反响。

"收"，就是指设立关卡收税。

劝捐只是权宜之计，解决不了根本问题。在农业税不能增加，而军费猛增的情况下，左宗棠决定开征新税种——商业税。

商业税是现代的说法，当时叫"抽取厘金"。其方法是在集镇和交通要道设关卡，请当地有名望的士绅来管理，逐日上缴，账目公开。

政府收了税，就要提供服务，左宗棠要求各地团练护卫商旅，同时命令湘江水师保护商船。商人们有了安全感，也乐于交税。

抽取厘金这一项，每年可筹集一百万军饷。

此办法在湖南见成效后，曾国藩在江西效仿，也取得了成功。

"要"，就是向朝廷要钱。

清政府为镇压太平军，财政捉襟见肘，在"转移支付"的时候，难免出现"会闹的孩子有糖吃"。左宗棠文章一流，多次以巡抚名义上书，强调湖南的重要性，陈述当前的困难，使朝廷拨款侧重于湖南。

"废"，就是废除朝廷铸造的"大钱"在湖南使用。

一个政府没钱用时，最喜欢搞通货膨胀。为应付镇压太平天国的所需经费，清朝户部通令各省铸造新货币，由于面额较大，俗称"大钱"。那时以金属货币为主，理论上讲，面额是一两的，重量就应该有一两。而此次铸成的"大钱"，重量只有面值的百分之六十左右。

面值与实值相差太大，引起了物价上涨，市场混乱。一些官员也趁机营私，倒卖"大钱"，赚取差价。

"大钱"流通不到一个月，长沙城内商铺大量歇业，民情难以控制。

左宗棠见事态紧急，决定停止使用"大钱"，并马上派人到各地收缴，按官方价格赎回。

长沙府仓守刘太贵阳奉阴违，继续以"大钱"谋私，被左宗棠查出后判处绞刑，其余涉案人员流放。

树立了反面典型，其他人见势不妙，只得按规定兑换"大钱"。一场金融风波被平息。

事后，左宗棠以湖南巡抚的名义，向户部去了个公函，说"湖南无官钱铺，'大钱'没有人用，只得封存"。户部官员虽然心里不高兴，但碍于湖南在全国的特殊地位，也只得暗骂几句算了。

由于左宗棠是治军、治民、理财的"多面手"，湖南在较短的时间内政通人和，社会安定，军力强盛，成了闻名天下的"强国"之省。

在此期间，左宗棠在骆秉章、曾国藩、胡林翼的明推暗荐下，被朝廷授予四品兵部候补郎中。请注意，是候补，意思是说哪里职位有空缺，皇上又想用你时，才通知你去上任。

骆秉章官声

湖南这几年政绩斐然，不但本省摆得平顺，还抽出力量支援邻省。这些成绩、功劳应归功于巡抚骆秉章，还是归功于幕僚左宗棠？

当时有许多人，包括军机大臣肃顺在内，都认为"骆秉章之功，皆左宗棠之功也"。这话只说对一半，如果骆秉章不善于用人，不给左宗棠表现的舞台，他还在湘阴农村搞大棚蔬菜。湖南的政绩，应是骆、左两人共同努力的结果。

有些人片面评价，竭力贬低骆秉章，说他是无能的阿斗，是把印交给师爷的傀儡，是必须要左宗棠牵着才能办事的木偶，这些说法是不正确的。骆秉章从政几十年，在没有左宗棠时，他也能干出一番成就。

左宗棠离开骆秉章后，骆秉章督办四川军务，后任四川总督，此间不但剿灭了石达开，而且川人对他评价也颇高。

薛福成先生《庸盦笔记》记载：四川有童谣，"若要川民乐，除非马生角。"骆字由"马"和"各"组成，四川话中，"各"和"角"发音接近。骆秉章死后，成都居民关铺罢市，沿街哭祭，每家挂白布于门前，或写挽联表达哀思。

在四川没有左宗棠辅佐，骆秉章还能如此得民心，这是偶然吗？不是！是他的品德、才干和功绩使人信服。

左宗棠本人对骆秉章也是敬佩的。他认为骆秉章品德高尚，能文能武，没有短板。

多年后，左宗棠由闽浙总督调任陕甘总督，期间回了一次老家。湖南巡抚毛鸿宾登门拜访，两人秉烛夜谈。

左宗棠这人，一向不太谦虚，当说到曾国藩、胡林翼时，他说这二人是难得的人才，但与自己相比，好像差了一点。说到骆秉章时，左宗棠极力赞叹，说其才不仅超过曾、胡，而且还超过自己。

用后人眼光看，骆秉章的名气与业绩比不上左宗棠，但他在选才用人上，确实强过左宗棠。

《清朝野史大观》记有骆秉章与洪秀全的故事。

骆、洪都是广东花县人，小时候同在一个私塾读书。洪秀全说："我长大后，必定造反。"骆秉章说："你造反，我就剿灭你。"洪秀全哈哈大笑，藐视地说："你那点能耐，灭不了我。"骆秉章气定神闲地说："我也许灭不了你，但我找个人来灭你。"

野史记载虽不可信，但后来的实际情况是骆秉章起用了左宗棠，还帮助了曾国藩。曾、左二人，是洪秀全命中的克星。

湘军第一次出征，曾国藩在靖港打了败仗，按察使陶恩培，藩台徐有壬一起找到骆秉章，说要联名弹劾曾国藩。骆秉章不同意，说曾国藩虽然首战失利，但他为国尽忠之心是值得肯定的。

徐有壬说："为了曾国藩练湘军，省库开销巨大，现在这支军队不能打仗，留着何用？"

骆秉章说："湘军会不会打仗，不能过早下结论，还要等等看。"

没过多久，曾国藩部将塔齐布、罗泽南在湘潭大胜太平军，靖港的太平军跟着撤退，省城的警报解除。

如骆秉章不是"伯乐",不识曾国藩这匹"千里马",听陶恩培、徐有壬之言弹骇曾国藩,解散了湘军,那么曾国藩的历史,甚至中国的历史都可能改写。

后来左宗棠平定新疆,名望到了极致,一日与人闲聊,细说天下英雄,谈到骆秉章时,左宗棠问:"我与骆公相比,谁的本事更大?"

那人说:"你不如他。"

左宗棠问理由。

那人说:"骆公的幕府有你这样的人,而你的幕府呢,没有一个人的能力接近你。从这点看,你不如骆公。"

左宗棠听后哈哈大笑,然后说:"你讲得非常正确。"

在任陕甘总督之前,左宗棠说骆秉章的能力超过自己,在平定新疆,收回一百六十万平方公里国土,立下盖世之功后,仍然承认自己不如骆秉章,可见左宗棠对骆秉章不仅口服,而且心服。

骆秉章用才之道,不仅体现在容才,而且体现在关键时刻,表面柔弱的他具有大哥的气质。请看下一章——救才。

第七章 救才

壹 用塔齐布

曾国藩来到长沙，正式履行帮办团练大臣的职责。在骆秉章的支持下，他把各地团练集中起来，一点数，有三千多人。但这些团练队伍人员构成复杂，有老实巴交的农民，有吊儿郎当的社会无产者，也有绿营兵被打散归不了队的兵痞。

兵不在多而在精。曾国藩决定实施精兵简政，他亲自把关，人人面试。对老实憨厚、言谈木讷、手上有茧者留下；对参加过会党，或在绿营服过役的，全部淘汰。

经过筛选，剩下两千人，编为四个营加上一个亲兵队。这就是最初的湘军。

兵的问题解决了。谁来当教练，又让曾国藩头痛起来。

原各县团练头子，比如罗泽南、王鑫等人都是书生，没练过武功。

正在犯难之际，左宗棠向曾国藩推荐一个人——塔齐布。

塔齐布是满人，原属驻长沙八旗。在与太平天国作战中，长沙八旗死的死、伤的伤、散的散，战后剩下不到五百人。湖北战争吃紧时，总督杨霈给骆秉章来信，要调长沙八旗增援武昌。骆秉章倒还给面子，想都没想就同意了。左宗棠在办理此事时，出于对人才的爱护，留下了塔齐布，编入了绿营军。塔齐布随鲍起豹收复郴州，立下了战功。

曾国藩对塔齐布并不了解，左宗棠讲了一个故事。

有勇有智

塔齐布在郴州作战，担任营官。

一日，一个太平军骑马来到营门外，朝着营门大喊："叫塔齐布出来，本司马要与他单挑。"

哨兵问："你是谁？"

那人答："我是太平军韦俊将军手下，两司马赵砣。"说完，一箭射入营内，箭头上插着一份挑战书。值班的哨长，赶快拿着挑战书向塔齐布报告。

塔齐布问："谁向我挑战？"

哨长答："那人是太平军的两司马，名叫赵砣。看样子，此人身体结实，有些蛮力，不可轻视。"

塔齐布哈哈一笑，说："我不答应比武，还以为我怯阵。你去问问他，具体怎么比？"

赵砣见出来的人是哨长，不是塔齐布，嘲笑道："听说塔齐布是满洲勇士，我才来找他比武，没想到遇见一个缩头乌龟。"

哨长说："我们塔大人神勇无敌，难道还怕你这个无名之辈！塔大人问，怎么个比法？"

赵砣说："都不乘马，不拿武器，徒手比试，双方都不要人助武，一定要分出高下，才算结束。"

塔齐布换了身轻便衣服，喝了半碗酒，出来一看，这赵砣比自己高出一个头，胳膊有正常人的大腿那么粗，比想象中还结实。

塔齐布对哨长轻轻说了一句。哨长应声而去。

赵砣见塔齐布出来，问明身份后，脱了上衣，露出大块肌肉。

赵砣脱掉上衣，是表明自己没带武器。但塔齐布心想，在徒手搏斗中，衣服被别人抓住，易吃亏，索性也脱了上衣。

两人在空地上，你一拳我一腿地互打起来。一个时辰后，太阳开始偏西，塔齐布体力渐渐不支。

这时塔齐布一把抱住赵砣，滚在地下，然后大叫："太阳落山啦！"

哨长听到这句暗语，迅速跑上前，对着赵砣的脑袋开了一枪。

半响，气喘吁吁的塔齐布站了起来，对哨长说："找口棺材，把他埋了。"

听左宗棠讲完，曾国藩认为，这塔齐布既有勇、又有智，确实难得。但耳听为虚，眼见为实，曾国藩要亲自考察塔齐布。

曾国藩与塔齐布谈话，发现他条理清晰，颇有见识。再看他所带的兵勇，纪律和战术明显优于其他营。通过了解，塔齐布是满洲镶黄旗人，三十六岁，官职为五品都司。

抓飞贼

近日，一个外号"草上飞"的盗贼，在长沙城几次作案，专偷大户人家珠宝玉器，官府派人捉拿，均未得手。有两个捕快，还被"草上飞"暗器所伤。

为了考察塔齐布实际工作能力，曾国藩把捉拿"草上飞"的任务安排给他。

受领任务后，塔齐布叫士兵到处放话，说泰来珠宝店从逃难的人手中购得一颗夜明珠，价值连城。

入夜，塔齐布穿上夜行服，蹲守在珠宝店屋檐下。这晚，"草上飞"没出现。

一连三晚，均不见"草上飞"的影子。

塔齐布没有放弃，继续蹲守。

第四晚，月如钩、有云。一个黑影蹿上梁，上了房顶四处看了看，然后轻手轻脚揭开瓦，潜入了珠宝店。

塔齐布轻轻上了房顶，接近飞贼潜入处。

飞贼在珠宝店里没找到夜明珠，顺手盗了几件玉器，从原路返回。

飞贼刚探出来，突然，白色粉末向眼睛飞来。飞贼躲避不及，眼睛一阵刺痛，大叫一声，掉入了珠宝店。

塔齐布随即跟进珠宝店，两人开始搏斗。飞贼眼睛进了石灰，疼痛难忍，再加上两人距离很近，使不上暗器。斗了十几个回合，飞贼右腿挨了一刀，被塔齐布一脚踏在地，再无力反抗，束手就擒。

曾国藩听完塔齐布汇报，再次称赞他有勇有谋，对他更是另眼相看。

因抓飞贼有功，经曾国藩推荐，骆秉章保举，塔齐布升任抚标中军参将。

合练风波

塔齐布现属绿营，要把他挖过来当教练，得提督鲍起豹同意才行。曾国藩同鲍起豹没打过交道，听说这人很不好说话。直来直去地说，可能要碰钉子。曾国藩决定采取迂回的方法。他找到鲍起豹，提出将湘军和绿营一起训练。鲍起豹平时懒散，不想去操场督促，现在曾国藩来领这份苦差事，就高高兴兴同意了。

由于得到曾国藩的器重，塔齐布对训练十分热心。他所在的营能按时到场训练。他自己披挂齐全，精神抖擞，为士兵作表率。

曾国藩要求严格，塔齐布组织训练认真，湘军的武艺在一天天进步。而绿营呢，有点麻烦。

绿营兵懒散惯了，一月出不了几次操。由于当兵薪金少，还常被当官的克扣，大多数绿营兵有第二职业，比如经商、剃头、抬轿等等，只要不训练，就去挣钱了。

"现在曾国藩抓训练，天天累得我们要死，军饷不提高，其他活没时间干，谁来养活我们？"

绿营兵先是牢骚满腹，后来开始罢工罢练，还时常挑衅湘军，双方积怨渐深。

刚开始，曾国藩苦口婆心做思想工作，讲平时多流汗，战时少流血，只有地狱式训练，才能提高战斗力。但绿营兵痞哪听得进这些话，说曾国藩只是团练大臣，没有资格管正规部队。

严兵先严将，曾国藩准备杀一儆百，整顿秩序。他选定的目标，是副将兼营官的清德，这段时间，清德未到训练场。曾国藩派人去请了三次，均没请动，弄得自己很难堪。曾国藩还听说，清德作为武将，最大的爱好不是练兵，而是养花。有人举报，太平军围攻长沙时，有一次清德脱下军装，躲到老百姓家里。

曾国藩上了心，在清德身边安排了眼线。眼线报告，六月初八，清德要为小姨太庆生，请柬都发出去了。

按常规，每月逢十会操，而这次，曾国藩将会操改为初八。初七那天，贴出告示，说明日会操，包括营官在内的任何人不得缺席。

有手下将告示拿给清德看。清德看后大怒，骂道："这该死的曾剃头，欺负到老子头上来了。老子明天就不来，看他有没有本事把老子的头剃了！"

曾国藩组织团练的同时，成立了审案局，开展了一系列严打，因杀人过多，长沙人给他取了个绰号，叫曾剃头。

有个外委衔军官小心翼翼地说："明日我们去操场点过名，然后马上就过来祝寿。"

"不行！明天你们起床就要到我府上来，一个不能少。还有，明天我营士兵，凡是有事的、生病的，会操都可以不去。出了事情由我负责。"清德越说越气，"他曾剃头管几个毛贼还可以，我堂堂二品武官，不归他管。还有你们，不是曾剃头给你们发饷，他的话你们可以不听。"

第二天，骄阳似火，曾国藩一身戎装，来到操场。

开始点名。塔齐布的营，一个不少。清德的营，本来该到五百人，只来了三百多，而且军官未到一人。问原因，是八十多号人到清德家办贺寿，还有几十人请病假。

曾国藩命书记官记下未到人员名单。

会操结束后，曾国藩亲写奏折，请皇上将清德革职。

曾国藩是写折子的高手，把事情讲得绘声绘色，咸丰皇帝见清德平时养花，战时脱军装，会操时给小老婆办生，大怒，批"将清德革职，由骆秉章派人押解进京，交刑部论罪"。

几天之后，曾国藩又上一折子，说塔齐布忠勇耐苦，深得兵心，请皇上破格提拔为副将。折子最后说，如塔齐布今后有临阵退缩之事，就将我一并治罪。

曾国藩的请求，皇上也批准了。他这一撤一提，得罪了一个人，那就是湖南提督鲍起豹。在鲍起豹看来，曾国藩的手，也伸得太长了。

鲍起豹找到骆秉章，诉起苦来："曾国藩是舞文弄墨的文官，他根本就不懂练兵，三伏天都在外面操弄，士兵们意见很大。还有，不经你巡抚大人，就撤了我的副将，这既是打我的脸，也是打你骆大人的脸，你要再不面……"

鲍起豹的话说不下去了，因为他发现坐在太师椅上的骆秉章睡着了，还轻微打起了鼾。这个老匹夫！鲍起豹心里暗骂一句，走了。

从巡抚衙门回来，鲍起豹下了一个命令，绿营兵不再和湘军一起操练，塔齐布也不准到湘军处教习武艺。

强龙压不过地头蛇

后来的日子，在鲍起豹的暗中支持下，"骁勇善战"的绿营兵打伤了塔齐布，毁坏了湘军营房，还经常袭击、唾骂湘军士兵。如不是曾国藩从大局出发，忍辱负重地镇压，绿营和湘军早就爆发大火拼了。

有一次，绿营兵冲进了团练衙门，用枪打伤了曾国藩随从，曾国藩见势不对，跳窗而走。

曾国藩气愤之极，要鲍起豹严惩凶手。鲍起豹查了三天，最后答复是查无此人，估计是会党穿绿营衣服所为。

会党哪有这么大的胆子，跑到团练衙门闹事？面对此局面，曾国藩很是无奈，左宗棠也没什么办法，倒是骆秉章喝醉酒了，说了几句胡话："既然强龙压不过地头蛇，那就找一个没地头蛇的地方……"

对呀！此处不留人，自有留人处。湖南这么大，难道还找不出一块练兵场？曾国藩决定把团练总部搬到衡州。

出城之前，曾国藩向皇上奏了一本，说衡州交通发达，兵源众多，适合练兵。又说塔齐布是个好教练，团练需要此等人才，请求一同调往衡州。在此奏折中，曾国藩没有诉苦，也没有讲湘军与绿营的矛盾，他是一个善于隐忍的人。

中计

曾国藩在衡州招兵买马，一年多时间湘军扩充为一万七千人。水师由彭玉麟、杨载福统领，陆师由塔齐布负责，天天操练，战斗力逐日提升。

太平军定都天京后开始西征，攻下湖北许多地方，如果太平天国占据整个江浙和湖广，形势就会急转直下。咸丰皇帝吓得六神无主，召集大臣紧急商议。大臣们议论的结果，就是令曾国藩出兵解湖北之危。

虽然此时湘军的战斗准备，还没达到曾国藩理想中的状态，但朝廷在催促，也只得领兵北上。

湘军刚走到长沙，太平军已打入湖南境内，向岳州挺进。左宗棠急调邓绍良驻防。

邓绍良与太平军打了几仗，败多胜少，退回长沙。

看来，能担任保卫长沙重任的，只有湘军了。

太平军占领岳州后,兵分两路,一路攻下湘阳,进驻靖港;另一路溯湘江而上,占领湘潭。

湘潭位于湘江上游,不将此城夺回,长沙腹背受攻。

曾国藩与左宗棠商议,派塔齐布带部分湘军去湘潭,以解上游之围。

塔齐布带兵走后,曾国藩听到密探报告,说靖港的守军只有五百人。曾国藩心想,自己手里有五千人,还有战船,以十倍兵力围攻靖港,那是坛子里捉乌龟——十拿十稳。他没和左宗棠商量,当即决定奇袭靖港。

其实,密探打听到的,是太平军放出的假情报,靖港周围,有太平军一万五千人。

冲入靖港后,太平军一声炮响,以铺天盖地之势,从四面八方杀出,大喊"活捉曾妖头"。湘军一见中计,顿时兵败如山倒。曾国藩抽出佩剑,高喊:"谁后退,杀无赦!"但没有谁听他的,湘军士兵只顾逃命。

第一次作战,就遭到如此大败,想到回到长沙后,会遭到鲍起豹之类的人冷嘲热讽。曾国藩跳入湘江,决心自杀殉国。

亲兵跳入水中,把他救起。

曾国藩这人,挺要面子,被救起后,又要再次跳江。

一个机灵的亲兵,在曾国藩耳边说:"曾大人,湘潭大捷。"

听到这句话,曾国藩才稳住了情绪。

其实,这只是一句谎言,当时塔齐布还没走到湘潭。

回到长沙,曾国藩才知道亲兵说了假话,又开始寻死觅活。左宗棠来劝,也没用。

左宗棠走后,曾国藩没有自杀。一来是他不想死,自杀只是做做姿态;二来是没过多久,塔齐布在湘潭传来了好消息。

塔齐布升职

塔齐布到湘潭城外,占领高地,架上大炮。但这些大炮没派上用场。还没开炮,太平军几千人就从城门外呐喊着冲杀出来。

太平军打仗,不讲什么战术,讲究人多和不怕死,从气势上压倒清军。

如果是绿营军,早就被这几千人的呐喊声吓倒,转身就逃,自相践踏了。但是,这次遇到的是塔齐布率领的湘军。

塔齐布骑着枣红马,手持大刀,带头迎面冲锋。众士兵见主将如此骁勇,也跟着冲杀。

太平军遇到清军无数,从没见过如此不怕死的。打仗讲究士气,两军相逢勇者胜。太平军的阵脚乱了,开始向城内溃退。

塔齐布指挥湘军,随着溃退的太平军杀入城中,开始巷战。

两个时辰后,太平军撑不住了,开始向宁乡方向逃跑。

这一仗,太平军损失一万多人,溃散一万多人。从战略上看,进攻湖南的势头被遏制了。此役,日后李秀成称为"天国十大败绩"之一。

当曾国藩核实湘潭大捷的消息属实后,顿时大喜,不再要死要活,而是笑着脸迎接前来祝贺的长沙官员。

送完客人后,曾国藩开始写奏折。他把岳州丢失、靖港之败、湘潭大捷的情况详细描述,然后写道,自己要对靖港之败负责,请皇帝处分他。

请求处分,也是做姿态,因为从整个战场来看,湘军是打了胜仗,皇帝不可能处分曾国藩。

在奏折中,他把塔齐布英勇杀敌描述得绘声绘色。在抬高自己人的同时,曾国藩软拳头打击对手,通篇奏折,就没提"鲍起豹"三个字。连岳州兵败,也没提邓绍良,而是写"绿营不敌,损兵退回长沙"。

鲍起豹是绿营在湖南的最高长官,他要对岳州之败负责。至少皇帝看了奏折,会这样认为。

更为叫绝的是,奏折由塔齐布、曾国藩两人共同署名,塔齐布还放在前面。此举表明满汉团结,共保江山社稷。

满人终于出战将了,咸丰皇帝一高兴,做出一个英明的决定:撤掉鲍起豹,提拔塔齐布为湖南提督。

促使咸丰皇帝做出如此决定,还有左宗棠一份功劳。因为骆秉章上奏皇帝的奏折,全出自他手。他从来不提鲍起豹。咸丰皇帝纳闷,湖南打得闹翻天,却不见你鲍起豹的踪影,这一定是一个庸员。再加上岳州之败,咸丰皇帝的板子,就毫不犹豫地打在鲍起豹身上。

看来,在官场混,不仅要干好本职工作,而且还需要情商。

用其勇
用其艺
用其名
用其德

曾国藩慧眼识才,大胆用才,塔齐布在一年多时间里,由五品都司擢升为一品提督。

塔齐布在上任前,来到曾国藩大营处谢恩。

曾国藩表示了祝贺,然后问:"你准备如何统率湖南绿营?"

塔布齐答:"湖南绿营腐败之极,我准备效仿大人,用管理湘军的办法严加整顿。"

"你的资历比得上鲍起豹吗?"曾国藩问。

"远远比不上。"

"你在绿营,心腹有没有鲍起豹多?"

"我除了自己带的一个营,没什么心腹。"

"塔提督啊,你资历远不及鲍起豹,心腹又没几个,再说你提得又快,眼红的、不服气的人很多。"曾国藩重语心长地说,"还有,以前与你有过节的人,见你提到高位,能掌握他们的命运,此时,有害怕的心理。这也是一个不稳定因素。"

曾国藩如此一说，塔齐布感到事态严重，急忙请求曾国藩指点。

曾国藩说："你现在整治绿营，重在安抚人心，我开出的药方就一个字——赏！"

"赏！"塔齐布重复了曾国藩这个字，先是有些不解，然后恍然大悟，向曾国藩抱拳施礼，感谢指点。

塔齐布上任的第一件事，就是遍赏绿营将士，得军功者超过千人，以前那些对塔齐布不尊敬者、向湘军挑衅者，也在被赏赐之列。整个绿营皆大欢喜，像过节一样。

自从鲍起豹被免职后，邓绍良惶惶不可终日，害怕哪天皇上来道圣旨，追查他岳州战败的责任。塔齐布上任后，请他喝酒。他请塔齐布在曾国藩面前美言几句，塔齐布立马答应。邓绍良有些感动，表示今后愿听从调遣。

一个"赏"字加上一顿酒，塔齐布在绿营站稳了脚。

为报曾国藩的知遇之恩，塔齐布日夜操劳，奋勇杀敌，打了几次大胜仗，壮了声威。

扶上马
送一程

丧事

在攻打九江时，塔齐布因操劳过度，再加上战局不顺，导致旧病复发，吐血而亡。

曾国藩听到消息，顿时泪流满面，双目失神，整夜未眠。

第二天一早，曾国藩来到塔齐布尸体前哭泣。在他亲自指挥下，灵堂搭起来了。

大勇却慈祥，论古略同曹武惠；

互诚相许与，有章曹荐郭汾阳。

写完挽联后，曾国藩命人到账房取出一千两银子，先行送与塔齐布母亲。公祭结束后，安排一名副将护送灵柩回原籍。之后，曾国藩又给朝廷上了一道折子，列举了塔齐布的功绩，请朝廷追加奖赏。

曾国藩把塔齐布丧事料理得如此周到，湘军官兵们看得真切，非常感动。他重视人才、重用人才的举动，像长脚一样飞向大江南北，来投奔的人越来越多。

塔齐布死了，谁来接替他的位子？在战场上的曾国藩在思考，在长沙的骆秉章、左宗棠在思考，在武昌的湖广总督官文也在思考。

由于各人思考角度不同，这个位子，引来了一场轩然大波。

贰 樊左互控

塔齐布的死讯传回长沙，左宗棠感慨道："还不到四十，本该大展宏图，就英年早逝，可惜了！"

谁来接替塔齐布的位子？副将邓绍良勇猛尚可，但谋略不足，难担此任。另外有两三个拔尖的军官，但他们都是参将或游击衔，资历不够，难以服众。

左宗棠正在斟酌之际，圣旨来了，据湖广总督官文奏请，永州镇总兵樊燮署理湖南提督。

署理，就是兼任，樊燮既当代理提督，永州镇总兵的实缺也不丢。

左宗棠在骆秉章授权下，罢免、参劾了一批腐败无能的官员，提拔重用清廉为政者。本来樊燮也在参劾官员之列，但骆秉章说，樊燮是湖广总督官文的小舅子，打狗还得看看主人，算了吧。

但是这次，连骆秉章也生气了，你官文要任命湖南提督，也该象征性地问问我这个湖南巡抚的意见吧。

骆秉章叫来左宗棠，问樊燮在永州的履职情况。

左宗棠说："樊燮在永州官声较差，对部下违反命令者，一概军棍从事。另外，这人好色，在长沙有几房妻妾，时常回来小住几日。有人反映，樊燮在永州闹出绯闻，把一个大姑娘的肚子搞大了。我的感觉，对樊燮不查则罢，如要细查，肯定能查出一长串问题。前次我准备参劾他，但又不想引起你与官文之间的督抚矛盾，才把参劾的事压了下来。"

骆秉章说："官文在朝中后台很硬，不是好惹的。你可以派人暗中调查，把事实掌握清楚。至于是否参劾樊燮，看看情况再说。"

左宗棠心说，你骆秉章前怕狼后怕虎，如果湖南各大要员都由官文插上一杆，你这巡抚怎么当？你可以当混日子的巡抚，但我左宗棠不当混日子的师爷。如果查出樊燮真有严重问题，我就要据实参劾，大不了，我回白水洞种菜去。

左宗棠被打

从巡抚衙门回来，左宗棠见仆人周贵左脸是肿的，嘴角上隐约可见血迹。

周贵是夫人的远房亲戚，孤身一人，太平军路过时，一把火把他家房子烧了，不得已，才到省城投亲。恰好那时左宗棠刚好把家迁到长沙，也需要人打理，于是就收留了周贵。

夫人出来，将左宗棠迎进屋内。

左宗棠问:"周贵的脸上是怎么回事?"

夫人说:"去市场买菜,与一个当兵的发生争执,被打了。"

夫人说者无意,左宗棠听者有心。自从自己整顿吏治、严肃军纪以来,长沙城内基本上不见欺行霸市、以权压人的现象。再说周贵这人比较老实,不可能主动惹事。

左宗棠把周贵叫来,问具体情况。

周贵说:"今天早上下了点小雨,市场上卖肉的人比往常少。我看中了一个肘子,想买回家给夫人补身体。我说好了价格,正要给钱。这时一个当兵的过来,说这肘子他要了。我说,我已经谈好价格了,你去别处买吧。当兵的不讲理,骂了我好几句。我心想,老爷是在巡抚衙门公干,就壮着胆子回了一句。这下把当兵的激怒了,伸手给我重重一巴掌,随即将我一脚踹在地,然后又是一顿臭骂。我被打得眼冒金花,不敢还口了。这当兵的说他是提督府的,今后见我一次要打我一次。我回来给夫人诉苦,夫人叫我不要声张,怕给老爷惹麻烦,但不巧老爷刚回来,就看见我了。"

"提督府?"左宗棠若有所思,"那个当兵的,真的说他是提督府的?"

"千真万确,小人没听错。"周贵说,"当兵的把我打后,低价强买肘子,走了。这时老板才对我说,这人每天都要来买菜,而且每次给的钱都不够。屠户的肉被他看中,只有自认倒霉。"

"这事不是你的错。"左宗棠心里明白了八九分,说,"明天买菜,我和你一起去,我倒要见识一下这提督府的人。"

鲍起豹被撤职后,带着家眷离开了长沙,原来的住处卖给了别人。塔齐布家在河南,在长沙并未设府。这提督府,八成是新任提督樊燮的府。

左宗棠叫来刘德,叫他去看个究竟。

一个时辰后,刘德回来,说樊燮家住在城西杏林街,是一个较大的院子,原来并没挂牌匾,提督府的牌子是近日才挂上去的,看起来很新。另外,大门内外堆着木材、石灰等建材材料，听街坊讲，这家主人升任提督了，要大兴土木。

左宗棠心想，为官之道，在于谨慎，樊燮如此高调，抓他的尾巴应该不难。

第二天上午，左宗棠带着周亮、刘德来到菜市场。

逛了两圈后，那当兵的没出现。现在已经是三伏天，气候闷热。刘德找来一个凳子，让左宗棠在一个菜摊前坐下。

左宗棠用衣袖擦了擦汗，打开纸扇扇风。

等了会儿，那当兵的出现了，穿着绿营军服，由于天热，没扣纽扣，显得有些衣冠不整。

左宗棠对周贵说："你去把他叫过来。"

周贵昨天挨了打，心有余悸。

左宗棠说："你别怕，大胆去叫，有本老爷在此。"

周贵大胆走过去，从后面拍那当兵的肩膀，说："你还认识我吧？今天我老爷来了，在那边坐着，他叫你过去。"周贵说完，不待当兵的回话，就快速回到左宗棠身后。

此时的刘德，在左宗棠的安排下，拿着片子去县衙请县令。

当兵的心想，这人昨天挨了打，今天叫来他老爷，莫非是想打回来？我跟着樊大人混，哪里怕过人！如今樊大人升提督，行情看涨。那个自称老爷的，大不了是个小老板、小地主之类的，有什么可怕的！说不定我过去，连他老爷一起打。

当兵的慢吞吞地走到左宗棠面前，见左宗棠是个半老头，说道："老匹夫，叫我过来做什么？"

左宗棠虽是一个师爷，但在湖南官场，上上下下对他都非常尊敬，今日被骂老匹夫，早就气往上涌，但他忍着，耐着性子问："你是绿营的伙夫，还是提督府的人？"

当兵的说："什么？伙夫！告诉你，我是提督樊大人府上的亲兵。今天心情好，才陪你啰唆两句，你再不识相，连你一起打。"

左宗棠冷笑，说："你知道我是谁吗？"

当兵的满脸不屑，说："那你说说，你是谁？我就不相信，你报出的官位，大得过我家樊大人？"

左宗棠问："你听说过巡抚衙门的左宗棠吗？"

"哦！我知道了，你是左师爷的亲戚。好说，好说，左师爷的面子还是要给的。那我今天就不打你，昨天与你仆人的事，也一笔勾销。"

越说越放肆。左宗棠霍地一下站了起来，说："我就是左宗棠。"

"哈哈哈哈！"当兵的大笑，说，"你开什么玩笑！人家左师爷是巡抚的大红人，头上有五品顶戴，出门前呼后拥，哪像你，一个干瘪老头。"

左宗棠被彻底激怒了，随手抓起一捆芹菜向当兵的砸去。

当兵的人年轻，受过训练，反应很快。他先一个左横步躲过了砸来的芹菜，然后一个窜步向前，对着左宗棠就是一巴掌。

周贵见老爷挨打，操起一把剥菜的刀，要去拼命。当兵的顺手抓起一根扁担对峙。

这时，刘德带着县令陆传应和两名衙役跑过来。衙役大叫："都住手，县令老爷来了！"

当兵的把扁担一扔，骂道："臭老头，不是县令在这里，今天非打断你的肋骨。"

左宗棠摸着自己有些火辣辣的脸，突然哈哈大笑，然后说："我左季高活了四十七，今天被别人打了巴掌，打得好！打得好啊！"

县令陆传应向前，向左宗棠抱拳施礼，说："下官来迟，令大人受辱，惭愧，惭愧！"

随后，县令喝道："大胆兵痞，竟然敢打左大人，还不给我拿下！"两个衙役听到命令，各自上前扭住当兵的左右手。

当兵的见县令对左宗棠如此尊敬，知道今天惹了祸，不敢反抗，只得任衙役拿住。

左宗棠说："把他押入衙门，我有话要问。"

"县令大人，我是提督府的人，你不看僧面看佛面……"

左宗棠走在当兵的面前，给了他两个大耳刮子，骂道："我打的就是你提督府的，打你两下，轻了！我挨这巴掌，要在你们提督脸上找回来。"

当兵的见左宗棠底气十足，不敢再叫了。

到了衙门，陆传应叫人端来洗脸水，请左宗棠净面后，立即将茶泡上。

陆传应说："左大人放心，我等下安排几个人把那当兵的打一顿，为你出口气。"

左宗棠说："先不忙打，把他带上来，我亲自审问，如说实话，可免皮肉之苦。"

当兵的被押上来，见左宗棠端坐于正中，县令坐在一侧，两面衙役拿着大棒和刑具立于两边。看这阵势，知道遇见了"真菩萨"，自己闯下的是弥天大祸。当兵的"扑通"一声跪下，说道："左老爷，小的有眼不识泰山，求你看在提督之面，饶了小的这一回。"

左宗棠"啪"的一声，将镇堂木一拍，说："报上名来。"

"小的名叫陈庆娃，是提督府上的亲兵。"

左宗棠说："陈庆娃，你听清楚，下面我问的话你据实回答，如说半句假话，大刑伺候。"

"左大人尽管问，小的不敢说谎。"

左宗棠问："有多少亲兵在提督府当差？"

陈庆娃答："包括我在内，有六十七人，由刘把总负责。以前府内只有四十几人，最近樊大人由总兵升提督，又来的十几人，是来修缮庭院的。"

"这么多的亲兵，在提督府做什么？"

"有做厨夫的,有做伙夫的,有栽花养草的,有做点心的,有专门剃头的。我跟随樊大人时间较长,老爷比较信任我,叫我专门负责买菜。"

"你在府里当差,多长时间了?"

"我到府上来了快一年,除了我和刘把总,其余人员是三月一换。"

"我再问你,去年樊燮见京面圣,你可曾同行?"

"那时我在永州,没有同行。"

"当时有多少亲兵跟随樊燮上路?"

"当时是在亲兵队,看见樊大人挑选了五十多个身体强壮者同行。"

"你说樊燮信任你,为何不带你同行?"

"因为府上的事情,也需要人打理。"

"你们樊大人,在永州强占人妻,还把别人肚子搞大了,可有其事?"

"这,这……"陈庆娃不知该怎么回答了。

"啪!"左宗棠将镇堂木一拍,喝道:"从实招来!"

"这个小的确实不清楚,但在永州时,我见到一个男的来闹,说他的女人被……后来,那男的被打了一顿,就再也没来了。左老爷,小的说的是实话。"

"我再问你,你们樊大人在永州出行时,是骑马还是坐轿?又有多少人同行?"

"老爷出行时,大多时候坐轿。随行的人员,少则几十人,多则一两百。"

"这样说来,他去年进京面圣,也是坐轿去的。"

在大清律令中,武官骑马,文官坐轿。武官坐轿属于严重违纪。

"老爷进京后,我就到长沙府上伺候,老爷在路上的情况,我真的不知道。"

左宗棠见再问不出东西,就叫陈庆娃滚回去,然后安排陆传应整理询问记录。

参劾樊燮

回到巡抚衙门,左宗棠悄悄叫来候补道台赵一儒,叫他带几个人去永州,秘密调查樊燮的情况。

半个月后,赵一儒回来,向左宗棠汇报。

查实的事项有三:其一,去年赴京见圣,一路坐轿,由士兵轮流抬,在路上走了三个月。其二,时常施与私刑,随意打骂和侮辱下属。有一次,一个千总因赴宴迟到,被樊燮拉到街上脱了裤子打屁股。其三,在永州酗酒狎妓,几乎人人皆知。

听说但没核实的事情两项:其一,为他家中干私活的士兵有好几十人,所有费用充军费开销。其二,虚报冒领,吃空饷,贪污军费。

根据陈庆娃的口供和赵一儒的汇报,左宗棠亲自拟写参劾樊燮的奏折。

奏折写完后,随即放炮拜发。

估计邮差出了城,左宗棠才去找骆秉章喝茶,谈起樊燮之事。

骆秉章感慨,我为官几十年,像樊燮这样胆子大、排场大的,还是头次见到。

当听说已经参劾了樊燮,骆秉章先是一愣,然后说:"按他所作所为,的确该参劾。我只是怕官文保他,最后不了了之。说句大不敬的话,当今皇上,从骨子里还是向着满人的。"

北京,紫禁城里,咸丰皇帝拿着左宗棠拟写,以骆秉章之名上奏的奏折,犯起难来。不久前,官文上奏,说樊燮如何忠诚,又如何勇猛,能担任湖南提督。今天骆秉章又上奏,说了一大堆问题,而且还说得详细。总督与巡抚意见相左,该听谁的?

恰好,军机大臣肃顺来汇报工作,咸丰帝叫肃顺谈谈看法。

肃顺说:"督抚不和,是我大清官场顽疾。在此用人之际,不可偏向官文,也不可偏向骆秉章，应折中处理。以臣之见，来个革职留任，叫樊燮带兵马去江西剿贼，如能建立功业，则不追究他坐轿、用私兵之类的问题，如在战场上贪生怕死，就来个数罪并罚。"

咸丰帝觉得肃顺的话有理，就按他的意见作了批示。

樊燮接到革职留任、戴罪立功的圣旨后，又怒，又惊，又怕。怒的是骆秉章明知自己是官文的小舅子，还要上奏参劾；惊的是自己种种劣行，被骆秉章掌握了十之七八；怕的是即将上战场，自己那三脚猫功夫，欺压百姓或下属倒还可以，如与太平军真刀真枪地干，艺不高胆就小，怕呀！

原来是这样

等情绪稳定下来，樊燮想到一个人，那就是永州知府衙门的师爷魏龙怀。

樊燮与魏龙怀原来没打多少交道，自从樊燮当上提督，前途看起来一片光明，魏龙怀积极巴结，并表示愿随樊提督到长沙发展。

樊燮这人有些抠门，小老婆养了好几个，但要笔杆子、出主意的师爷一个没有。如今需要用人，只有找知府衙门的。

魏龙怀知道樊燮是官文的小舅子，初步判断他能过关，就努力出谋划策。

魏龙怀看了圣旨，仔细斟酌了措辞，看出了几分门道。他分析，如在太平岁月，骆秉章与官文掰手腕，吃亏的是骆秉章，但现在是动乱四起，湖南的局面还需要骆秉章维持，他们两人在皇帝那里掰手腕，就掰成平手，皇帝只有来个折中处理，方方面面的情绪都照顾到。

魏龙怀建议樊燮到长沙去见两个人。一个是巡抚骆秉章。樊燮就任提督后，还没到巡抚衙门拜望，失礼在先。此次去，融洽一下关系。另一个人是师爷左宗棠，也得去谒见一下。

樊燮说："骆秉章是巡抚，我虽然有官文总督罩着，但他毕竟官大一级，我去赔赔不是，还说得过去。可是那左宗棠，只是一个师爷，叫我去给他赔不是，有那必要吗？"

"有必要，非常有必要。"魏龙怀说，"骆秉章对左宗棠言听计从，许多政令都出自他手，现在湖南官场，都叫他'二巡抚'或'左都御史'。还有，左宗棠这人脾气很怪，他要做的事，巡抚都得依着他，据我猜测，想参劾你的人，十有八九是左宗棠。"

"左宗棠这人，我多次听人说过。他是一个落地举人，没考上进士，在家务农。从长毛闹起来，他出来做事，经两任巡抚举荐，弄到一个四品候补顶子。"樊燮有些不解地说，"我与左宗棠无冤无仇，他为什么要参劾我？"

"左宗棠这样的人，读书读迂了，以为满天下就他一人才忠君爱国。这些年来，湖南换了一大批府县官员，坊间流传，都是左宗棠拍的板。"魏龙怀说，"你是官文总督的人，提拔又快，他左宗棠眼红了，所以要参劾你。"

"原来是这样。"樊燮点点头，然后骂了一句，"妈个巴子！如我查出真是左宗棠在背后搞鬼，我一定取他人头。"

打耳光

樊燮来到长沙，以下属之礼拜见骆秉章，几句客套后，就开始大吐苦水，说自己工作如何勤奋，练兵如何辛苦，不知为何被参劾。

骆秉章还是装聋作哑的老套路，先是打了几个哈欠，然后坐在椅子上睡着了。樊燮叫了几声巡抚大人，骆秉章才醒来，揉了揉眼睛说："老了，老了，精力不济，不中用了。对了，樊提督，你这次出征，兵源调配、粮草保障等事宜，去找左宗棠吧。近日老夫偶感风寒，浑身无力，就不陪你多说话了。"

骆秉章下了逐客令，樊燮只好告退。

在去左宗棠办公室的路上，樊燮心里充满矛盾。听魏龙怀出的主意，左宗棠手握实权，此次出兵，后勤方面还需要他保障，自己又有一些把柄落入他手中，应装出对他恭谦的样子。但又反过来想，他左宗棠只是一个屡试不中的老举人，头上的顶子还是虚的，叫我以下属礼节叩见，对他下跪，又太不甘心了。

下跪，还是不下跪？樊燮心绪紊乱，反复纠结中，走到左宗棠办公室门口。

在见到左宗棠那一刻，樊燮决定不下跪：我大小是个提督，哪有向师爷下跪的道理！更为重要的是，我还是湖广总督官文的小舅子，他可以把我参臭，但很难把我参倒。左宗棠你要真与我作对，今后鹿死谁手，还很难说。

樊燮进了门，自我通报后，只是作揖，施以平级礼节。

左宗棠见樊燮其貌不扬，干了这么多坏事，如今被参了，态度还很傲慢，便一下子来了气，高声喝道："武官见我，无论大小都要下跪请安。"

樊燮也来了脾气，把魏龙怀劝他要忍耐的话忘了，立马反唇相讥："朝廷体制，没有武官见师爷要请安的规定。武官虽轻，但也是实实在在的二品官。"

左宗棠的话被驳斥，不由得恼怒起来，吼道："樊燮，别以为有后台，就可以如此无礼。"

脸皮撕破，樊燮没有顾忌了，冷笑着问："左师爷，你讲讲樊某人怎么无礼？"

"你有个亲兵叫陈庆娃，违反法制给你干私活，还仗着你的势在大庭广众之下打了我的耳光。"左宗棠摸了摸被打的左边脸颊。

左宗棠说得有名有姓，无风不起浪，看来这事是真的，樊燮不知如何应对了。

这时，左宗棠轻轻走到樊燮面前，"啪"一个巴掌打出去，然后说："陈庆娃打我时，口口声声说他是提督府的人，这一个巴掌，就该由你提督来还。"

樊燮左手捂着被打的脸，右手捏紧了拳头，门口两个亲兵听到里面有动静，迅速进来，一左一右抓住樊燮的手。

樊燮动弹不得，骂道："你这个师爷算个屁，头上的顶子是虚的，还敢打老子。如果不是在巡抚衙门，我一刀砍了你。"

左宗棠大怒，大声骂道："王八蛋，滚出去！"

老哥哥

樊燮走后，左宗棠找到骆秉章，把刚才发生的事讲了个大概，然后说还要继续参劾樊燮。

骆秉章说："本来我不准备与官文斗，既然已经这样了，就继续参吧。你派人去把他贪污军饷的事查清楚。"

"好，我派出得力干将彻查。"

"用不着，用不着，派一般的人去查，多少掌握一些证据，下月我进京面圣时用用。"骆秉章摸着胡须说，"估计我进京回来，樊燮吃败仗的消息就传来了，到时用不着你参，他自己很可能就倒了。如在战场上败得太难看，官文也救不了他。"

见左宗棠半信半疑的样子，骆秉章继续捋着胡须，微笑着说："我会看相。樊燮尖嘴猴腮，不是一个福将。"

左宗棠脸上的肌肉越来越松弛，问："那你看我的相，有没有福？"

骆秉章笑着，走近左宗棠端详片刻，说："你呀，今后要封疆扬名，登堂拜相。"

"老哥哥，你就别开我的玩笑了，刚才樊燮骂我，说我头上的顶戴是虚的，登堂拜相，那是想都不敢想的事。"左宗棠觉得扯远了，又把话收回来，说，"老哥哥，由于我的任性，事前没与你商量就参了樊燮，弄得你和官文之间不愉快。"

"别说了，老弟，我讲过，大权托付于你，你去做任何你认为有必要的事，我都支持。"骆秉章说,"如果官文有什么举动,老哥顶着。我也是六十岁的人了,只想在你辅佐下为国家干点实事。至于个人的荣辱,我已看得很淡了。"

叫了几声"老哥哥",左宗棠突然间觉得,骆秉章敢作敢为,能够担当,有大哥的气质。

> 领导者要有大哥的气质

提督府外,一个人嘴角渗着血,在地上艰难地爬着。这人是陈庆娃。

樊燮回到提督府,把气全发在陈庆娃身上。他被打断了两条肋骨,逐出了门。

樊燮骑着一匹快马,连夜向武昌奔去。事关前途乃至身家性命,他不敢坐轿摆谱了。

李师爷

到了总督衙门,樊燮第一个拜见的,不是总督兼妹夫的官文,而是师爷李锦棠。

樊燮与李锦棠有层关系,当年就是他牵线搭桥,樊燮的妹妹才嫁给官文做妾。在樊燮眼中,李锦棠是非常有智慧的。

李锦棠听完樊燮叙述,略为思考后说:"你与左宗棠到了这一步,你不弄死他,他就弄死你。在皇上那里,总督大人说话的力度要比骆秉章大,你还是有一定胜算。另外,我给你透露,近半年来,总督大人对骆秉章的不满与日俱增,正想找理由敲打。但这理由……"

李锦棠躺下,抽了一口鸦片,眼睛眯成了一条缝。十年前,李锦棠在广州衙门当门丁,染上了鸦片瘾。这些年当师爷,打着总督旗号,弄了不少钱,但大多都花在这根烟枪上。

李锦棠猛吸几口,来了精神,吐了个烟圈,然后慢慢地说:"这段时间,真霉!"

樊燮急忙问原因。

李锦棠说:"两月前,我认识一个戏子,接连去捧了几天场,一来二去,便对上眼了。我原以为做几天露水夫妻,没想到这戏子认了真,硬要我把她娶进门。这戏子是戏班的台柱子,老板不放呀!"

听到这里,樊燮听出了名堂,李锦棠是想要钱。

樊燮问:"戏班老板要多少才肯放人?"

"四百两银子。"李锦棠伸出四根指头。

"我虽然不宽裕,几百两银子,还是拿得出。"樊燮从衣袋里取出银票,递给李锦棠。

李锦棠接过银票,一看,五百两,顿时笑了。在收好银票后,李锦棠弹了弹烟灰,说:"大清《钦定六部处分则例》说得很清楚,官员纵容幕僚要治罪,我听说左宗棠把持湖南巡抚衙门,大权小权一起揽,这是典型的劣幕。只要官总督参他一本,他左宗棠不死也要脱层皮,骆秉章也脱不了关系。"

"对,此计甚好!"樊燮附和。

"这只是其一。"李锦棠说,"在参他的奏折中,还要写明左宗棠以权谋私,买官卖官,大肆敛才。对那些不肯顺从的官员,则打击报复,比如说对你樊大人胡乱参劾。"

"高啊!"樊燮佩服李锦棠了。这样既打击对手,又能为自己洗刷污点,一举两得。

樊燮说:"我只是初通文墨,写不成参劾奏折。不如你帮忙帮到底,把这两点写出,我随即找官总督,请他给我递上去。"

"这个，这个嘛，还要我写呀？"李锦棠做起为难的样子。

樊燮又摸出一张两百两的银票。李锦棠笑纳后，又猛吸几口鸦片，才起来动笔。

总督府内，官文听说樊燮求见，心想，这小舅子"无事不登三宝殿"，前次保举他当了提督，也仅仅是写封信表示感谢，没有亲自来谢恩，今日心急火燎地跑来，八成是惹出了麻烦，要找我给他"擦屁股"。

"让他等着。"官文悠闲地喝了一口茶，坐在太师椅哼起了京剧。

过了一个时辰，官文才换上正装，慢吞吞地朝客厅走去。

满官与汉官

官文，字秀峰，满洲正白旗人，占着血统高贵，先后出任副都统、荆州将军等职。杨霈被扳倒后，官文接任湖广总督。在咸丰帝看来，官文有能力，至少有周旋于汉官之间的能力。曾国藩每次战报，都把官文列在功劳名单的最前面。官文不用上战场，就多次受到朝廷奖赏。如果要颁一项最有福气奖，非官文莫属。

其实，曾国藩拉拢他，是因为满族官员能得到皇上的信任。让官文得一些从天而降的好事，是曾国藩的大手笔布局，以此造成满汉同心的印象，让朝廷少些猜疑，方便自己做事。

清朝入关后，对汉人既用又防，权力要津一直由满人掌握。太平天国闹起来，满族权贵不堪重用，屡吃败仗，在此情况下，以曾国藩、胡林翼、骆秉章为代表的汉官集团崛起。

在湖广地盘上，以总督为首领的满官集团，必然与汉官集团发生矛盾。

官文没什么本事，只会说几句客套话，生活又奢侈无度，湖北巡抚胡林翼看不惯，写信给曾国藩，商议是否联合参劾官文。

曾国藩回信，讲了三层意思：其一，本朝不轻易给汉臣兵权，如今不得已，才满汉并用。湖北居天下要冲，必然要派满族大员来监视我们。其二，督抚相互参劾，就算把我加上，也未必能胜。就算参劾成功了，说不定后来者又是满人，照样扯我们的后腿。其三，他生活豪奢，只要不坏我们的大事，送他点钱又何妨？

胡林翼看完信，恍然大悟，立即去总督府拜见官文，并送白银三千两。

后来几个月，胡林翼多次拜见官文，除了送钱，还送古玩字画。官文见钱眼开，又享受言语恭维，在工作中就不再为难胡林翼，私下里还称兄道弟。

骆秉章的性格和胡林翼稍有差异。他虽然赞成胡林翼的做法，但他自己不效仿。湖广地区满官与汉官之间的矛盾，主要体现在官文与骆秉章的冲突上。

隔山打牛

樊燮见官文出来，马上跪下说道："大人，救我！"

官文站着，没动，也没说话。

"妹夫，救我！"樊燮跪着挪动到官文面前，用头叩地。

官文走到椅子前，坐下说："起来讲话。"

樊燮起来后，添油加醋讲了一大通，还编造了左宗棠骂官文的情节。

"你呀，不争气，只知道惹祸。"官文终于讲话了，"这些年剿匪，湖南出了些军饷，骆秉章在朝廷很红。剿匪没结束前，很难把他扳倒。"

"骆秉章动不了，但可以动左宗棠。"樊燮头向前倾，一字一句地说，"隔山可以打牛。"

"嗯，有点道理。"官文点了两下头。

樊燮赶快将李锦棠写的奏折递上。官文看完后，表示满意，立马安排将此折上奏皇上。

左宗棠要开始走霉运了！

叁　立体救护

"如何是好，如何是好！"骆秉章拿着圣旨，在屋里来回踱步。

左宗棠进来，见此情景，说："打仗时也没有见巡抚大人如此慌乱，出了什么大事？"

"你自己看吧！"骆秉章将圣旨递给左宗棠。

左宗棠一看，脸色骤变。

圣旨说：骆秉章糊涂，湖南一官两印；左宗棠嚣张，是著名劣幕。现令湖广总督官文查办此案，如左宗棠有不法之事，可就地正法。此圣旨同时发湖广总督府。

左宗棠瞪大眼睛，将圣旨从头到尾看了两遍。

"我身正不怕影子斜，我就去武昌，看他官文把我怎么样！"左宗棠说话语气虽平静，但骆秉章听得出，这是愤怒到极点的一种表现。

"老弟，武昌万万不能去。"骆秉章说，"官文心狠手辣，你要掉进他的手里，还有命吗？"

"可这圣旨……"左宗棠知道骆秉章讲得有理，但皇命难违啊！

"哼！官文要与我玩手段，老夫就陪他玩上一把。"骆秉章一改柔软腔调，语气刚强，"我想好了，要攻防兼备，应付当前局面。攻，就是继续参劾樊燮，一直到参倒为止；防，就是给曾国藩、胡林翼去信，大家共同想办法。"

"哎！"左宗棠长叹一声，说，"曾国藩在江西不顺利，再拿我的事去烦他，不好吧！胡林翼与官文同驻一城，可能也不便出面。"

"都什么时候了，还顾忌这么多，你去写参劾樊燮的奏折，其余的事，我来办。"

"老哥，别费心思了，也许信还没交到曾国藩手里，官文就派人将我押往武昌了。他手里拿的是圣旨。"左宗棠语气低沉，"是福不是祸，是祸躲不过。我去武昌与官文辩理。"

"官文派人来提你，我就说你工作没交接，不放人。"骆秉章说，"季高，有老哥在这里，天塌不下来。"

不出所料，几天后，官文派人来提人，被骆秉章打发回去了。

人托人

曾国藩接到骆秉章的信，考虑了一夜。第二天一早，他写了两封信。一封信写给骆秉章，要骆再核实左宗棠是否有"劣幕"事迹。这封信体现了他为人谨慎。

另一封信写给同乡兼好友，现在翰林院任编修的郭嵩焘。

前文讲到，郭嵩焘与左宗棠一起劝曾国藩出山办团练，曾国藩要他负责筹办湘军粮草。一年后，郭嵩焘母亲去世，回家丁忧。丁忧期满，便回京城了。

郭嵩焘回京，曾国藩刚开始不高兴，写信挽留。郭嵩焘回信说，我在京城，可以给你联络朝臣，可以给你传递信息，对于湘军的作用，比在你身边工作还大。

郭嵩焘接到曾国藩的信，感到事态严重。他把自己的关系都想了一遍，决定去找王闿运帮忙。

王闿运是当时的大学问家，潜心研究帝王学，喜欢凭一张嘴说纵连横。

如果你没听说过王闿运，你一定听说过他的学生杨度。如果你没听说过杨度，你一定听说过袁世凯。杨度是袁世凯的重要幕僚，称帝的首席"吹鼓手"。

美不美，家乡水；亲不亲，故乡人。郭嵩焘与王闿运都是湖南人，时常参加老乡聚会，两人非常熟悉。

为什么找王闿运？因为王闿运在户部尚书、军机大臣肃顺那里当家庭教师。肃顺是皇族，是满官首领。他的思想观念相对开放，主张重用汉人。

王闿运与左宗棠未见过面，但左宗棠的事迹他早就听说。同为湖湘才子，可谓神交已久。所以郭嵩焘找他帮忙，他满口答应。

一日，王闿运陪肃顺喝茶，把话题朝重用汉人官员方面引。

肃顺说："现在有的王公，只会遛狗逗鸟，自己干不成事，还不让能干的汉人做事。"

"是啊，是啊！不论满人汉人，只要保卫大清，效忠皇上，就该重用。"王闿运附和几句后，话题一转，说，"不过，有些能干事的汉人，有了成绩，就要受到打压，命都有可能不保。"

"嗯？还有这样的事，你说谁呀？"

"我听别人讲，湖南骆秉章幕府的左宗棠，就被官文参了一本。"

"哦！我想起来了，有这回事。"肃顺说，"左宗棠这人，骆秉章、曾国藩说他能力超群，官文说他是'劣幕'，蒙骗了巡抚。我也不知道谁说得对。当时官文的折子上来，我想只说了一个幕僚的事，就没太在意，把折子传给了皇上，也不知皇上最后是如何批的？"

"皇上批示，将左宗棠押往武昌，由官文发落。"

"你是如何看的？"肃顺问。

"我记得有一次同大人闲聊,您说了一句'骆秉章之功,皆左宗棠之功也'。"王闿运侃侃而谈，"要干出一番成就，必然要得罪人。左宗棠协助骆秉章整顿吏治，撤换了一批官员，湖南面貌为之一新。我听人说，左宗棠性格刚直，常常是骆秉章唱红脸，左宗棠唱黑脸。我还听说，新任的湖南提督樊燮是官文的大舅子，他被骆、左参劾了，弄了个革职留任。动了官文的人，官文当然不干，要报复。而骆秉章为人谨慎，官文抓不到把柄，就只有在左宗棠身上下功夫。

我认为当前是用人之际，搞内耗是自捆手腿。要保护左宗棠这样能干的人，才能打败长毛，才能确保我大清江山万代长清。"

"嗯！"肃顺点了几下头，说，"你讲得有理，但此事我不便直接说话，要有内外大臣的保荐，皇上问我意见时，我方能启齿。"

王闿运知道，官场江湖水很深，如肃顺直接为左宗棠说情，皇帝便怀疑肃顺与骆秉章之间有勾搭。

王闿运将肃顺的话带给了郭嵩焘。

终身"名片"

郭嵩焘虽是京官，也能见到皇帝，但他是湖南人，又是左宗棠的好友，所以他不能直接保荐。经过思考，他决定找同事潘祖荫帮忙。

潘祖荫是江苏吴县人，咸丰二年的"探花"，才华横溢，任翰林院南书房侍读学士。

郭嵩焘心想，虽然是同事，人也熟悉，但潘祖荫是否能奏保与他素不相识的左宗棠，并无把握。

这时，胡林翼来信，请自己帮忙营救左宗棠，并说所有费用由他负责。

郭嵩焘决定花点钱，来个"计赚"之策。人皆有弱点，潘祖荫最大的爱好是收藏书画古玩。

郭嵩焘从潘祖荫的角度，一气呵成写好奏折，然后带上银票，去王府井的古董店，挑来选去，看中一只明朝万历年间利玛窦从意大利带来进贡的镶银玛瑙鼻烟壶。在与老板讨价还价后，花九百六十两银子买下。

见到潘祖荫时，郭嵩焘说："伯寅，好长时间，你都没请我到于莲芳家喝酒了。"

伯寅是潘祖荫的字，于莲芳是当时的名旦。才子爱佳人，潘祖荫经常去捧场，一来二去，竟然熟悉起来。

潘祖荫苦笑，说："近段时间手里有点紧，没银两。"

郭嵩焘一听，心里一阵暗喜，马上表示愿意做东请客。

喝了几杯酒，套了近乎后，郭嵩焘拿出那只精妙绝伦的鼻烟壶，看了几眼后，递给潘祖荫，说："伯寅，你帮我看看，是不是真品。"

潘祖荫仔细端详，然后说是真品，喜欢之情溢于言表。

郭嵩焘说："伯寅，如你喜欢，就送给你。"

"真的？"潘祖荫有点意外，说，"不行，不行，这礼物太重了，我收下后，不知怎么感谢你。"

"这只是一个小礼物，何以言重。"郭嵩焘微笑着，身体略微前倾，然后说，"今天啊，确有事要求你。"

"何事？"潘祖荫说，"以你我的交情，只要办得到的，我绝不推辞。"说话的时候，潘祖荫的眼光没有离开鼻烟壶。

"我想请你保举一个人。"郭嵩焘递上一张三百两的银票。

潘祖荫左手接过银票，右手拿着鼻烟壶，两边看了看，然后问："保举的人是谁？"

郭嵩焘拿出奏折，递给潘祖荫。

潘祖荫看完后，说："我虽然不认识左宗棠，但他的大名，我是知道的。听说此人才具一流，辅佐两任巡抚。"

吃了人家的嘴软，拿了人家的手短。潘祖荫答应将此折子递上去。

这折子中有一句，"国家不可一日无湖南，而湖南不可一日无左宗棠。"成了左宗棠的终生"名片"，为后世所称颂。

咸丰皇帝看完奏折后，召见郭嵩焘，问："你们湖南有个左宗棠，你知道吗？"

郭嵩焘说："左宗棠是湖南大才子，我与他早就认识。这些年来，湖南以一省之力,支援了邻近五省。这些功劳,表面上看是骆秉章调度有方,实际上是左宗棠运筹决策。"

咸丰皇帝说:"官文上奏,说左宗棠是劣幕;潘祖荫上书,保举左宗棠,对这个问题,你如何看?"

郭崇寿说:"如果没有左宗棠,湖南局面早就不可收拾。但左宗棠也有缺点,他的性格过于刚直,易得罪人。官文在武昌,也许对湖南的情形不够了解。"

咸丰皇帝问:"那你说说,此事该如何办理?"

郭嵩焘早就想好了对策,从容答道:"耳听为虚,眼见为实。请圣上派出钦差大臣,赴湖南专门了解左宗棠的情况。"

"好吧!"咸丰皇帝说,"由监察御史富阿吉担任钦差大臣,你去拟旨。"

郭嵩焘在拟旨的同时,写了三封信,快马送胡林翼、曾国藩和骆秉章。

这段时间,胡、曾、骆都没闲着。

胡林翼找到官文,讲了自己与左宗棠有几层关系,请官总督高抬贵手。官文收了胡林翼不少钱财,现在也不好撕破脸,第一次提人失败后,就没再派人去湖南提押左宗棠。

曾国藩给自己熟悉的京城官员,包括给同情汉官的满族官员写信,恳请他们利用各种时机保举左宗棠。

骆秉章作为当事人,不便于直接上书为左宗棠洗冤,于是采取了"围魏救赵"的策略,连续几次向朝廷上书,参劾樊燮。

钦差中圈套

钦差富阿吉是满族公子哥,游山玩水、看戏斗鸟还可以,要说工作能力,就很一般了。

胡林翼听说富阿吉是钦差后,心想,此人好对付,然后眉头一皱,计上心来。他把家人胡汉叫进书房,面授机宜。

胡汉骑了匹快马,星夜向北方奔驰。在山东德州,截到了富阿吉。

"富大人,这船很大,我免费护送你去湖南。"

扮成商人的胡汉挺会办事,昨日与富阿吉"偶遇",很快套上近乎。他对富阿吉说自己也要去湖南,不如结伴同行。

富阿吉心想,商人嘛,平时只能见县官之类的,此人想在朝中找个后台,所以就来巴结我,这样也好,一路上的开销就由他买单。

富阿吉一看,这是一艘超级游轮,船头船尾还挂着五颜六色的彩带。进船一看,富阿吉眼睛都直了,船舱内坐着七八名美女,有的拿着扇子,有的抱着琵琶。

富阿吉心想,这些美女,全是来伺候我的,桌上还摆着酒、茶、水果。看这架势,吃喝嫖赌一条龙服务。这姓胡的商人,真会办事。

上船后,富阿吉很快进入状态,在美女堆里打情骂俏,乐在其中。

这艘船开得慢悠悠,今天进五十里,明天又退二十里。富阿吉在船里过着神仙般的日子,乐不思蜀了。停靠码头时,胡汉请他到岸上吃当地特色菜,酒足饭饱后,又请他去妓院玩耍,让他换换口味。

不知过了多久,船开到武昌,湖广总督官文、巡抚胡林翼准备宴席,为富阿吉接风洗尘。

在下船前,胡汉告诉富阿吉,这一路上的开销,全是巡抚胡林翼出的钱。富阿吉有些吃惊,心想,我与胡林翼并无交情,为什么对我这么好?

天下没有免费的午餐,接风宴结束后,胡林翼找到富阿吉,道出真实意图:左宗棠并非"劣幕",调查报告我已代你写好,你在武昌好好玩几天,然后回京复命。

胡林翼说完,拿出一张三千两银子的银票放于桌上。富阿吉伸手去拿,但手伸出去一半,又缩了回来。湖南地界都没到,现在就回去复命,如被查出来,可是欺君之罪。

富阿吉吞了口唾液，清了一声嗓子，拿出钦差大人的架势，严肃地说："我是奉皇上之命来调查左宗棠，现在还没到湖南，你就叫我回去。如果我听你的，本钦差就成了一个不忠之人。"

胡林翼冷笑一声，说："你不按我的意思办，这份奏折，我就呈给皇上了。"说完，从内衣袋里摸出一份奏折，扔在富阿吉面前。

富阿吉拣起奏折，一看傻了眼了，从山东德州开始，自己每一天做的事情，什么骚扰地方、强占民女、抽食鸦片、故意拖延时间等等，全写在奏折中。

"原来胡老板是你派来的！"富阿吉知道自己中了圈套。

胡林翼笑而不答。

略为思考，权衡利弊后，富阿吉服软了。他收起银票和调查报告，按胡林翼的意思回京复命。

救才成功

咸丰皇帝拿着富阿吉的调查报告，越看越糊涂。这左宗棠，官文说他是个"劣幕"，潘祖荫说他是能臣。派人去调查，竟说他策划军事、筹集军饷、成效卓越、人才难得。

为什么同一个人，评价相差这么大？咸丰皇帝决定次日上朝时，集体讨论这件事。

朝会上，一些汉族官员收到曾国藩的书信，说左宗棠才华过人，可担重任。但也有个别满族官员，赞成官文的观点。

咸丰皇帝问肃顺的意见。

肃顺说："前些日子，贼首石达开回窜湖南，号称十万人马。湖南用本省之兵，用本省之饷，几个月就将乱贼打出湖南。这几年来，湖南以一省之力，援助了江西、湖北、安徽、浙江等省。湘军出省后，也打了一些胜仗。这些战绩的取得，从表面上看，是骆秉章调度协调，是曾国藩指挥有方，但其实质，都是由左宗棠运筹决策。臣下的意见是，让左宗棠离开骆秉章幕府，到曾国藩处襄办军务，这样既避免了'劣幕'之嫌，又能到前线为国效力。"

肃顺是皇族，是满族官员在朝中的总代表。他表了态，不论是朝中还是湖广的官员，包括官文在内都见风使舵，为左宗棠说好话。

樊燮呢，因骆秉章多次上奏，贪污受贿、吃空饷的事实确切，官文想保，但没保住，最后被革除一切职务，充军新疆。

皇上下了圣旨：左宗棠不再押赴湖广总督衙门，而是去曾国藩部襄办军务。

左宗棠接旨后，高喊："皇上圣明，皇上圣明啊！"

在骆秉章、曾国藩、胡林翼的救援下，左宗棠逃过一劫。因祸得福，他可以去前线，展现他的军事指挥才干了。

对于左宗棠这样的人才，作为上级的曾国藩会怎么使用，请接着往下看。

第八章 尽才

壹 左曾逸事

张亮基、骆秉章都是用才高手,他们使用左宗棠都是成功的,但是他们,只用了左宗棠的五六分才能。有一个人,善于点石成金,挖掘了左宗棠的全部潜能,这个人是——曾国藩。

曾国藩组建团练之初,对要求参加者进行面试。他见那些穿着朴素、言语不多、手上有茧、面相诚实者,就点点头,表示"你入选了"。对那些穿着打扮花哨,说话油腔滑调,或者曾经在绿营当过兵的,曾国藩就"嗯嗯"两声,这样的人就被淘汰了。

千军易得,一将难求。曾国藩选将,有三个标准:其一,有节操。把道德放在选人用人的第一位,具体说来就是有忠义之心,能清正廉洁,能用自己的模范行为带动和感染下属。其二,有血性。在他看来,文官不贪财,武官不怕死,就是有血性的具体表现。其三,有条理。相传曾国藩写了一本相人的书,叫《冰鉴》。此书口诀中的最后一句,是"若要看条理、全在言语中"。有条理,就是有归纳提炼的能力,能分清轻重缓急,能在复杂的情况下抓住事物的主要矛盾,避免"眉毛胡子一把抓"。

曾国藩按这三条标准去选将,手下的将官,几乎全是书生。但就是这些书生,带着一群农民,打败了几十万太平军,建立了卓越功勋。

曾国藩用人有一定标准，但并非一成不变。通常情况下，对那些夸夸其谈、说大话的人，是拒绝任用的。左宗棠是一个例外，他号称"今亮"，说起话来牛气冲天，做起事来性格倔强。按理说，左宗棠不符合曾国藩的用才标准。但曾国藩既有原则性，又有灵活性，大用、特用左宗棠。

在左宗棠成为曾国藩下级前，两人既是朋友，事业上互相扶助；两人又是冤家对头，有点文人相轻的感觉。

两副对联

有一天，左宗棠与曾国藩谈完事，闲聊起来。

曾国藩说："最近我娶了一名小妾，非常可爱，我宠她，天天给她洗脚。"

左宗棠会心一笑，说："我出个上联，你对下联如何？"

文人之间对对联，是常有的事。曾国藩没有多想，便说"可以"。

左宗棠脱口而出："代如夫人洗脚。"

曾国藩一听，心里有些不快，略为思考后，说道："赐同进士出身。"

左宗棠一听，气得说不出话。因为"如夫人"，是相当于夫人，指小妾。左宗棠出的上联，虽有挖苦之意，但开玩笑的成分多一些。曾国藩对的下联，揭了左宗棠的伤疤，指他科举不得意，考不上进士。也许有一天，皇帝照顾他，赐一个相当于进士的称谓，就叫同进士。同进士和真正进士相比，差别非常大。

听惯了奉承话的左宗棠，转身就走了，两人不欢而散。

又有一次，曾国藩对左宗棠说："我出个上联，你来对下联，如何？"

左宗棠答："好呀！"

曾国藩说："季子自命太高，隐不在野，仕不在朝，与我性情常相左。"

左宗棠心想，这是讽刺我爱吹牛，性格犟。这个上联，把"左季高"三个字嵌进去了，的确很妙。

左宗棠想了一会儿，说："藩臣以身许国，进未能战，退未能守，问尔经济有何曾?"

左宗棠不愧是对对联的高手,把"曾国藩"三个字也嵌了进去,而且对得非常工整。下联的意思是说,你曾国藩虽有报效国家的心,但你没有做实事的能力。

曾国藩听了,气了好几天。

兵败靖港

湘军第一次出征,曾国藩兵分两路,塔齐布、罗泽南率五营兵马去收复湘潭,自己率五千人驻水陆洲。

水陆洲下游六十里,有个叫靖港的地方,江面开阔,陆路交通发达,是一个战略要地。

据探马来报,守靖港的太平军,只有区区五百人,而且明晚要摆"太平宴",防守力量稀松。

这真是天助我也!曾国藩心想,我手里有五千人,十倍于敌,再加上突袭式进攻,拿下靖港,定无问题。

为小心起见,曾国藩又派出两批探子,回报的消息均为军情属实。曾国藩下了决心。

第二天,曾国藩带领五千人,分水陆两路浩浩荡荡地朝靖港开去。

探马回报,靖港镇上正在杀猪宰羊,八仙桌摆了一条街。曾国藩大喜,下达了进攻命令。

晚饭时分,湘军冲进靖港镇,见八仙桌在,酒菜还是热的,就是不见太平军。曾国藩惊讶,这异常安静的背后,透露着一股死亡的气息。

"不好,中计了!"曾国藩叫了一声,撤退的话还没喊出,突然听见一声炮响,太平军伏兵四起,喊声大起,从四面八方朝湘军杀来。

靖港的太平军不是五百,而是一万五千人。他们呐喊着冲锋,像一股势不可挡的激流,压向曾国藩的五千湘军。

湘军第一次出战，没料到也没见过这种场面，个个吓得胆战心惊，还没交手，腿就软了。曾国藩强压阵角，指挥迎敌。刚一接战，湘军就败下阵来，开始四面逃窜。太平军士气高涨，大叫"活捉妖头曾国藩"。

炮声、鼓声、喊叫声交织在一起，像一道道闪电。湘军抱头乱窜，只恨爹娘少生了两只脚。

曾国藩怒火中烧，将军旗立于地上，高喊："有过此旗者，斩！"

兵败如山倒。战场上什么声音都有，谁听见你曾国藩的喊声。湘军依旧溃逃。

曾国藩也急了，向跑到自己的身边的小个子湘勇砍了一剑。剑很锋利，湘勇哼都没哼一下，倒地而亡。

可是，杀一不能儆百，湘军士兵从曾国藩两侧向后跑。突然，一支箭飞来，射掉了曾国藩的帽子。曾国藩一惊，反而清醒了许多，知道今天战败的大局已定，自己也扔了剑，本能地加入逃跑的队伍。

曾国藩在几个亲兵的护卫下，艰难地逃上战船。太平军追到岸边，向船上射箭。船上发射火炮，才将太平军压住。

跳水自尽

曾国藩看着自己仓皇逃命的狼狈相，又恼，又羞，又自责。今日一战，五千湘军几乎全军覆灭，自己花了无数的时间和精力，以为打造了一支无敌部队，但就在刚才一顿饭的时间里梦就碎了。想着自己的理想抱负，想着自己曾经说过的豪言壮语，想着长沙那些官员要对自己冷嘲热讽……干脆一死了之！

想到这里，曾国藩走出船舱，纵身跳入滚滚江水中。

如果曾国藩这次被淹死了，历史对他的记载可能只有只言片语。他的故事没有结束，源于一个细心的幕僚。

幕僚李元度打仗不行，出谋划策也很一般，他最大的特点就是心细。他了解曾国藩"宁为玉碎、不为瓦全"的性格。他从曾国藩死灰的眼神中，读出了

"不成功便成仁"的心理。他履行起了一个幕僚的职责，决心在关键时刻拉主官一把，所以寸步不离曾国藩左右。

曾国藩跳入江后，李元度大叫"快救主帅"，随即又跳入江中。几个亲兵跟着跳下去，七手八脚把曾国藩拉上船。

在船上，李元度抱着他，软硬兼施一阵劝说，才稳住了曾国藩。

回到水陆洲后，曾国藩把自己反锁在大营里，不见任何人。一连好几天，他都像丢了魂魄一样，不吃不喝，蓬头垢面。

李元度找到曾国藩五弟曾国葆，要他从亲情的角度去劝说。

曾国葆进去，还没开口，曾国藩就说："五弟，你带几个人，进城去买一口棺材。"

"买棺材？买棺材做什么？"曾国葆明知故问，劝道："大哥，胜败乃兵家常事……"

"叫你去买棺材，不要多说话！"曾国藩打断曾国葆的话，吼了起来，看来情绪糟透了。

他们两兄弟，一个是大哥，一个是小弟，年龄相差十七岁。国葆从小便视大哥为楷模，敬兄胜过敬父。叫他去买棺材，心里虽不情愿，但见大哥发了火，也不敢顶嘴。

进城的路上，曾国葆心想，一定要阻止大哥自尽，可惜父亲远在老家，远水救不了近火。骆秉章呢？他虽然对湘军很支持，但他与大哥同为官场中人，大哥很好面子，此时打了败仗，最怕见同僚。突然，曾国葆想到左宗棠。这人虽与大哥有时斗斗气，但说到底还是朋友，记得有一次大哥说过，纵观湖南诸人，论办实事的能力，没有人比得上左宗棠。

曾国葆主意已定，叫随行人员去随便买口棺材，自己向司马桥左宗棠住处奔去。

话分两头讲。此时的曾国藩万念俱灰，决定一死了之。凡事有始有终，他决定给皇上写封遗折。在此折中，曾国藩扛下了所有的责任，希望皇上能继续重用湘军，特别要重用胡林翼、罗泽南、塔齐布等人。

遗折写完后，又看了两遍，改了几个字，又重新抄了一遍。将遗折封好后，曾国藩的心里好像平静了一些。

接着曾国藩又给家里写了遗言，请父亲节哀顺变，鼓励兄弟们或文或武，报效国家，光耀门庭。他还特别交代五弟，在自己死后，赶快把灵柩送回老家，不可在中途祭吊。

该办的事办完了，曾国藩轻松了许多，现在他要思考，究竟用什么方式结束自己的性命，是投水，是服毒，还是上吊？

这时，亲兵来敲门，说左师爷来了。

大骂曾国藩

还没等曾国藩表态，左宗棠已推门进来，对垂头丧气的曾国藩说："听说你投水自杀，可有这事？"

曾国藩点点头。

"好哇！你投水没死成，又叫国葆去买棺材，留着你自己用吧？"

曾国藩又点了点头。

"你这个不忠不孝的曾国藩，打了一个败战，就效仿村妇，来个一哭二闹三上吊。如果你真的自杀了，我就去劝说伯父，不让你入曾家的祖坟。"

曾国藩原以为左宗棠像李元度一样，是来劝自己的，没想到他竟然一顿臭骂，于是顶了一句："我怎么不忠不孝了？说来听听！"

"你不仅不忠不孝，还要加上一条不义。"左宗棠拉了个凳子，坐在曾国藩面前，说，"我一条一条给你数出来，看你服不服。"

"你曾国藩科举得意，二十八岁入翰林院，十年升七级，三十七岁当礼部侍郎，官至二品，可以说，皇上对你恩重如山。现在长毛作乱，皇上叫你办团练，指望你保境安民，平乱兴邦，可你受了一点挫折，就要死要活。你辜负了皇上的期望,这是不忠。"

曾国藩听了,脸上有些挂不住,索性闭上眼,一副洗耳恭听的样子。

左宗棠接着说:"你们曾家,在湖南也算名门望族,家风淳厚,历来以懦弱无刚为耻。你这次办团练,伯父还等待着你打胜仗,光耀门庭。如果你今日就自杀,使全家人的希望成泡影,此为不孝。为什么说你不义呢?你想想,你招的团练,大多数为湘乡人,有的还是你的亲戚或邻居,如今你要自杀而去,一万多团练兄弟,要被解散回乡,一辈子受穷。当初听了你号召,把脑袋别在腰杆上,跟着你打仗,不就想跟着你升官发财吗?如果你自杀,你倒解脱了,但弟兄们怎么办?"

听左宗棠一番分析,曾国藩被说动了,眼里恢复了斗志。是啊!大丈夫立于天地之间,何怕失败!与其背着不忠不孝不义的名声去死,不如振作精神,总结教训,与长毛大干一场。

就在曾国藩思想转化之时,曾国葆兴冲冲地跑了进来,手舞足蹈地说:"大哥,我军大获全胜,湘潭大捷,湘潭大捷呀!"

"什么,湘潭大捷,我没听错吧?"

"大哥,没错。你看看,这是塔齐布写的亲笔信。"曾国葆将信递上。

信中写道:湘潭水陆大胜,斩敌六千余人,逆贼全军力覆没,贼首林绍璋带少数亲兵仓皇逃走……

看到这封信,曾国藩控制不住内心的激动,流下了两行热泪。

"湘军打胜了,湘军有救了!"曾国藩擦干眼泪,拉着左宗棠的手,激动得有些失态。

收税风波

后来,曾国藩带领湘军转战江西,对阵太平军名将石达开,各有胜败。

几经努力,湘军攻克南康府(今江西九江)。这是进入江西几个月来,拿下的第一座府城。一番考察后，曾国藩决心以此为据点，筹办火药厂和造船厂，为湘军水陆二师提供装备。

说到办厂，首先要解决经费问题。湘军是团练，朝廷不拨饷银，地方政府在经费允许的情况下，有接济团练的义务。在湖广地盘上，骆秉章、左宗棠对湘军格外关照，曾国藩不愁无米下锅。但是到了江西，情况就大为改变。

江西巡抚陈启迈对曾国藩不冷不热，嘴里说一定支持，但谈到银两时，一文都没有。尽管碰了几次壁，但为了办厂，曾国藩还是决定再次求求陈启迈，他写了封言辞恳切的信，派特使送去。

过了几天，特使回来，告诉曾国藩：陈启迈说，你们湘军在湖南老家修房造屋。社会上流传，一人当湘军，全家不做事，银子用不完。有些湘军将领，在老家买了千亩水田，湘乡能买的田全买光，还有的跑到衡阳去买。说你们湘军差钱，谁信？

特使拐弯抹角，表达出陈启迈说曾国藩以办团练为名，贪污粮饷，大发国难财。曾国藩听后，气得暴跳如雷。

钱没要到，事情还得办。幕僚彭寿颐建议，在湘军打下的地方，自己设卡收税。经过一夜考虑，反复分析利弊后，曾国藩同意用此法筹军饷，并安排彭寿颐去具体落实。彭寿颐在南康设税收总局，在瑞安、德昌、武宁等县设分局，每个县的重要关隘、集镇设厘卡。

陈启迈听到消息后，大怒："在我的辖区内设卡收税，居然不同我商量。你曾国藩眼里，还有没有我这个江西巡抚？"骂了一通后，安排师爷写奏折，说曾国藩胜战没打几个，手却伸得很长，越过地方衙门自行收税，弄得民怨四起。

咸丰皇帝看了陈启迈的奏折，思考如何处理，于是叫来军机大臣肃顺，让他谈谈看法。

肃顺略为思考，说："湘军自行设卡收税，肯定是不对的。但此事不能责怪曾国藩。他办团练，朝廷没给他一两银子，两三万人的队伍，天天要打仗，肯定花钱如流水。"

咸丰皇帝说："你的意思，是驳回陈启迈，鼓励曾国藩？"

肃顺回答："以臣之见，此事应当冷处理，不说谁对谁错，让他们自行磨合。当前，长毛声势正大，切不可打压曾国藩。但，也不可鼓励湘军自行收税。如果天下掌握兵权的人都效仿，岂不乱了套！"

咸丰皇帝听从了肃顺的建议，在奏折上批"知道了"三个字，就叫太监拿去存档。

就在陈启迈将告状的折子递上去不久，武宁县因收税出了一件大事。

陈启迈的堂舅子乔老八，仗着自己是巡抚亲戚，不但不交湘军的税，还打伤了收税人员。彭寿颐带人去处理，在扣押乔老八货物过程中，发现了鸦片。曾国藩闻讯，一阵大喜，心想，你陈启迈的尾巴，终于被我抓住了。

曾国藩亲自写奏折，说陈启迈担任江西巡抚以来，丢失了五府二十余县，在此情况下，他不把精力用在与长毛作战上，而是伙同堂内弟违反朝廷禁令，做起鸦片生意。此外，陈启迈还有虚报战功、冒功邀赏、掣肘湘军等罪行。

奏折写好后，曾国藩看了一遍，心想，你陈启迈的乌纱帽，可能保不住了。

为加大力度，曾国藩在奏折后面又加上一段，说自己与陈启迈均为湖南人，又是同时考上进士，同时入翰林院，向来关系很好，没有矛盾。此次参劾陈启迈，完全是为大清江山社稷考虑，决非个人恩怨。

咸丰皇帝心想，江西没有陈启迈，我可以派一百个人去当巡抚，但江西没有曾国藩的湘军，不出半月，全省都要被长毛占去。谁轻谁重，一目了然。圣旨下来，陈启迈被免职，原湖北按察使文俊升任江西巡抚。

文俊是官场老油条，刚一上任，就去南康拜访曾国藩，一阵称兄道弟后，文俊表态说自己要开源节流，挤出银饷，支持湘军征战。曾国藩听了，挺高兴的，但不出两个月，他就高兴不起来了。

文俊嘴上说一套，做的又是一套，对湘军的支持，也仅停留在口头上，并未拿出真金白银。更让曾国藩感到难受的是,他在湘军没有设卡的地方,全部设卡,对湘军设卡的地方,再加上一道卡,收的税与湘军一样多。这样一来,老百姓负担加重了,有些人没法过日子,就去当了长毛。

曾国藩对此极度不满,但又毫无办法。也想过参劾文俊,但仔细一想,又觉得不妥。一来文俊世故老练,没有什么把柄让曾国藩抓住;二来刚参劾了陈启迈,又参劾继任巡抚,自己再有理,也不便于讲啊。

一方面要同与巡抚为代表的江西官场做斗争,另一方面要与太平天国的石达开作战。在战事不顺之时,塔齐布又病死军中,真是"屋漏偏遭连夜雨"。正在曾国藩焦头烂额之时,传来了父亲去世的消息。

逃离江西

曾国藩大哭一阵后,冷静下来想了想,父亲早不去世,晚不去世,偏偏在这个时候去世,这真是上天救我。目前局面,硬着头皮顶下去,以后的日子会更加艰难,不如趁此机会抽身,摆脱眼前的困境。他给皇帝写了"回籍奔父丧"折,然后带弟弟国华和国荃,匆匆朝家里赶。

回家后不久,曾国藩收到湖南巡抚衙门转来的圣旨:奔丧假期为三个月,假满后仍回江西指挥湘军。

一转眼,三个月时间到了,曾国藩并未回江西前线,而是给皇帝上书,表面上是请求在家守丧,实际上是告诉咸丰帝,自己没有督抚实权,办不成事,不想去带兵了。

咸丰帝看了曾国藩的请求,心里有些不舒服,但人家是以守孝为名拒绝圣旨,自己心里有火,也不便发作。这时,僧格林沁带着蒙古马队打了几个胜战,形势发展向好。咸丰帝顺水推舟,免了曾国藩兵部侍郎职务,允许他在家守丧。

曾国藩见到这道圣旨,吃惊得仿佛血液都要停止流动。在预想中,就算皇帝不给督抚实职,至少要"夺情",让我出来带兵,湘军离得开自己吗?

说到底,曾国藩是想出来做事的,在家当乡绅,并非他的追求。

在家的日子,曾国藩心情郁闷,脾气也不好。为了养生,他读了《道德经》《南华经》《庄子》等黄老学术的书,突然之间,他有了感悟,自己在长沙练勇,在江西打仗,为什么处处受肘掣?是因为自己处事太硬,不明白以柔克刚的道理,没有迂回解决事情的手腕。眼看着与太平军作战越来越顺利,僧格林沁、胜保、官文赏加太子少保衔;湘军也打了些胜战,胡林翼、杨载福、彭玉麟赏黄马褂。如果在攻下天京前自己仍不复出,他将成为这场战争的局外人,朝廷论功行赏时,也没自己的份。

思来想去,曾国藩给好友胡林翼写了封信,诉说了自己的苦衷,请他帮着想想办法。

笑泯恩仇

曾国藩读了老子、庄子的书,心情逐渐好转。没过多久,收到胡林翼的回信。信中说浙江局面困难,朝廷要调湘军入浙。他向皇帝上书,奏请曾国藩出山,统帅湘军援浙。更为难得的是,为了把事办成,胡林翼请官文会签,联名上奏。

以前曾国藩认为,胡林翼处处讨好官文,太软弱了。现在看来,他是柔弱胜刚强,利用官文为自己办事。这些官场学问,真是活到老学到老。

圣旨来了,令曾国藩夺情出山,率领湘军援浙。这次,曾国藩不敢再为督抚实职同朝廷讨价还价了。

到了长沙,曾国藩一改处事风格,在拜见有恩于自己的骆秉章后,接着去拜见与自己有矛盾的徐有壬,两人"相谈甚欢"。第二天,又拜会了一批文武大员。但,与左宗棠怎么见面,曾国藩思考了很久。

去年,曾国藩没有等待皇帝批准,就以奔丧为名离开了江西战场,引起长

超一般的肚量

沙官场一片哗然，嘲讽、谩骂之声不绝于耳。骂得最凶的，是操湖南实权的师爷左宗棠。背着骂倒还罢了，他给曾国藩写信，说你自我标榜忠义，其实非常虚伪。"虚伪"两个字，严重刺伤了曾国藩的自尊心，因为曾国藩是学理学的，平生最恨别人虚伪。

思来想去，曾国藩认为左宗棠的本质是好的，曾对自己和湘军都大力支持，再说人才难得，如果今后有机会让他单独带一队人马，肯定能独当一面。虽说左宗棠有说话刻薄的缺点，但宰相肚里能撑船，要干大事，肚量一定要大。

话分两头说，昨天晚上，骆秉章派人告诉左宗棠，说曾国藩要上门拜会。骆秉章希望左宗棠能改改性格，与曾国藩和好。

左宗棠呢？对曾国藩成见未消，不想见面。他知道今天曾国藩要来，就派人将大门关了，自己到后花园品茶。

左宗棠喝了几口茶，觉得时间过得慢，有一种不踏实的感觉。左宗棠叫来刘德，叫他出去看一下，曾国藩是否真来了。

一会儿，刘德跑着回来，说："老爷，曾大人坐着轿子，朝我家方向来了。"

左宗棠问："随从有多少？"

刘德答："就他一个人，没带随从。"

"没带随从？"左宗棠叽咕道，"当年曾国藩办审案局，每次出门，都带着亲兵，今天来拜会我，居然没带随从？"

左宗棠叫刘德再去探看，他下轿后穿的什么衣服？

刘德从侧门出去，躲在巷子口张望，见曾国藩在大门前下轿，没有穿官服，外衣是一件灰色褂子。

看清楚后，刘德立即跑步报告左宗棠。

左宗棠原打算让曾国藩吃闭门羹，但现在人家如此低调，再假装说不在家，就有些不好意思了。

"刘德，去把大门打开，我要会会这个老朋友。"

在大门外，也不知是谁先伸出的手，总之两个人、四只手握在一起。他们三年多没见面，都用激动的眼神看着对方。他们都没说话，但肢体语言告诉对方，此刻叫"相逢一笑泯恩仇"。

他们见面后谈了些什么，就没必要详述了。在那时，他们是朋友，事业上互相扶持。后来，皇上命左宗棠到曾国藩处襄办军务时，他们就成了名副其实的上下级关系。作为上级的曾国藩，会如何用好左宗棠？

贰　创建楚军

左宗棠接到襄办军务的圣旨后，辞别了骆秉章，前往江西宿松。曾国藩的大营在那里。

走到宿松时，曾国藩接到圣旨，皇上任命他为代理两江总督，全权负责江南战事。消息传开后，宿松大营一片欢腾。

众将领前来祝贺，曾国藩一概不见，但听说左宗棠来后，立即召入帐中畅谈。

几天后，该聊的话都聊完了，曾国藩仍没给左宗棠安排工作，左宗棠有些急了。他对曾国藩说："涤生，我这次来，是想干点实事。"

"哦！我这里，还差一个文案。"曾国藩漫不经心地说。

"什么，又要叫我当文案？我在湖南幕府，一干就是七八年，如今年龄接近天命，平生所学还没施展。"左宗棠情绪低落，用略带哀求的口气说，"涤生，我不当文案，你就赏我一个营官吧！你知道，我研究过兵书战策，愿意带几百人冲锋陷阵，就算战死沙场，也不负男儿本色。涤生，如你不同意我当营官，我也不愿在你这里干了，我回到白水洞，烧了兵书，从此再不出山，也不过问世间是非。"

曾国藩略带微笑，说："季高，你看你把话说得多消沉，今后你当了督抚，可不能常说要回去隐居之类的话。"

"涤生，你就不要拿我开涮了，当个营官，你都没松口，还督什么抚呀！"

"当个营官，我是不同意，因为大材不能小用。"曾国藩说完，从袖口里摸出一张公函，递给左宗棠。

左宗棠接过一看，顿时激动起来，一把抓住曾国藩的手，说："涤生，你叫我回家募兵！你为什么不早说呀！"

"自从江南、江北两个大营被长毛攻破后，江南这一带，就只有我湘军支撑战局，兵力不够。"曾国藩说，"你带着我的委任状，回湖南募五千人，分为十个营，营官由你挑选，训练由你安排，今后打仗由你指挥。"

左宗棠拉着曾国藩的手，使劲摇了两下，说："大帅呀！你一下就交给我十个营，我左老三打心里感谢你！"

"你这一声'大帅'，我听了心里别扭，还是叫我涤生吧！"

"好，不叫大帅，叫涤生。你真是我的好哥哥！"

募兵

回到长沙，左宗棠第一个拜见了老领导骆秉章。听说左宗棠回乡募兵，骆秉章表示全力支持，并说人员召集后，可调一批武器装备供其使用。

左宗棠提出："杨昌浚给你当誊抄师爷，有点屈才，我现在正需要人帮衬，是否将他……"

"好，杨昌浚明日就到你那里报到。"骆秉章捋了捋胡子，说，"你季高要拉队伍，我是要人给人，要枪给枪。"

从巡抚衙门出来，左宗棠找到王鑫的弟弟王开化和王开琳。

王鑫是较早拉起团练队伍的书生，曾国藩任湖南团练大臣后，整合了几支队伍，其中就包括王鑫。后来，王鑫阵亡，他的队伍随之散了。这是团练的性质，营官由统帅任命，士兵由营官招募，士兵只对营官负责，如果营官阵亡，手下的士兵也就散了。团练说到根本上，就是私人的军队。

据左宗棠估计，当时王鑫手下回乡的士兵，大约有一千两百人。左宗棠要王开化把这些人重新组织起来，建成老湘营，由王开琳统领。

王开琳说："我哥开化，才能在我之上，他当营官比我恰当。"

左宗棠说："别急，别急！我对开化另有任用。这好几千人的队伍，我一人管不过来，想请开化总理营务，另外再派杨昌浚给开化当助手。"

开化与开琳见左宗棠想得如此周到，高高兴兴募勇去了。

左宗棠又找到了崔大光、罗近秋、李世颜三人，他们原都是绿营小头目，现在在家里无所事事。左宗棠要他们去联络原绿营回乡人员，凡是愿打仗的，全部找来。

曾国藩选营官，十有八九是书生，士兵全是农民，在绿营干过的，一个不要。

左宗棠认为，营官不一定要有多高的文化，只要能打仗就行；士兵也不需要政审，以前绿营干过，或者当过团练，凡是有一定军事素质的，都可以参加募兵挑选。以前有兵痞作风不要紧，改了就是好同志。如不改恶习，违反军规军纪，再严惩不贷。

由于左宗棠募这五千人，一半以上以前接受过军事训练，所以成军之后一个多月，就拉上了战场。曾国藩办团练，人召集齐后，训练一年多才上战场。左宗棠的工作效率，比曾国藩高多了。

在训练问题上，曾国藩"上马举刀，下马读书；白天是军队，晚上是学校"，非常注重精神引领。左宗棠强调，先练"心"，再练"胆"，最后练体力和技能。

练"心"，就是思想政治工作，解决为谁打仗的问题。左宗棠认为，大道理要同小道理相结合，参加团练，是为国家而战，更是为自己而战。如不积极抵抗，长毛打来，毁坏了庄园和住房，杀了我们家人，到时仍一无所有。再说，参加团练，每月的薪金是绿营的四倍，可以养家糊口。

"练胆"就是不怕死。在冷兵器时代，士兵们只要解决了生死观问题，一人拼命，十人难挡。

至于"练体力和技能"，左宗棠模仿戚继光练兵的方法，更加注重整体的协调和配合。

曾国藩募兵，主要招湘乡籍的。左宗棠募兵，有体力、能打仗为第一标准，地域则不限。

因为突破了思想上的条条框框，左宗棠没费多大的劲，就募到五千八百零四人，超额完成任务。

楚军

值得一提的是，左宗棠拉起的这支队伍，不叫"湘军"，而叫"楚军"。

楚军的名字一出，曾国藩吓了一跳，自己安排左宗棠去募兵，他却自成一军。刚开始不能接受，接着往深处想，左宗棠这招，挺高明呀！

经过三藩之乱，朝廷很忌讳汉人掌军权，虽然是皇帝同意后才办团练，拉起了民兵队伍，但刚开始时，曾国藩在奏折中尽量避开"军"字。

湘军刚开始称"练勇"，后来又称过"船勇""兵勇"。"勇"字叫了一阵子后，朝廷没有什么异议，好像已经接受了汉人带兵的事实，曾国藩胆子大了一点，在奏折中用"曾国藩一军"来表述。朝廷仍无异议，曾国藩试着用"湘军"，朝廷也接受了。"湘军"一词才稳定下来。

从这个过程可以看出，曾国藩处心积虑，如履薄冰，才挣来"湘军"的称谓。

左宗棠性情耿直，不喜欢绕来绕去，刚成军时，开门见山，就给自己贴上了"楚军"的标签，表明这支军队与湘军一样，是一支地域军队，有私人性质。

左宗棠打出"楚军"旗号，抛开曾国藩单干，表面上看，是左宗棠刚过河就拆桥，实际上呢，这是对曾国藩的保护。你想想，八旗、绿营均打不过太平军，清王朝能指望的也只有湘军了。但湘军好几万人，如曾国藩有不臣之心，来个黄袍加身，其后果难以预料。而左宗棠打出楚军旗号，表明这支新建的民兵与湘军有别，这有助于减少朝廷对曾国藩的猜忌。

曾、左两人都有高智商，心有灵犀，一点就通。当楚军成军后，左宗棠去见曾国藩时，曾国藩不但不生气，反而竖起了大拇指。两人都会心一笑。

留下来

太平天国翼王石达开，在天京事变后回朝辅政，洪秀全封那两个草包哥哥为王，对石达开进行牵制。既要用我，又要怀疑我，石达开气愤。经过深思熟虑后，他带着本部人马出走，脱离了洪秀全的领导。

离开天京时，石达开向东南进军，但在福建没站住脚，不得已从广东北部山区打回广西，继而又北上贵州，攻克了归化、永宁、广顺等地。清廷猜测，石达开的意图是进入四川，建立根据地。于是，对四川的防务提上了议事日程。

军机处发来公文，拟派左宗棠进川督办军务，征求曾国藩、胡林翼等人的意见。

曾国藩刚当上代理两江总督，正踌躇满志，准备想甩开臂膀，干出一番事业。在此用人之际，曾国藩想左宗棠留下来辅佐自己。但这话，他又不能明说，因为左宗棠在两江，是襄办军务。"襄"是助手的意思。如左宗棠去四川，是督办军务。"督"，是督促落实的意思，有钦差大臣的意味。如果运气好，还可能当上四川总督。于是，曾国藩给左宗棠写了信，请他自己拿主意。

胡林翼则认为，左宗棠不能去四川，因为他的性格过于刚直，如留在湘、楚军系中，几个哥们还可以互相补台。左宗棠都四十八了，经不起折腾，如去四川弄得不好，再要想从仕途上起来，就难了。

胡林翼给左宗棠去了信，表明自己的观点。

左宗棠反复权衡利弊，觉得自己对四川情况不熟悉，对督办军务没十足把握，再说，自己的楚军刚组建，还没经战场检验，就这么走了，不甘心呀！

于是，左宗棠给曾、胡回信，说自己愿留下来，随曾国藩"东征"，不愿去四川。

曾国藩收到信，向皇帝写奏折，请求留下左宗棠襄助自己。为增加分量，曾国藩请胡林翼与自己联名上奏。

朝廷接受曾、胡意见，改派骆秉章督办四川军务，左宗棠留下来继续襄办曾国藩军务。

当今诸葛亮

楚军创建完毕，集中训练还不到两个月，因广东会党军与太平军结盟，攻至江西境内，威胁着曾国藩大营的安全。曾国藩令左宗棠带所部迅速东进，以确保侧翼安全。

楚军从长沙出发，一路浩浩荡荡，由醴陵取道江西，行军至景德镇时，与会党军相遇。经左宗棠战前动员，楚军气势高涨，以摧枯拉朽之势发动进攻，会党军应声而败。左宗棠令下属乘势追剿，十天内打了三次追尾战，杀敌无数，收复两座县城。更为难得的是，楚军付出的代价极小，除十几个人受伤外，无一阵亡。

虽然打败了广东会党军，但从全局看，形势不容乐观。没过多久，太平军又组织了第二次攻势，兵分四路围攻曾国藩大营。几日接战下来，除左宗棠镇守的景德镇外，大营周边城镇皆失守。面对三面被围，曾国藩写好遗书，如景德镇守不住，就以身殉国。

就在两军胶着之时，太平天国忠王李秀成带两万人从天京出发，想对曾国藩进行最后一击。他知道楚军战斗力强，就避开景德镇，取道石门进攻。石门的守将是绿营参将全克刚。他看见太平军几百面锣鼓同时敲响，上千面战旗遍地舞动，顿时吓得心惊肉跳，立刻飞马向景德镇的左宗棠求援。

左宗棠闻讯后，立即派王开化、王开琳带景德镇的五千楚军去增援。

杨昌浚提醒左宗棠："五千人，基本上是楚军的全部，如李秀成分兵进攻景德镇，如何应对？"

左宗棠说："我这种安排是有些冒险，但听全克刚说，长毛有好几万人，如只派两三千人去救援，力量分散，难有胜算。在此情况下，景德镇要做一些布置，以迷惑长毛。"

左宗棠令人在城墙上遍插旌旗。守城的四百老弱残兵，只要走得动路的，都披挂整齐，全上城墙，并来回走动，造成防守严密的假象。

五千楚军出城不久，城内的两个太平军探子，探得城内空虚。他们一人出城找李秀成报信，另一人留下来继续侦探。

李秀成听到情报后大喜，随即令他的养子李容发带四千人奔赴景德镇。临行前，李秀成叮嘱："左宗棠用兵狡诈，要事事谨慎，不可鲁莽。"

李容发点头，说"记住了"。

当李容发距景德镇五十里时，楚军探马已得知这一军情，迅速回报。

这种局面如何应对？去将楚军主力调回，已来不及了。杨昌浚急得团团转。左宗棠作为主帅，虽然心里着急，但表面上要镇定下来。

这时，部下牵来两匹马，叫左、杨二人迅速弃城而去。

左宗棠说："不可，如景德镇丢失，曾涤生的大营一定不保，湘军完败，后果不堪设想。"

杨昌浚说："敌军四五千人，我军守城仅有四百残兵，守不住呀！"这两匹马，就是杨昌浚安排人牵来的。

左宗棠没理会杨昌浚，自言自语地说："我主力一离开，李秀成就知道了，看来城内有奸细。何况，李秀成派他年轻的养子，仅带四千人来攻打，这是欺负我是一座空城。"

"空城，空城！事到如今，为何不演一次空城计？"左宗棠喃喃地说。

空城计是千古绝唱，只能演一次，第二次便不灵了。如果左宗棠也在城头弹琴，那等于告诉李容发，这是一座空城，快来捉我。

不行，我"今亮"模仿"古亮"，也要有自己的创意。左宗棠眉头一皱，计上心来。

左宗棠派人去通知王开化、王开琳火速回援，同时在城里大摆空城计。

没过多久，城内张灯结彩，放起鞭炮，厨房传出酒肉香味。城内文武官员，有的骑马，有的坐轿，来到楚军营地。左宗棠穿起四品朝服，笑迎宾客。

一时间，城内沸沸扬扬，大家都在议论楚军在石门大获全胜，活捉了李秀成。

城内庆功的情况，自然被留在城里的太平军探子探得。探子大惊，溜出城门，向正准备攻城的李容发报告。

李容发听说义父被擒，以为中了左宗棠调虎离山之计。要知道，他带的四千人，是太平军精锐。

李容发没有细想，就心急火燎地下令退兵。往后跑了十里，见没有追兵，也没中埋伏，李容发勒住马头。一部下上前说，是否中了清妖空城计？这句话点醒了李容发：是啊！义父身经百战，身边还有一万六千人，哪可能轻易被捉？

"掉转马头，向景德镇进攻！"气急败坏的李容发下完命令后，又骂了几句。

这一去一回，耽误了时间，太平军到景德镇时，天已经黑了。

左宗棠披挂上阵，立于城头。除左宗棠背后有一支火把外，城墙黑压压的。由于情况不明，再加上没有攻城器械，李容发不敢黑夜攻城。他下令安营，吩咐部下扎云梯，准备第二天一早攻城。

第二天一早，李容发列好阵，正准备攻城。突然，背后喊杀声震天。原来，王开化、王开琳率楚军主力赶回。

左宗棠大喜，亲自擂鼓，并下令杨昌浚率城内四百士兵出城夹击。

一阵冲杀后，太平军大败。李容发在部下的护卫下，冲出了重围，捡回一条命。

此战堪称经典，是左宗棠的得意之作。后来人们谈起，说左宗棠利用敌方间谍传递消息，是对三国版"空城计"的创新，"今亮"更比"古亮"强。

叁　火箭擢升

李容发被打败了，太平天国派出骁将黄文金对阵左宗棠。

黄文金绰号"黄老虎"，是"老广西"，参加过金田起义，多次南征北战，屡经血火洗礼，是经验丰富的战将。当年在靖港，就是他把曾国藩打得跳水。

黄文金听说左宗棠在景德镇设"空城计"的事后，哈哈一阵大笑，心想，左宗棠是遇到没经验的李容发，如换成我黄某人，定会冲进城内，将其生擒。

黄文金带一万人马赶到景德镇，见城门大开，左宗棠披挂整齐，站在城头。

黄文金傻眼了。莫非左宗棠又摆"空城计"？不可能吧，打仗不是儿戏，哪有连续摆两次空城计的道理？

黄文金冷笑一声，心想，要我配合你演戏，没门！直接冲进去，又感到不对劲，城头静悄悄，城墙上除了左宗棠和几个随从，连士兵都较少。退兵吧，又怕再次中"空城计"，自己也成为笑谈的主角。

进也不能，退也不能，怎么办呢？黄文金还在犹豫，突然，身后有异动，一支军队从后面打杀过来。

"后队变前队，迎敌！"黄文金下了作战命令。

这支军队旗子上写了一个"鲍"字，原来，这支军队是湘军中最能打的"霆"字营。黄文金吃惊不小。

来将叫鲍超,字春霆,四川奉节人,从小父母双亡,帮人拾粪放牛糊口。十五岁时,经人介绍到峨眉山学习武术,由于能吃苦,加上悟性好,鲍超很快成为高手。有一次下山,与人发生了口角,鲍超一时性急,把对方打得吐血。惹了此祸后,师父将他赶出山门。鲍超到成都投军,刚穿上绿营军服,便随部队开拔到湖南镇压太平军。带队的军官无能,刚和太平军接战就下令撤退。川军四处逃窜,部队散了,鲍超又流落街头。一次与曾国藩偶遇。曾国藩见他身材高大,虎背熊腰,有将领的相貌,便将他收留,并委以重任。两年下来,鲍超打了不少胜仗,升任营官。他所带的"霆"字营被称为"霆军",是湘军中的王牌。

黄文金所部同"霆军"接战,两支都是能打的部队,顿时杀得难解难分。

就在这时,城内冲出一支部队,带队的将领是王开化、王开琳兄弟。五千楚军倾城而出,喊杀声震天。

黄文金所部受两面夹击,阵脚大乱,开始败逃。

左宗棠站在城头,一切尽在掌握中。为什么开城门?除了迷惑敌人,还方便自己的人马冲出去。为什么城墙上兵少?因为算准太平军没有攻城的机会。

此战,太平军损失了三千多人,彻底放弃了进攻景德镇的想法。曾国藩的大营安全了。

经曾国藩保奏,圣旨下来,左宗棠的官衔从四品晋升为三品。

十万对五千

黄文金被打败,太平天国的领导层开始着急了。经商议,洪秀全派出最能打的侍王李世贤来对阵左宗棠。

李世贤是李秀成的族弟,十几岁就参加太平军,是在战争中成长起来的将领。他两度解救天京之危,同李秀成一道破清军江南大营。他成名之作是三河之战，全歼了湘军名将李续宾的七千精锐。要知道，李续宾有"战神"之称，经历大小六百余战，从无败绩。三河之战后，李世贤声名大振，被封为侍王。

李世贤带来的人马不少，共十万人，是楚军的二十倍。从军事常识上看，十万对五千，没悬念。但他没想到，左宗棠比李续宾更难对付。面对强敌，左宗棠没有消极防守，而是采用了"调虎离山""声东击西""围魏救赵"等策略，力争在运动中消灭对手。

当太平军被分散，被拖疲劳后，左宗棠决定决战。为对抗太平军在数量上的优势，左宗棠命令士兵在战壕外挖了一条深沟，再堵住一头，引来河水，水流满沟后，就顺着前方向低处漫溢。

太平军开始进攻了，见前面溢着水，也没想那么多，踏着水冲锋。冲到深沟处，一脚踩下去，却踩不到底，身子掉入水中，当爬上沟时，火药被打湿了。枪打不响。左宗棠指挥排枪对沟边的太平军进行射击，许多人都成了楚军的活靶子。

战斗了半个时辰，太平军的尸体基本上把沟填平。这时，天空又电闪雷鸣，下起了倾盆大雨，楚军的火药也被打湿。狭路相逢勇者胜，左宗棠下令反冲锋。楚军五千人同时跃起，踏着尸体扑向敌人。两军在泥泞中进行肉搏。

由于楚军注重"练胆"，士兵心理素质过硬，打起仗来不怕死，在气势上压垮了对手。太平军开始后退，李世贤压不住阵角，很快兵败如山倒。在败逃中，一万多太平军阵亡，李世贤换上士兵的衣服，才捡得一条命。

战后，曾国藩写奏折，替左宗棠邀功。没过多久，圣旨下来，左宗棠被补授太常寺卿，这是一个管理朝廷宗庙祭祀的官，虽属正三品，但这是一个虚职，左宗棠不可能到任。

对于这个精神安慰为主的任命，曾国藩并不满意，他要寻找机会，给左宗棠一个更能充分展现才华的舞台。

没过多久，机会来了。

李世贤被打败后，心想，江西有左宗棠，继续打下去没好结果，思来想去，他决定吃柿子——捏软的,于是带领残部挥师进浙江。

收复浙江

在浙江的八旗、绿营面前,李世贤又恢复了他的名将本色,一路过关斩将,剑锋直指杭州。

浙江巡抚叫王有龄,治民还可以,军事指挥是外行。面对李世贤的太平军,王有龄除了向朝廷告急,向曾国藩求救外,再无御敌之策。

曾国藩是权谋高手,善于政治运作。他知道王有龄守不住杭州,但就是不派军队前去救援。这时,楚军在休整,兵源补充至七千人。

没过几日,余杭、绍兴等地陷落,杭州成孤城。王有龄这人,守城不行,气节还可以,破城之时,他在书房自杀,家属、女眷怕受辱,也跟着自杀,场面凄凉。

杭州失陷的消息传来后,曾国藩才命令左宗棠带领楚军进入浙江。同时,他向皇帝上奏折,说浙江局势复杂,军情紧急,请给予左宗棠随时奏报之权。

前面讲过,有奏报权的只有总督、巡抚,曾国藩这招,等于让朝廷将左宗棠看成浙江巡抚。在朝廷准了后,曾国藩又上奏,说名不正则言不顺,言不顺则事不成,请求朝廷让左宗棠代理浙江巡抚。

朝廷有大臣认为,这左宗棠的提拔速度也太快了。但议来议去,派不出更恰当的人选。那些平时削尖脑袋钻营当官的,现在都往后缩,因为那里在打仗,弄得不好要送命。

军机大臣文祥认为,杭州破城后,浙江全省烂完,一时找不到适当的人选,不如就授左宗棠为代理巡抚,他如能收复浙江,就让他转正;如他打了败仗,战死则罢,不战死再治罪不迟。

皇帝听后,认为有理,圣旨一下,左宗棠成为代理巡抚。

在浙江的几次战斗中，左宗棠率楚军大败李世贤，收复了杭州。由于篇幅所限，具体的战斗经过就不在此描述了。

疾风识劲草，乱世显能臣。圣旨下来，左宗棠成为正式的浙江巡抚。

左宗棠在骆秉章那里干了六年，才弄到四品虚顶子。换了老板，在曾国藩那里打工，不到一年时间，就升任封疆大吏，其速度之快，令人咂舌。

一个好领导，不仅把部下"扶上马"，而且还要"送一程"。为了使左宗棠在浙江站住脚，曾国藩进一步输送兵源，楚军达到两万七千人。

此时的左宗棠有地盘、有队伍，真正独当一面了。

有时官运来了，挡都挡不住。左宗棠任浙江巡抚一年后，朝廷又给了他一顶乌纱帽——闽浙总督。这时的左宗棠，从职位而言，跟曾国藩平起平坐了。曾国藩还能领导他吗？

闹矛盾

随着战事的发展，湘军占了绝对优势，明眼人都看得出，洪秀全的日子不长了。1864年，曾国荃攻陷天京，在朝廷即将论功行赏时，却传出了左宗棠与曾国藩闹矛盾的消息。怎么回事？

攻陷天京后，曾国藩给朝廷上了一个折子，说洪秀全的长子，幼天王洪天贵福被烧死了。但没过几天，左宗棠上了一个奏折，说在浙江发现一股太平军，一查有伪天王洪天贵福。这下朝廷不干了，用强硬的语气质问曾国藩，要他解释清楚。曾国藩马上命令曾国荃调查，曾国荃说："当时大火烧了七天七夜，烧死很多人，那情形,谁都想报功,有部下说烧死了幼天王,我没核实就报上来了。"

更为可气的是,有大臣联名上奏,太平天国有无数金银财宝,湘军攻下天京后,将这些财物据为己有。你想不到吧,联名上奏的人中,竟然有左宗棠。

曾国藩开始反击,他上奏称左宗棠围攻不力,致使十万太平军从杭州逃脱。左宗棠为自己辩解,说这是不可能的事情。

湘军与楚军两大主帅闹起来了,朝廷看在眼里,喜在心头。

是左宗棠过河拆桥,忘恩负义,饮水不思源,还是另有隐情?

后世有学者认为,这是在收复天京之后,曾、左二人故意闹矛盾,他们给朝廷布了一个局,其目的是减轻功高盖主的隐患,以图善终。

从最后结果来看,他俩的戏演得逼真,连慈禧太后都没看破。

紧箍咒

把曾、左二人类比到《西游记》中,左宗棠是有大本事的孙悟空,曾国藩则是政治挂帅的唐僧。说明一下,这只是简单类比,曾国藩的本事,比唐僧大得多。曾国藩是实实在在的中兴名臣,而唐僧只是虚构人物。

唐僧领导孙悟空,不外乎三种方法:一是把他压在太行山下五百年,等他绝望时,才去救出;二是给他指明美好愿景,取完经后升为正牌神仙;三是给他戴上一个紧箍咒,使他不能脱离自己的掌握。

曾国藩领导左宗棠,手法与唐僧领导孙悟空有相似之处。其一,左宗棠患难,差点被官文害死时,曾国藩与其他朋友一道努力,将他救出。救命之恩,当以涌泉相报。其二,迅速提拔,指明愿景,搭建舞台,让左宗棠一展才华。其三,紧箍咒是什么?得好好想想。

曾国藩波澜壮阔的一生,幕僚、下属众多,成大气候者,除了左宗棠,还有李鸿章。

从领导艺术的角度看，曾国藩是超一流的，他用尽了左宗棠之才，也用尽了李鸿章之才，让他独建淮军。

师父带徒弟时，许多人要留一手，因为在现实中，教会徒弟饿死师父的事常有发生。曾国藩对李鸿章没有保留。当淮军组建，要去守卫上海时，曾国藩见这只刚组建的部队衣着寒酸、武器原始，就从自己的湘军中调了一批军服和武器。他对李鸿章说："淮军就像我的女儿，如今出嫁，得准备一些嫁妆。"雪中送炭的举动和话语，感动得李鸿章差点哭了。

李鸿章这人，能力非凡，举世公认。但李鸿章的一个缺点，就是缺乏诚信。

1863年，李鸿章率领淮军去攻打苏州，久攻不下，于是策反纳王郜永宽等人投降，在谈条件时，李鸿章许了升官发财、重用世袭等愿。郜永宽等人动了心，杀害了守城主将谭绍光，投降了清朝。李鸿章进城后，以赴庆功宴为名请来八名降将，酒过三巡，李鸿章酒杯一摔，几十名刀斧手一拥而入，将八名降将斩杀了。随后，又分批处决了几万太平军。

李鸿章杀降，举世哗然。曾国藩得到消息后，写信批评他手段过于毒辣。后来，李鸿章接任直隶总督，去看望老师曾国藩。

曾国藩问他如何同洋人打交道。

李鸿章回答："我与洋人交涉，不管什么事情，我都同他打痞子腔。"

"痞子腔，痞子腔。"曾国藩捋着胡须，重复两次后，才慢慢地说："我不懂痞子腔如何打法，你打给我听听。"

李鸿章何等精明，一听语气不对，马上改口，说："门生说了些胡话，还请老师指教。"

曾国藩说："依我看来，同洋人打交道，还是要用一个字——诚！洋人也是人，也懂得人情世故。在与洋人交涉时，老老实实，推心置腹，陈情说理，虽然占不到大便宜，但也不至于吃多大的亏。这比打痞子腔要好吧！"

李鸿章感慨道："古人所说，一言可以终身行。老师教诲，学生谨记在心。"

"诚"是套牢下级的紧箍咒

论做实事的才干和成就，李鸿章超过了曾国藩。但李鸿章对曾国藩是服气的，是从心里尊敬这位老师。也许在李鸿章看来，曾国藩对他诚心相待、以诚相见，这种诚，不是山野匹夫能做到的。

一个"诚"字，犹如一个紧箍咒，套住了李鸿章的心。

同理，还是一个"诚"，领导了个性十足的左宗棠。

打下天京后，左宗棠与曾国藩闹矛盾，互相拆台，他们是否在演戏？坦率地讲，这存在争议。因为除了当事人，谁都说不清楚。但后来的三件事，是说得清楚的，没有争议。

第一，新疆局势危急，朝廷拟派能臣挂帅西征，在人选问题上征求曾国藩意见。曾国藩说，左宗棠是西北用兵的第一人选，无人可替。

第二，左宗棠西征时，军费要靠内地各省拨发，有的封疆大吏处处刁难，不是缺斤少两，就是能拖则拖。在督抚中，唯有曾国藩对西征军不欠粮饷。

第三，曾国藩去世后，左宗棠挽联写道：知人之明，谋国之忠，自愧不如无辅；同心若金，攻错若石，相期无负平生。一向高傲的左宗棠落款写道：晚生左宗棠。这副对联许多书都有记载，没有争议。

曾国藩积中国传统文化之大成，他身上，有太多值得总结的东西。从领导艺术的角度看，他驾驭下属不是用权术，不是耍手腕，而是用一个"诚"字。

当领导者，请把"诚"字写入内心，并付诸实践，一定会收获颇丰。就把这句话，作为本书的结束语吧！

附录　秋夜仰望左宗棠

《广安文艺》许启勇先生约我，写一篇关于清末的文章。于是在这个秋意渐浓、落叶开始飘零的夜晚，我沉钩史海，让思绪翻飞。

《红楼梦》诗云，"古今将相今何在，荒冢一堆草没了。"当一个个历史人物在我脑海中列队而过，我看见的，大多是为追逐名利而忙碌的身影，以及那坟头摇曳的枯草。

清末是一段屈辱的历史。在那个动荡的年代，更能显现世态的炎凉、人性的真伪。对卖国求荣者，你可以嗤之以鼻；对庸碌无能者，你可以视而不见。但有一个人，你绝对不能忽视。他叫左宗棠，清末四大中兴名臣之一。

左宗棠三次科举，未取得功名。他没有像当时大多数失意读书人那样，在鸦片的烟雾中了了此生。他在教书、务农，养家糊口的同时，学习古今知识，研究实用科学。"身无半亩，心忧天下；读书万卷，神交古人"，这是左宗棠当"湘上农人"的时候，贴在家门上的对联。

左宗棠四十岁出山，五十岁任浙江巡抚，成为省部级高官，六十二岁晋升为东阁大学士，成为事实上的内阁宰相。他一生最大的亮点，不是升官之快，应当属收复新疆。

当时清朝内忧外患，风雨飘摇。西方列强张开血盆大嘴，蚕食中国。近邻日本后来居上，吞并琉球，威胁沿海。

新疆地处边陲，清廷控制能力不足。来自中亚的阿古柏，以喀什为中心建立了政权。俄国侵占伊犁，并与英国达成协议，欲瓜分一百六十万平方公里的新疆。

权臣李鸿章提出放弃新疆，专务海防。他打比喻，新疆是手脚，东南沿海是心脏。没有手脚可以活，如果心脏被刺中，麻烦就大了。朝廷力量有限、银两不多，只能弃手脚而保心脏。李的论调，在苟且偷生的清朝权贵中挺有市场。

左宗棠反驳，外敌入侵，自砍手脚，拿什么去保护心脏？如丢南疆，则在北疆设防；如丢新疆全境，则在甘肃设防，哪能节约银两？倘若国土按此速度丧失，过不了几年，边界就要到北京了。

左宗棠的观点，得到了湖南巡抚王文韶、山东巡抚丁宝桢、江苏巡抚吴元炳等人的支持。清廷最终下了决心，同意他带队西征，收复国土。左宗棠收复新疆，要钱没钱，要人没人，朝中还有人拖后腿。年逾花甲的左宗棠抬棺而行，个中的艰辛，不再细表。

左宗棠的功劳与才干，不是一篇短文便能写完。还是看看别人对他的评价吧。潘祖荫说，"天下不可一日无湖南，湖南不可一日无左宗棠。"胡林翼说，"横览九州，更无才出其右者。"梁启超说，"五百年来第一伟人。"王震将军坦言，"新中国成立前，我进军新疆的路线就是当年左公西征走过的路线。左宗棠是有功的，否则，祖国西北的大好河山很难想象。"

也许有朋友会说，要说后世评价，曾国藩不是更好吗？你到书店去看一看，写曾国藩的书如过江之鲫，热闹非凡；而写左宗棠的书则寥寥，冷清多了。

我承认，曾国藩的学识、修养与智慧，值得我景仰。毫无疑问，不论是威望、成就，还是对后世的影响，曾国藩都要强于左宗棠。但在这两人中，我更喜欢左宗棠。

曾国藩的智慧，更多是对欲望的压抑，对世俗的让步和对现实的低头。而左宗棠率真质朴、表里如一、浑身是胆，敢于向沉沦的世俗挑战，敢于向潜规则大声说不！

从新疆回来，左宗棠不顾鞍马劳累，急着进宫面见皇上和两宫皇太后。看门的太监手一伸，说奉李莲英大总管之命，索要四万两进门费，不然不予通报。

左宗棠说，我西征将士，有部分人牺牲后抚恤金还没兑现。四万两白银，可以抚慰多少个家庭？

太监尖声尖气地说，当年曾国藩官不比你小，功劳不比你低，进此门花了五万两银子。太后身边的李总管，连王公大臣都要争着巴结，你左宗棠算个屁！

左宗棠大怒，开始"跺脚骂殿"，扬言不见皇上和太后，直接回新疆。守门太监见此牛人，不知如何处理，赶快向李莲英报告。李莲英怕事情闹大，不好收场，将他请进宫里。

此事并未结束，过几天，一太监找到左宗棠，说李莲英父亲大寿，在京的所有官员都得要表示表示。左宗棠一阵讥讽，一毛不拔。一向支持左宗棠的恭亲王奕䜣听说此事，自掏八千两银子，暗地以左宗棠的名义送给李莲英，才算摆平此事。

左宗棠心系苍生，一生廉洁。他死后，留给子女的遗产，仅有白银两万两。而同时代的李鸿章，遗产是四千万两。李鸿章的干儿子盛宣怀，遗产更是高达上亿两。

物以类聚，人以群分。左宗棠手下的高级将领，比如刘锦棠、王德榜、杨昌浚、刘典等人，都以清廉著称。他带的队伍军纪最好，用现在的话说，就是执行了严明的纪律。相比之下，曾国藩本人廉洁自律，但他带的湘军的军纪却不敢恭维。打下天京时，抢杀几天，运财物回湖南的船，沿江而上，络绎不绝。

曾国藩是"合众人之私，以成一人之公"；左宗棠是以自己的模范行为，带领和引导部属。笔者认为，从这个角度说，左宗棠比曾国藩更成功。

左宗棠功成名就后回到老家，夫人得知他每年的收入达白银四万两，而每月寄回家的银子只有二百两，有些生气。左宗棠说："二百两银子，完全可以应付日常开支，钱多了，子女易染上纨绔之气。"

夫人问："其余的钱到哪里去了？"左宗棠说，"都捐了，账本在管家那里，可去查。"左宗棠没说假话。1906年，时任陕甘总督的升允用左宗棠捐的部分钱,在兰州建成"左公桥"。这桥至今百年仍在使用,今改名"中山桥"。2008年,北京奥运会火炬传递兰州起跑点就是此桥。

左宗棠的廉洁行为,得到了家人的理解和支持,正如左宗棠的玄孙左焕琛女士所言,"我们家庭一直非常强调左宗棠的清廉与爱国主义,尽管他没给我们留下丰厚的财产,但他的清廉与爱国让左家几代人都非常骄傲。"

左宗棠不仅是左家人的骄傲,而且是全体中国人的骄傲。正如当代作家徐志频所说,"做人真实,做事实在,事功盖世的左宗棠,在着眼做好'分内事'的同时,真正做到'心忧天下',给当代及未来中国留下不可稀缺的正能量。"

斯人远去,风采依然。当这篇文章快要写完的时候,窗外的风吹响了雨棚,提醒我这是一个初秋的季节。

我在想,只有经历过人生的潮起潮落,感受过兴衰风雨,体会过酸甜苦辣的人,才不会去刻意追求曾国藩"立德、立功、立言"般的完美,才不会醉心于李鸿章翻云覆雨般的权谋,才能在这个几许诗意、几多欢愉而又几分悲怆的秋夜,静下心来,细细地欣赏、品味和仰望左宗棠。